Topographie des Terrors

D1411228

Topographie des Terrors

Gestapo, SS und
Reichssicherheitshauptamt
auf dem
»Prinz-Albrecht-Gelände«
Eine Dokumentation

Herausgegeben von Reinhard Rürup

Verlag Willmuth Arenhövel

Veranstalter:
Berliner Festspiele GmbH
Intendant Dr. Ulrich Eckhardt
Im Auftrag des Senats von Berlin
zur 750-Jahr-Feier Berlin 1987

Wissenschaftliche Leitung:
Reinhard Rürup

Wissenschaftliche Mitarbeiter:
Frank Dingel, Thomas Friedrich, Klaus Hesse

Wissenschaftliche Beratung:
Wolfgang Scheffler, Gerhard Schoenberner

Lektorat:
Alfons Arenhövel, Michael Bollé, Jutta Kindel

Umschlaggestaltung:
Margret Schmitt

Karte S. 157:
Karin Mall

Herstellung:
Reiter-Druck

Satz:
Mega-Satz-Service

Buchbinderische Verarbeitung:
Helm

alle Berlin

Veröffentlicht im Verlag
Willmuth Arenhövel · Berlin
ISBN 3–922912–21–4

Topographie des Terrors
Gestapo, SS und Reichssicherheitshauptamt
auf dem „Prinz-Albrecht-Gelände"
Eine Dokumentation

Provisorische Halle neben dem Martin-Gropius-
Bau, Stresemannstraße 110, 1000 Berlin 61

Die Dokumentation ist als Teil der Ausstellung
„Berlin, Berlin — Die Ausstellung zur Geschichte
der Stadt" im Martin-Gropius-Bau erarbeitet und
am 4. Juli 1987 eröffnet worden.

Ausstellungsgestaltung:
Claus-Peter Gross, Margret Schmitt

Ausstellungshalle: Jürg Steiner
Ausstellungsaufbau: Museumstechnik GmbH

Fotoreproduktionen:
Wolfgang Krolow, Margret Nissen und andere

Ausführung der Dokumentationstafeln:
Studio für Großfotos Wolfgang Schackla
Gleissberg und Wittstock (Satz)

Die Autoren danken für Hilfe und Beratung:
Archiv der sozialen Demokratie, Bonn; Hannah
Arenhövel; Joachim Baumann; Maria Berger;
Berlin Document Center, Berlin; Bezirksamt
Kreuzberg, Stadtplanungsamt, Berlin; Hendrik
Biermann; Bildarchiv Preußischer Kulturbesitz,
Berlin; Bildarchiv Süddeutscher Verlag, München;
Jochen Boberg; Karsten Bremer; Bundesarchiv,
Koblenz; Jan Foitzik; Willi Gleitze; Michael
Grüttner; Falk Harnack; Brunhild Hesse; Bern-
hard Horstmann; Wolfgang Kaiser; Guttaborg
Kreissl; KZ-Gedenkstätte Dachau, Dachau; Lan-
desarchiv Berlin, Berlin; Stephan Maetzel; Karen
Meyer; Nordrhein-Westfälisches Hauptstaats-
archiv Düsseldorf, Düsseldorf; Marie-Louise von
Plessen; Albrecht Pünder; Marianne Reiff-Hundt;
Katharina Rürup; Reinold Schattenfroh; Bernhard
Schneider; Heinz Schröder; Pamela Selwyn;
Arnim Sürder; Johannes Tuchel; Ullstein Bilder-
dienst, Berlin; Marie Louise Waga; Edith Walz;
Sabine Weißler; Rudi Wunderlich; Willi Zahl-
baum; Zentralrat deutscher Sinti und Roma,
Heidelberg

Die Umschlaggestaltung unter Verwendung einer
Luftaufnahme der Südlichen Friedrichstadt von
1947.

Inhalt

Einführung

Die Dokumentation „Topographie des Terrors" ist im Rahmen der Vorbereitungen für die zentrale historische Ausstellung zur 750-Jahr-Feier der Stadt Berlin im Martin-Gropius-Bau erstellt worden. Mit ihr wird die Aufmerksamkeit auf einen Ort der Berliner Stadtgeschichte zwischen 1933 und 1945 gelenkt, der allzu lange in Vergessenheit geraten war und erst in den letzten Jahren bruchstückhaft in das öffentliche Bewußtsein zurückgeholt worden ist.

Unmittelbar östlich an den Martin-Gropius-Bau anschließend, befanden sich auf einem Gebiet, das durch die Prinz-Albrecht-Straße (heute Niederkirchnerstraße), die Wilhelmstraße und die Anhalter Straße begrenzt ist, die gefürchtetsten Terrorinstitutionen des „Dritten Reiches": das Geheime Staatspolizeiamt, der Reichsführer-SS, sein Persönlicher Stab und weitere SS-Führungsämter, der Sicherheitsdienst (SD) der SS und ab 1939 auch die Zentrale des Reichssicherheitshauptamtes. Die wichtigsten Gebäude waren die ehemalige Kunstgewerbeschule in der Prinz-Albrecht-Straße 8, Sitz des Geheimen Staatspolizeiamtes, des Reichsführers-SS und später auch des Reichssicherheitshauptamtes, das ehemalige Hotel Prinz Albrecht in der Prinz-Albrecht-Straße 9 (das „SS-Haus") und das Prinz-Albrecht-Palais in der Wilhelmstraße 102, in das 1934 der Sicherheitsdienst der SS einzog und in dem Reinhard Heydrich und später Ernst Kaltenbrunner auch als Leiter des Reichssicherheitshauptamtes residierten.

Das war eine ungewöhnliche Konzentration von Macht und Terror auf engstem Raum. Aber es gab natürlich viele andere Orte, an denen nationalsozialistische Verbrechen geplant und ins Werk gesetzt wurden. Wichtige Entscheidungen fielen außerhalb der Zuständigkeiten von SS und Polizei. Ministerien und andere Behörden, Wehrmachtsführungsstellen, Wirtschaftsunternehmen, Wissenschaftseinrichtungen und viele andere waren aktiv und oft sogar führend an der Unterdrückung, Verfolgung, Ausbeutung und Vernichtung von Menschen innerhalb und außerhalb der deutschen Staatsgrenzen beteiligt. Auch der ständig wachsende Terrorapparat der SS dehnte sich schon bald über die Gebäude an der Prinz-Albrecht-Straße und Wilhelmstraße hinaus in andere Teile der Stadt aus. Die Hauptämter der SS befanden sich nur zum kleineren Teil auf dem Gelände, das wichtige Wirtschafts-Verwaltungshauptamt war in Berlin-Lichterfelde untergebracht, der Inspekteur der Konzentrationslager hatte seinen Dienstsitz vor den Toren der Stadt in Oranienburg, und auch das Reichssicherheitshauptamt verbreitete sich mit seinen zahlreichen Dienststellen über die ganze Stadt – das „Judenreferat" Adolf Eichmanns, der anfangs im Prinz-Albrecht-Palais tätig war, befand sich in der Kurfürstenstraße 115–116.

Dennoch ist es gerechtfertigt, das „Prinz-Albrecht-Gelände" als das eigentliche Regierungsviertel des SS-Staates zu bezeichnen. Hier war Heinrich Himmlers Dienstsitz in seinen Funktionen als Reichsführer-SS und Chef der deutschen Polizei bis zu seiner Ernennung zum Reichsinnenminister im Jahre 1943. Hier wurden die „Einsatzgruppen" der Sicherheitspolizei und des SD aufgestellt, und hierher gingen die Berichte über die von ihnen verübten Massenmorde. Hier wurde der Völkermord an den deutschen und europäischen Juden geplant, wurden die organisatorischen Voraussetzungen für Deportationen und Vernichtung geschaffen, wurde auch die „Wannsee-Konferenz" vorbereitet. Von hier aus wurde darüber entschieden, daß sowjetische Kriegsgefangene in großer Zahl aus den Lagern ausgesondert und ermordet wurden. Hier war das Zentrum aller gegen die wirklichen oder vermeintlichen Gegner des NS-Systems gerichteten Aktivitäten der Gestapo. Hier wurden aus den Spitzelberichten des SD die „Meldungen aus dem Reich" zusammengestellt, die den Machthabern möglichst zuverlässige Informationen über die Stimmung der Bevölkerung vermitteln sollten. Hier war die Befehlszentrale für das auch die besetzten Gebiete erfassende System der Höheren SS- und Polizeiführer.

Kein Zweifel, es war ein Ort der Planung und der Verwaltung des Terrors, ein Ort der Schreibtischtäter, die sich auf die „ordnungsgemäße Abwicklung" von „Vorgängen" konzentrierten und den Orten des Schreckens in der Regel fernblieben. Allerdings darf nicht übersehen werden, daß ein Teil der Amtschefs des Reichssicherheitshauptamtes auch Chefs der berüchtigten „Einsatzgruppen" in Polen und in der Sowjetunion waren und daß auch weitere Angehörige des Reichssicherheitshauptamtes diesen Mordkommandos für kürzere oder längere Zeit angehörten. Und schließlich wurde in der Prinz-Albrecht-Straße 8 auch unmittelbare physische Gewalt ausgeübt. Im „Hausgefängnis" der Gestapo waren Angehörige des Widerstandes gegen das NS-System — von den Kommunisten und Sozialdemokraten bis zu den Offizieren und Beamten des 20. Juli —, deren Vernehmung den Verfolgungsbehörden besonders wichtig war, für Tage, Wochen, Monate und manche sogar für Jahre eingesperrt. Viele wurden bei den Verhören brutal gefoltert, einige begingen im Gefängnis Selbstmord. Auch deshalb galt die Prinz-Albrecht-Straße 8 unter den politischen Gegnern des Nationalsozialismus als die „gefürchtetste Adresse" in Berlin. Andererseits ist das „Hausgefängnis" mit seinen prominenten Insassen, aber auch den vielen Unbekannten ein Zeichen dafür, daß es Menschen gab, die sich nicht gebeugt haben, die nicht den leichten Weg der Anpassung und des Wegsehens gegangen sind, die sich für den Widerstand entschieden und auch den Einsatz ihres Lebens nicht gescheut haben, um Unrecht zu verhindern, zu verringern oder zu verkürzen. Auch an sie, die Opfer wurden und mit ihrem Handeln für ein anderes Deutschland stehen, muß daher an diesem Ort erinnert werden.

Die Dokumentation soll in erster Linie über die Institutionen informieren, die hier zwischen 1933 und 1945 tätig waren, über ihre Organisation und Struktur, ihre Funktionsweise und die Wirkungen ihres Tuns. Das kann aus vielerlei Gründen — wegen des zur Verfügung stehenden Raumes, wegen des in vielen Bereichen noch immer unbefriedigenden Forschungsstandes und natürlich auch wegen der begrenzten Arbeitsmöglichkeiten einer kleinen Vorbereitungsgruppe — nur exemplarisch geschehen. Viele Fragen werden offen bleiben, andere nur teilweise beantwortet werden. Es ist eine Zwischenbilanz, die durch die Präsentation bisher unbekannter, aber natürlich auch mancher bekannter Bilder und Dokumente zur weiteren Beschäftigung mit dem Thema anregen möchte. Das gilt auch für die Geschichte des Stadtteils und der einzelnen Gebäude und ganz besonders für die

Jahrzehnte nach 1945, in denen diese Geschichte verdrängt, unsichtbar gemacht und schließlich wiederentdeckt wurde. Die Dokumentation führt daher bis ins Jahr 1987, und sie hätte ein wesentliches Ziel erreicht, wenn sie dazu beitragen würde, daß die Diskussion über den angemessenen Umgang mit diesem historischen Ort nicht wieder versandet, sondern möglichst bald zu konkreten Ergebnissen führt.

Den Besuchern der Ausstellung wird über die Bild- und Textinformation hinaus die Möglichkeit geboten, sich unmittelbar mit dem Gelände auseinanderzusetzen. Sie können es begehen, und kleine Schrifttafeln vermitteln ihnen an Ort und Stelle die wichtigsten Informationen über die einzelnen Gebäude. Darüber hinaus bietet die Plattform auf einem der verbliebenen Schutthügel die Chance, einen Überblick über das ganze Gelände und seine Einbindung in die Berliner Stadtlandschaft zu gewinnen. Im Sommer 1986 sind, im Zusammenhang mit der geplanten Dokumentation, auch Grabungen auf dem Gelände durchgeführt worden, um Aufschlüsse über die noch vorhandenen Überreste der früheren Gebäude zu gewinnen. Unter den Erd- und Schuttablagerungen sind dabei Teile von Fundamenten, von Mauern und Kellern zum Vorschein gekommen. Zu sehen ist vor allem, durch ein Wetterdach geschützt, ein Stück des Gefängnisbodens, auf dem die Spuren der 1933 aufgemauerten Zellenwände zu erkennen sind. Noch im März 1987 sind schließlich bei den Bauarbeiten für die provisorische Dokumentationshalle weiträumige, bis dahin unbekannte Keller eines im Zweiten Weltkrieg errichteten Nebengebäudes der Prinz-Albrecht-Straße 8 entdeckt worden, die daraufhin in die weitere Planung einbezogen worden sind, um so den Werkstatt-Charakter der Dokumentation zu betonen.

Daß die Dokumentation zu einem erfolgreichen Abschluß gebracht werden konnte, ist der nachdrücklichen Unterstützung vieler Personen und Institutionen zu verdanken. Dieser Dank gilt zunächst unseren Auftraggebern, dem Senator für Kulturelle Angelegenheiten, Dr. Volker Hassemer, und dem Intendanten der Berliner Festspiele GmbH, Dr. Ulrich Eckhardt, für ihr persönliches Engagement und ihre zuverlässige Unterstützung in allen wichtigen Fragen. Großzügiges Entgegenkommen haben wir bei den Leitern und Mitarbeitern vieler Archive, Behörden, Bildarchive, Bibliotheken und Sammlungen gefunden. Auch zahlreichen Privatpersonen, darunter einzelnen Überlebenden des „Hausgefängnisses" oder deren Angehörigen, haben wir für bereitwillige Auskünfte zu danken. Wichtig waren für uns die Diskussionen und Gespräche mit den Mitgliedern der „Initiative für den Umgang mit dem Gestapo-Gelände", mit den Mitarbeitern der Senatsverwaltung und den Mitgliedern der Ausstellungsleitung der zentralen historischen Ausstellung. Hinsichtlich der provisorischen Aufbereitung des Geländes kamen uns die Erfahrungen und der Rat von Dieter Robert Frank, der die Grabungen durchführte, Hendrik Gottfriedsen, der die Arbeiten auf dem Gelände leitete, Dr. Alfred Kernd'l, der die bodendenkmalpflegerische Beratung übernahm, und Peter Hielscher, der Koordinierungsaufgaben wahrnahm, zugute.

Einen besonderen Dank schulden wir Reinold Schattenfroh und Johannes Tuchel, die uns die Ergebnisse ihres Buches über die Prinz-Albrecht-Straße 8 noch vor der Veröffentlichung zur Verfügung stellten. Von entscheidender Bedeutung für die Realisierung des Vorhabens war die Hilfe von Professor Dr. Wolfgang Scheffler und Gerhard Schoenberner, die über ihre Funktion als wissenschaftliche Berater hinaus zu Mitautoren der Dokumentation geworden sind. Daß trotz schwieriger Bedingungen die Dokumentationshalle rechtzeitig erstellt werden konnte, ist der Energie und dem Einfallsreichtum von Jürg Steiner zu danken. Das gilt in ähnlicher Weise für Claus-Peter Gross und Margret Schmitt, deren Erfahrung und persönlicher Einsatz Voraussetzung für die termingerechte Gestaltung der Dokumentation auch unter ungewöhnlichem Zeitdruck waren. Schließlich ist Dr. Willmuth Arenhövel für die sorgfältige verlegerische Betreuung zu danken.

Eine letzte Bemerkung: Die Buchveröffentlichung bietet aus Gründen des Umfangs und der Entscheidung für einen niedrigen Verkaufspreis nicht den gesamten Inhalt der Dokumentation. Sie gibt aber alle wesentlichen Bilder und Dokumente — soweit entsprechende Verkleinerungen möglich waren — wieder.

1   Luftaufnahme des Geländes Prinz-Albrecht-Straße, Wilhelmstraße, Anhalter Straße, Stresemannstraße, um 1934.
In der Bildmitte der Europahaus-Komplex an der diagonal verlaufenden Stresemannstraße, die im Frühjahr 1935 in Saarlandstraße umbenannt wurde. Links daneben, an der Ecke Prinz-Albrecht-Straße, das Völkerkundemuseum. In der Prinz-Albrecht-Straße anschließend das Museum für Vor- und Frühgeschichte (das ehemalige Kunstgewerbemuseum, der heutige „Martin-Gropius-Bau"), gegenüber das Gebäude des Preußischen Abgeordnetenhauses. Rechts neben dem Museum für Vor- und Frühgeschichte die ehemalige Kunstgewerbeschule, seit Frühjahr 1933 Geheimes Staatspolizeiamt, im Anschluß daran das Hotel Prinz Albrecht. Darunter am rechten Bildrand das Hauptgebäude des Prinz-Albrecht-Palais, zu dem der Park gehört, der sich bis zum Europahaus erstreckt. Die dem Hotel Prinz Albrecht gegenüberliegenden Häuser an der Prinz-Albrecht-Straße, Ecke Wilhelmstraße, wurden 1935 abgerissen, als an ihrer Stelle das Reichsluftfahrtministerium errichtet wurde.

1. Regierungsviertel des SS-Staates – Adressen und Institutionen

Zwischen 1933 und 1945 befanden sich auf dem durch die Prinz-Albrecht-Straße, Wilhelmstraße und Anhalter Straße begrenzten Gelände einige der wichtigsten Institutionen des NS-Terrors. In unmittelbarer Nachbarschaft, teilweise sogar in denselben Gebäuden, hatten hier die Geheime Staatspolizei, die Reichsführung SS, der Sicherheitsdienst (SD) der SS und das Reichssicherheitshauptamt (RSHA) ihren Sitz.

Schon vor dem 30. Januar 1933 und erst recht nach der „Machtergreifung" richtete sich das Interesse der NS-Führung auf dieses Gebiet, das sich unter anderem durch unmittelbare Nachbarschaft zum Regierungsviertel auszeichnete. In wenigen Jahre breiteten sich Polizei, NSDAP und SS nahezu lückenlos über das Terrain aus.

Der entscheidende Zugriff auf das „Prinz-Albrecht-Gelände" erfolgte bereits im Mai 1933, als das neugeschaffene Geheime Staatspolizeiamt in das Gebäude der ehemaligen Kunstgewerbeschule, Prinz-Albrecht-Straße 8, einzog. Als Himmler im April 1934 zum „Inspekteur", das heißt zum eigentlichen Chef der Gestapo, ernannt wurde, verlegte er als „Reichsführer-SS" sowohl den Verwaltungsapparat der SS als auch den SD von München nach Berlin und siedelte sie in der unmittelbaren Nähe seines neuen Dienstsitzes an. Bis Ende 1934 zogen wichtige Teile der SS-Führung in das Hotel Prinz Albrecht (Prinz-Albrecht-Straße 9) und der von Reinhard Heydrich geleitete SD in das Prinz-Albrecht-Palais (Wilhelmstraße 102) ein.

In dem räumlichen Nebeneinander von Polizeibehörden, SS und SD trat schon bald die für das nationalsozialistische Herrschaftssystem charakteristische Verschränkung von staatlichen und parteieigenen Machtapparaten deutlich in Erscheinung, bis schließlich 1939 Gestapo, Kriminalpolizei und SD im Reichssicherheitshauptamt auch offiziell zu einer Institution zusammengefaßt wurden, die zugleich Staatsbehörde und Teil des SS-Imperiums war. Da die Überwachungs- und Verfolgungsapparate immer mehr Aufgaben an sich zogen und immer mehr Personal beschäftigten, reichten die Gebäude an der Prinz-Albrecht-Straße und Wilhelmstraße bald nicht mehr aus. Die Dienststellen breiteten sich zunächst in der näheren Umgebung, dann im gesamten Stadtgebiet aus. Allein das Reichssicherheitshauptamt hatte 1943 seine einzelnen Dienststellen schließlich auf über dreißig Gebäude zwischen Weißensee und Wannsee verteilt, darunter das Eichmann-Referat in der Kurfürstenstraße 115–116 – und das RSHA war nur eines von zwölf Hauptämtern der SS.

Bis zum Schluß blieb jedoch das Gebiet Prinz-Albrecht-Straße/Wilhelmstraße das „Regierungsviertel des SS-Staates", die Zentrale des Terrorapparates. Hier standen die Schreibtische Himmlers, Heydrichs, Kaltenbrunners und Heinrich Müllers („Gestapo-Müller"). Hier war das „Hausgefängnis" der Gestapo, aber auch der Mittelpunkt des über ganz Deutschland und große Teile Europas gespannten Netzes der Gestapo-(Leit-)Stellen und der Dienststellen der Höheren SS- und Polizei-Führer. Von hier aus wurde der Völkermord an den Juden vorbereitet, wurden Deportation und Vernichtung mit den staatlichen Behörden koordiniert. Hierher berichteten auch die „Einsatzgruppen" aus Polen und der Sowjetunion über ihre Mordtaten. Hier wurde die Verfolgung der Regimegegner in Deutschland und später in allen besetzten Ländern Europas organisiert.

Heute existiert keines dieser Gebäude mehr. Soweit sie den Krieg, mehr oder weniger beschädigt, überstanden hatten, wurden sie bis Mitte der fünfziger Jahre abgerissen oder gesprengt. Anfang der sechziger Jahre waren sämtliche Grundstücke abgeräumt und planiert. Auf dem unbebauten Gelände erinnerte nichts mehr an seine Geschichte.

2   „Angriff-Haus", Wilhelmstraße 106, 1933.

3   Lageplan, Oktober 1932.

5   Lageplan, Mai 1933.

4   Geheimes Staatspolizeiamt, Prinz-Albrecht-Straße 8, um 1934.
Anfang Mai 1933 zog in dieses Gebäude das am 26. April 1933 gegründete Geheime Staatspolizeiamt ein. Die Prinz-Albrecht-Straße Nr. 8 blieb bis Kriegsende das Hauptquartier der Geheimen Staatspolizei, seit 1939 war sie auch die zentrale Adresse des Reichssicherheitshauptamtes.

Schon vor dem 30. Januar 1933 erwarb die NSDAP ein erstes Grundstück auf dem Gelände. Im Oktober 1932 war die Redaktion des 1927 von Goebbels gegründeten Parteiblatts „Der Angriff" aus der nur wenige hundert Meter südlich gelegenen Hedemannstraße 10 in das Haus Wilhelmstraße 106, unweit des Prinz-Albrecht-Palais (Nr. 102), gezogen. Das Gebäude in der Wilhelmstraße erhielt jetzt die Bezeichnung „Angriff-Haus". Im Frühjahr 1934 siedelte die „Angriff"-Redaktion in die nahegelegene Zimmerstraße um. Am 23. Juli 1934 bezog die Adjutantur des neuernannten SA-Stabschefs Lutze – Nachfolger des ermordeten Ernst Röhm – vorübergehend das Haus. Von Ende 1934 bis Januar 1937 diente es als Sitz der SA-Gruppenführung Berlin-Brandenburg, anschließend wurde es vom Sicherheitsdienst (SD) der SS genutzt.

Am 20. April 1934 wurde der „Reichsführer-SS", Heinrich Himmler, zum „Inspekteur" der Geheimen Staatspolizei in Preußen ernannt; sein Dienstsitz war in der Prinz-Albrecht-Straße 8. In den folgenden Monaten wurden die SS-Führungsstellen aus München nach Berlin verlegt. Anfang November 1934 zog die Adjutantur des „Reichsführers-SS" (später: „Persönlicher Stab Reichsführer SS") in die Prinz-Albrecht-Straße 9. Aus dem Hotel Prinz Albrecht wurde das „SS-Haus", das unter anderem auch vom SS-Hauptamt, der eigentlichen SS-Verwaltungszentrale, genutzt wurde. Da der Chef des Sicherheitsdienstes (SD) der SS, Reinhard Heydrich, im April 1934 als Stellvertreter Himmlers zum „Leiter des Geheimen Staatspolizeiamtes" ernannt wurde, zog auch der SD von München nach Berlin; er wurde im Prinz-Albrecht-Palais untergebracht.

6   Hotel Prinz Albrecht, Prinz-Albrecht-Straße 9, um 1932.

7   Lageplan, Ende 1934.

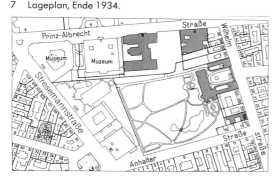

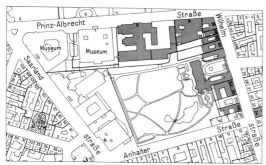

9   Lageplan, 1938.

8   Prinz-Albrecht-Palais, Wilhelmstraße 102, um 1930. Seit November 1934 war das Palais Sitz des Sicherheitsdienstes (SD) der SS, seit September 1939 Dienstsitz des Chefs des Reichssicherheitshauptamtes (Heydrich, ab 1943 Kaltenbrunner).

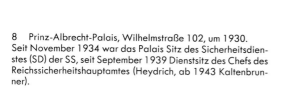

Die Zahl der im Geheimen Staatspolizeiamt und bei den SS-Dienststellen Beschäftigten stieg seit 1933/34 ständig an. Dementsprechend wuchs der Bedarf an Räumen für Personal, Dienststellen und technische Gerätschaften. 1935 bezog der

10   Das Reichsluftfahrtministerium an der Wilhelmstraße, zwischen Prinz-Albrecht-Straße und Leipziger Straße, um 1937.

11   Ehemaliges Preußisches Abgeordnetenhaus, Prinz-Albrecht-Straße 5, 1934.
Als „Preußenhaus" 1934/35 vorübergehend Sitz des Volksgerichtshofs, wurde das Gebäude Ende 1935 – nach der Verlegung des Volksgerichtshofs in die Bellevuestraße – von Göring in „Haus der Flieger" umbenannt.

12   Das Europahaus am Askanischen Platz, Juli 1943.

SD die dem Prinz-Albrecht-Palais unmittelbar benachbarten Gebäude Wilhelmstraße 101 und 103/04; 1937 kam – nach dem Auszug der SA-Gruppenführung Berlin-Brandenburg – die Wilhelmstraße 106 hinzu. In der Wilhelmstraße 100 waren seit 1936 andere Dienststellen der SS untergebracht (zunächst das SS-Hauptamt).

Die Gestapo errichtete 1935/36 einen Garagenanbau auf dem Grundstück Prinz-Albrecht-Straße 8 und schloß damit die Baulücke zum ehemaligen Hotel Prinz Albrecht. Einige Dienststellen zogen in die Wilhelmstraße 98 und 99.

So waren Ende der dreißiger Jahre von der Prinz-Albrecht-Straße 8 bis zur Wilhelmstraße/Ecke Anhalter Straße bis auf zwei Grundstücke (Wilhelmstraße 105 und 107) alle Gebäude mit Dienststellen der Gestapo und der SS belegt, dazu weitere Häuser in der unmittelbaren Umgebung (z. B. Wilhelmstraße 20 und 34).

Bis Anfang 1936 wurde an der gesamten Straßenfront der Wilhelmstraße zwischen Leipziger Straße und Prinz-Albrecht-Straße der Gebäudekomplex des Reichsluftfahrtministeriums errichtet – in einer Bauzeit von nur fünfzehn Monaten. Zu den Olympischen Spielen 1936 wurde der Bau den ausländischen Besuchern als Symbol des „neuen" Berlin präsentiert. Ein zeitgenössischer Stadtführer nennt ihn ein „in Stein gehauenes Dokument des wiedererwachten Wehrwillens und der wiedergeschaffenen Wehrfähigkeit des neuen Deutschland".

Das ehemalige Preußische Abgeordnetenhaus (Prinz-Albrecht-Straße 5) nahm Reichsluftfahrtminister Göring zusätzlich in Beschlag. Es erhielt den Namen „Haus der Flieger", nachdem es 1934/35 kurzfristig als Sitz des neuerrichteten „Volksgerichtshofs" gedient hatte. In der letzten Phase des Zweiten Weltkrieges nutzte Himmler das Gebäude für Konferenzen der Führungsgremien der SS und des Reichssicherheitshauptamtes. Gegen Ende der dreißiger Jahre zog das Reichsarbeitsministerium in das Europahaus am Askanischen Platz, von dessen Fassade man vorher die Lichtreklame entfernt hatte. Im Oktober 1941 erwog Himmler zeitweilig, seinen Persönlichen Stab dort unterzubringen. Dieser Plan wurde jedoch nicht realisiert.

13   Das nationalsozialistische Regierungsviertel, 1936.
Der Lageplan zeigt die Ausdehnung des NS-Regierungsviertels, wie es im wesentlichen bis zum Kriegsende bestand (1938/39 kam als zweiter großer Regierungsneubau nach dem Reichsluftfahrtministerium die „Neue Reichskanzlei" in der Voßstraße dazu). Die Gestapo-Zentrale in der Prinz-Albrecht-Straße bildete den südlichen Abschluß des Regierungsviertels. Daß die Gestapo hier residierte, wurde nie verschwiegen; in Reiseführern und auf Stadtplänen wurde sie wie selbstverständlich aufgeführt.

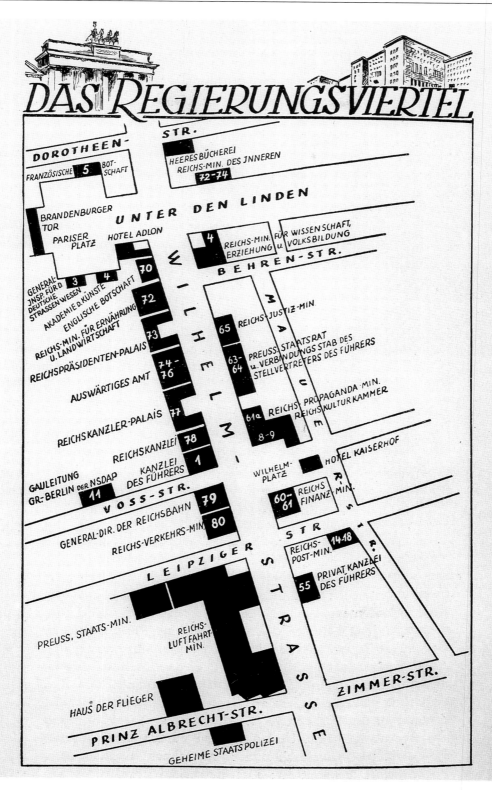

DAS REGIERUNGSVIERTEL

DOROTHEEN-STR.

FRANZÖSISCHE **5** BOT-SCHAFT

HEERES BÜCHEREI
REICHS-MIN. DES JNNEREN
72-74

UNTER DEN LINDEN

BRANDENBURGER TOR
PARISER PLATZ
HOTEL ADLON

4 REICHS-MIN. FÜR WISSENSCHAFT, ERZIEHUNG u. VOLKSBILDUNG

BEHREN-STR.

GENERAL-JNSP. FÜR D. DEUTSCHE STRASSENWESEN **3**
AKADEMIE D. KÜNSTE **4**
ENGLISCHE BOTSCHAFT **70**
72
REICHS-MIN. FÜR ERNÄHRUNG U. LANDWIRTSCHAFT **73**
REICHSPRÄSIDENTEN-PALAIS
74-76
AUSWÄRTIGES AMT
REICHSKANZLER-PALAIS **77**
REICHSKANZLEI **78**
GAULEITUNG GR. BERLIN DER NSDAP **11**
KANZLEI DES FÜHRERS **1**

VOSS-STR.
GENERAL-DIR. DER REICHSBAHN **79**
REICHS-VERKEHRS-MIN. **80**

65 REICHS-JUSTIZ-MIN

63-64 PREUSS. STAATSRAT u. VERBINDUNGSSTAB DES STELLVERTRETERS DES FÜHRERS

61a REICHS-PROPAGANDA-MIN.
REICHS-KULTURKAMMER
8-9

WILHELM-PLATZ
HOTEL KAISERHOF

60-61 REICHS FINANZ-MIN.

L E I P Z I G E R   S T R.

PREUSS. STAATS-MIN.
REICHS-LUFTFAHRT-MIN.

REICHS-POST-MIN. **1448**
55 PRIVAT KANZLEI DES FÜHRERS

ZIMMER-STR.

HAUS DER FLIEGER

PRINZ ALBRECHT-STR.
GEHEIME STAATSPOLIZEI

2. Stadtteil- und Gebäudegeschichte

2.1. Stille Gegend am Rande der Stadt (1732–1880)

Ab 1688 entstand im Südwesten von Berlin und Cölln die Friedrichstadt, die für kurze Zeit eigene Stadtrechte besaß, 1710 aber der neugebildeten königlichen Residenzstadt Berlin eingegliedert wurde.

Friedrich Wilhelm I., der „Soldatenkönig", ließ nach Plänen seines Oberbaudirektors Philipp Gerlach die Friedrichstadt ab 1732 nach Süden erweitern. Damals entstand das für die Südliche Friedrichstadt fast zweieinhalb Jahrhunderte lang charakteristische Straßennetz, das die drei in Nord-Süd-Richtung laufenden „Hauptadern" Wilhelmstraße, Friedrichstraße und Lindenstraße in das 1734 vor dem Halleschen Tor angelegte „Rondell" (später Belle-Alliance-Platz, heute Mehringplatz) münden ließ. Während zu dieser Zeit im nördlichen Teil der Friedrichstadt mehrere den Stadtteil prägende Adelspalais entstanden, die teilweise nach der Reichsgründung von 1871 zu Regierungs- und Botschaftsgebäuden umgebaut wurden, besaß die Südliche Friedrichstadt zunächst einen schlichteren, teilweise gar „ärmlichen" Charakter. Im wesentlichen wurden hier Einwanderer, in der Wilhelmstraße vor allem protestantische Böhmen, angesiedelt. Eine Ausnahme bildete das ab 1737 vom Baron Vernezobre de Laurieux an der unteren Wilhelmstraße errichtete Palais, ein für das Berlin jener Zeit ungewöhnlich prunkvoller Bau.

Nach mehrfachem Eigentümer- und Nutzungswechsel erwarb 1830 Prinz Albrecht von Preußen, Sohn Friedrich Wilhelms III., das seitdem nach ihm benannte Palais und ließ es durch Karl Friedrich Schinkel 1830–32 umbauen; mit der Neugestaltung der Parkanlage wurde Peter Joseph Lenné beauftragt. Der Garten wurde dabei, unter anderem durch Erwerb der Nachbargrundstücke Wilhelmstraße 103–104, erheblich vergrößert. Neben mehreren kleinen Wirtschaftsgebäuden ließ Schinkel im westlichen Teil des Parks einen Marstall und eine Reithalle errichten. Abgesehen vom Palais und seinen Nebengebäuden sowie den nördlich und südlich des Palais in der Wilhelmstraße gelegenen, einfach gehaltenen zwei- bis dreigeschossigen Häusern, blieb das benachbarte Gebiet bis ins letzte Viertel des 19. Jahrhunderts unbebaut. Die Wirkung des Parks wurde dadurch verstärkt, daß sich unmittelbar nördlich die Gärten des preußischen Kriegsministeriums anschlossen.

Die südliche Begrenzung bildete seit 1840 die Anhalter Straße, die eine bessere Verbindung von der Innenstadt zum 1841 eröffneten Anhalter Bahnhof herstellte. An der Westseite entstand in den 1860er Jahren die Königgrätzer Straße (heute Stresemannstraße) aus der Verbindung der Hirschelstraße mit der sogenannten „Communication" und dem Abbruch der sie trennenden Stadtmauer. Trotz der Errichtung des Anhalter und des Potsdamer Bahnhofs (1838) und ungeachtet der neuen Straßenzüge behielt die Südliche Friedrichstadt noch für Jahrzehnte ihren ruhigen Stadtrandcharakter. Im Baedeker von 1878 heißt es: „Die südl. Hälfte der Friedrichstadt ist bedeutend einförmiger und stiller, als die nördl. Dem Fremden bietet sie wenig." Doch 1875 hatten bereits die Bauarbeiten für das neue Gebäude des Anhalter Bahnhofs und 1877 für das Kunstgewerbemuseum begonnen. Innerhalb weniger Jahre sollte der Charakter des Stadtteils sich von Grund auf wandeln.

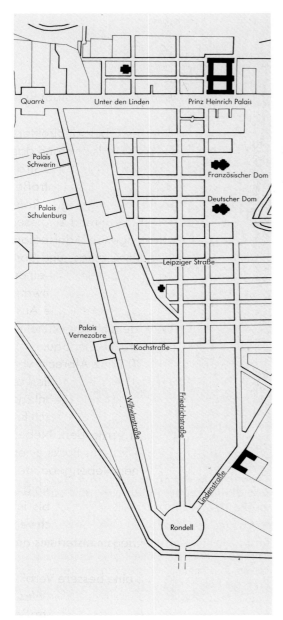

14   Die Friedrichstadt (nach einem 1737 veröffentlichten Grundriß der Residenzstadt Berlin von J. F. Walther).
Die östliche Grenze der Friedrichstadt, die seit 1732 bis zum „Rondell" erweitert worden war, bildet die Lindenstraße, an der das 1734/35 errichtete „Collegiengebäude" (Kammergericht, heute Berlin Museum) liegt. Vom „Rondell" verlief nach Nordwesten die 1734—1736 gebaute Akzisemauer zum Potsdamer Tor am „Octogon" (dem späteren Leipziger Platz) und weiter zum Brandenburger Tor am „Quarré" (dem späteren Pariser Platz). Gegenüber der Einmündung der Kochstraße in die Wilhelmstraße ist das Grundstück des Palais Vernezobre eingetragen, mit dessen Bau 1737 begonnen wurde.

15   Die Friedrichstadt (Ausschnitt aus dem Plan der Stadt Berlin, der 1748 unter der Leitung des Grafen von Schmettau veröffentlicht wurde; der Plan ist hier gesüdet, daher die Schrift kopfstehend).
Der topographisch genaue Plan zeigt auch den Grundriß der Gartenanlage des Palais Vernezobre. Nördlich angrenzend die Gärten des Happeschen Palais, das Ende des 18. Jahrhunderts vom preußischen Kriegsministerium erworben wurde. Zwischen der Leipziger Straße im Norden und dem „Rondell" im Süden existierten noch keine Querstraßen.

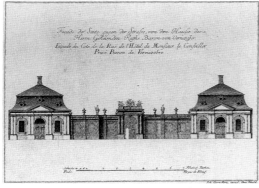

16   Straßenfassade des Palais Vernezobre (nach einem Stich von J. G. Merz, um 1740).

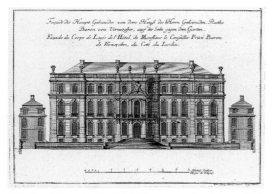

17   Gartenfassade des Palais Vernezobre (nach einem Stich von J. G. Merz, um 1740).

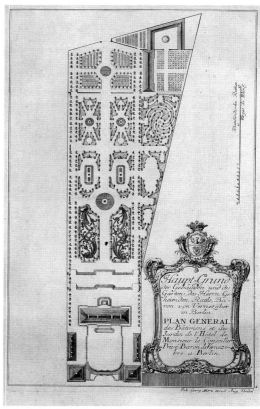

19   Grundriß der Gesamtanlage des Palais Vernezobre (nach einem Stich von J. G. Merz, um 1740).

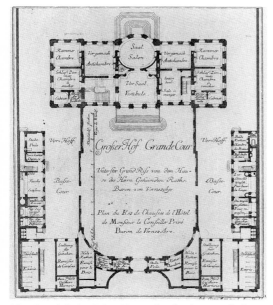

18   Grundriß des Palais Vernezobre (nach einem Stich von J. G. Merz, um 1740).

Chronologie der Eigentums- und Nutzungsverhältnisse des Palais an der Wilhelmstraße 102

1737–39
Baron Mathieu Vernezobre de Laurieux läßt auf Drängen Friedrich Wilhelms I. das Palais erbauen. Es dient ihm, mit dem zugehörigen großen Park, als Sommersitz („Palais Vernezobre").

1760
Das Palais wird von Bankier Werstler erworben.

1763–64
Das Palais wird vom preußischen Hof für den Aufenthalt des türkischen Gesandten gemietet.

1769
Das Palais wird von dem preußischen Minister Freiherr von Hagen erworben.

1772
Das Palais geht in den Besitz der Prinzessin Amalie, Schwester Friedrichs II., über, die es als Sommersitz nutzt.

20   Straßenansicht des Prinz-Albrecht-Palais nach dem Umbau 1830−32 durch Schinkel (nach einem kolorierten Stich
von Lemaitre, um 1837).
Zu den wichtigsten Veränderungen gehörte die Neugestaltung der Straßenfront mit Kolonnaden, den beiden Durchfahr-
ten und aufgestockten Flügelbauten.

21   Gartenansicht des Hauptgebäudes des Prinz-Albrecht-
Palais nach dem Umbau 1830−32 durch Schinkel (nach einem
kolorierten Stich von Lemaitre, um 1837).

1790
Das Palais geht in den Besitz des Markgrafen von
Ansbach-Bayreuth über („Ansbachisches Palais").

1806
Das Palais fällt an das preußische Königshaus zurück.

1807
Die Franzosen nutzen es für ihre Feldpost.

1810
Im Souterrain wird eine Armenspeisungs-Anstalt
eingerichtet, die bis in die dreißiger Jahre des 19.
Jahrhunderts bestehen bleibt.

1812
Die Luisenstiftung erhält von Friedrich Wilhelm III.
Nutzungsrechte im Palais. Vorübergehend hatte
Wilhelm von Humboldt das Palais als Sitz der
1810 neugegründeten Berliner Universität vorge-
sehen.

1826
Das   Restaurierungs-Atelier   der   königlichen
Sammlungen zieht mit 1.200 Bildern in das Palais.
Schon in den vorangegangenen Jahren wurde es
für die Unterbringung von Gemäldesammlungen
und die Einrichtung von Maler-Ateliers genutzt.

1830
Das Palais geht an den Prinzen Albrecht über, der
es bis zu seinem Tode (1872) als Wohnsitz nutzt.

1830−32
Im Auftrag des Prinzen Albrecht wird das Palais
von Karl Friedrich Schinkel umgebaut. Der Park
wird erweitert und von Peter Joseph Lenné neu ge-

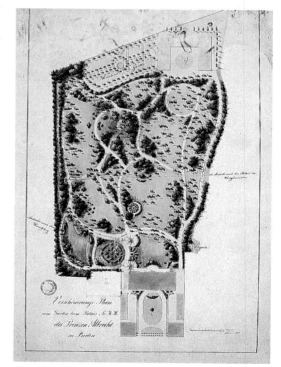

22   „Verschönerungs-Plan" für den Park des Prinz-Albrecht-
Palais von Peter Joseph Lenné, 1830.
Bei der Neugestaltung wurde die Parkfläche nahezu verdop-
pelt. „In seiner Vielfältigkeit, fein unterschiedenen Räumlich-
keit und dem Gehölz- und Blumenreichtum gehörte der Prinz-
Albrecht-Garten zu den schönsten städtischen Schloßgärten
Lennés" (H. Günther, Peter Joseph Lenné, Berlin 1985).

23   Das von Schinkel entworfene Treppenhaus des Prinz-Albrecht-Palais, um 1900.

staltet. Das Palais trägt fortan den Namen „Prinz-
Albrecht-Palais".

1860—62
Die Innenräume werden durch Adolph Lohse umgebaut.

1872
Das Palais geht an den gleichnamigen Sohn des
Prinzen Albrecht über.

1874
Das Hauptgebäude wird an der Südseite durch
Hofbaumeister Hauer erweitert.

1906
Das Palais geht nach dem Tod des Prinzen Albrecht (d.J.) an dessen drei Söhne über.

1918
Das Palais bleibt auch nach der Revolution Eigentum der Hohenzollern.

1924
Der westliche Teil des Parks wird als Baugelände
verkauft.

1926—31
Nach Abriß des von Schinkel erbauten Marstalls

24   Der von Schinkel entworfene Tanzsaal des Prinz-Albrecht-Palais im ersten Obergeschoß, um 1900.
Bei dem Umbau der Innenräume 1860–62 blieben neben dem
Treppenhaus auch einige Festräume im Obergeschoß unver-
ändert.

und anderer Gebäude wird das Europahaus errichtet.

1928–31
In dem von der Reichsregierung als Gästehaus
gemieteten Palais wohnen unter anderem die Kö-
nige von Afghanistan (1928) und Ägypten (1929)
sowie der britische Premierminister MacDonald
und Außenminister Henderson (1931).

1934
Das Palais wird von der SS gemietet und Dienst-
sitz des „Sicherheitsdienstes (SD) der SS" unter
Leitung von Reinhard Heydrich.

1939
Die im Palais untergebrachten Dienststellen werden Bestandteil des neugeschaffenen „Reichssicherheitshauptamtes". Das Palais ist Dienstsitz
des Leiters des Reichssicherheitshauptamtes
(Heydrich, später Kaltenbrunner).

1941
Im Auftrag Heydrichs beginnen umfangreiche
Umbauten, durch welche die repräsentative Funk-
tion des Palais betont werden soll.

1944–45
Im Mai 1944 wird das Palais bei einem Bomben-

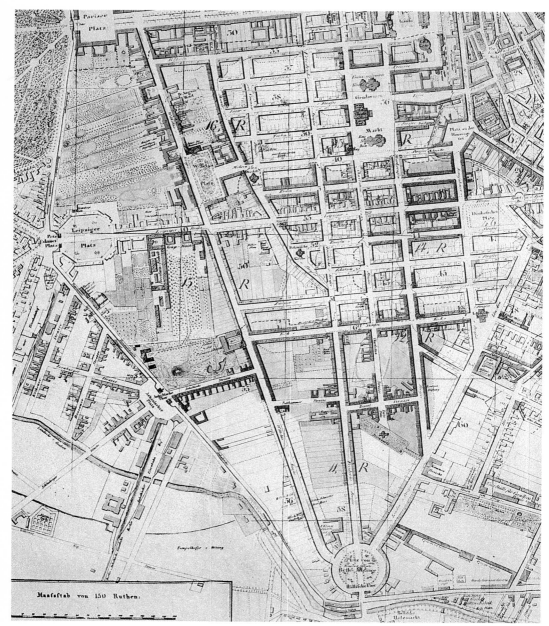

25   Die Friedrichstadt, Ausschnitt aus dem Grundriß von Berlin von J. C. Selter, 1846.
Die Eröffnung des Potsdamer Bahnhofs (1838) und des Anhalter Bahnhofs (1841) löste eine starke Bautätigkeit aus. Mit der „Anhaltischen" Straße wurde eine Verbindung zwischen Wilhelmstraße und Askanischem Platz geschaffen. Sie begrenzte nun den Park des Palais nach Süden. Am westlichen Ende des Parks, an der Akzisemauer bzw. der „Communication", sind die von Schinkel zusätzlich errichteten Gebäude (Marstall und Reithalle) zu erkennen.

angriff schwer beschädigt. Bis Kriegsende wird es noch mehrmals getroffen.

1949
Im April werden die noch erhaltenen Gebäudeteile abgerissen.

1958
Das Grundstück wird enttrümmert und planiert.

1961
Der Senat wird Eigentümer des Grundstückes.

2.2. Karriere eines Stadtviertels (1880–1918)

Schlagwortartig oft als „Aufstieg Berlins zur Weltstadt" bezeichnet, vollzog sich das Wachstum der Stadt seit 1871, als Berlin Hauptstadt des neugegründeten Deutschen Reiches wurde, in einem selbst für die Zeitgenossen atemberaubenden Tempo. Mit einiger Verspätung wurde auch das Gelände westlich des Prinz-Albrecht-Palais in diese Entwicklung einbezogen.

Die Expansion des öffentlichen Verkehrs- und Transportwesens machte die Anlage neuer Straßen notwendig; so entstanden 1872 in der Nähe des Palais die Voß- und die Hedemannstraße. Die Bahnhöfe, die den neuen Erfordernissen nicht mehr gewachsen waren, mußten völlig umgestaltet werden. 1870–72 hatte bereits der Potsdamer Bahnhof eine neue Empfangshalle erhalten. Als architektonisches Wunderwerk galt das neue, 1875–80 errichtete Gebäude des Anhalter Bahnhofs mit seiner imponierenden Dachkonstruktion. Die Umgebung beider Bahnhöfe, insbesondere die Königgrätzer Straße, wurde zum Zentrum des Fremdenverkehrs mit Dutzenden von kleineren und größeren Hotels.

Den „Einbruch der Moderne" in das Gelände zwischen Prinz-Albrecht-Palais im Osten und Königgrätzer Straße im Westen manifestierte im April 1877 die Grundsteinlegung für das Kunstgewerbemuseum von Martin Gropius und Heino Schmieden; 1881 war das Gebäude fertiggestellt. Im gleichen Jahr begann man — direkt daneben — mit dem Bau des Völkerkundemuseums, das 1886 eingeweiht wurde. Beide Museen waren Reaktionen auf den Modernisierungsdruck, dem sich das Kaiserreich von seiten der konkurrierenden europäischen Mächte ausgesetzt sah. Das Kunstgewerbemuseum, seit 1867 von Handwerkern, Industriellen, Kaufleuten, hohen Beamten und Künstlern gefordert, sollte dazu beitragen, die Erzeugnisse des deutschen Kunsthandwerks und der kunstgewerblichen Industrie auf ein international konkurrenzfähiges Niveau zu heben; Schausammlung, Bibliothek und Unterrichtsanstalt waren daher im Museum zu einer Einheit zusammengefaßt. Die Errichtung des Völkerkundemuseums fiel bezeichnenderweise mit dem Erwerb der ersten deutschen Kolonien zusammen.

Bald nach dem Bau der Museen breitete sich — öffentliche mit privaten Interessen verbindend — auch der Hotel-Boom, der im Gefolge der Ausdehnung des Fremdenverkehrs die Innenstadt erfaßt hatte, auf das Gelände aus. 1887/88 wurde zwischen den Museen und dem Eckgrundstück Wilhelmstraße 98 das Hotel „Vier Jahreszeiten" (ursprünglich „Römer-Bad", seit der Jahrhundertwende Hotel Prinz Albrecht) errichtet. Die Grundstückseigentümer in der Wilhelmstraße setzten ebenfalls auf Expansion: Rings um das Palais wurden die alten Bürgerhäuser aufgestockt oder Neubauten errichtet, zur Hofseite Quer- und „Garten"häuser angelegt.

Museen und Hotel waren von Westen beziehungsweise Osten zunächst nur durch behelfsmäßige Stichstraßen zugänglich. Erst als 1893–98 gegenüber dem Kunstgewerbemuseum das Preußische Abgeordnetenhaus errichtet wurde, gab das Kriegsministerium seinen Widerstand gegen den Straßendurchbruch (als westliche Verlängerung der Zimmerstraße) auf; die Prinz-Albrecht-Straße konnte angelegt werden. Kurz nach der Jahrhundertwende wurde auch die Baulücke zwischen Museen und Hotel geschlossen. Da das Kunstgewerbemuseum an zunehmendem Platzmangel litt, entschloß man sich, Unterrichtsanstalt und Bibliothek in einem Neubau auf dem Nachbargrundstück unterzubringen. So entstand von 1901–05 das Gebäude der Kunstgewerbeschule. Zusätzlich zur Museumsinsel war damit ein „zweiter Museumsbezirk" Berlins entstanden.

Innerhalb weniger Jahrzehnte hatte das Gelände am Prinz-Albrecht-Palais nicht nur ein völlig neues Gesicht erhalten, auch die gesellschaftliche Bedeutung des Viertels hatte sich grundlegend verändert. Es war jetzt eingebettet in das innerstädtische Funktionsnetz aus Regierungsviertel (das mit dem Preußischen Landtagsgebäude nunmehr an der Prinz-Albrecht-Straße begann), Geschäftsviertel (entlang der Leipziger Straße, mit dem „Prunkstück" Kaufhaus Wertheim), Verkehrszentrum (zwischen Potsdamer und Anhalter Bahnhof) und Zeitungsviertel (zwischen Zimmer- und Kochstraße, Sitz der Verlagskonzerne Mosse, Ullstein und Scherl). Aus einem Stadtrandquartier war ein Teil der Innenstadt geworden.

26   Nordseite des Kunstgewerbemuseums mit Hauptportal, Holzstich, 1881.
Das 1877–81 nach Entwürfen von Martin Gropius und Heino Schmieden erbaute Gebäude (heute: „Martin-Gropius-Bau") ist das bedeutendste und letzte erhaltene Berliner Bauwerk der jüngeren Schinkel-Schule. Die „Baugewerkszeitung" schrieb 1881 zur Eröffnung: „Durch diesen Bau hat unser Bau- und Kunsthandwerk bewiesen, daß es vollkommen auf der Höhe der Zeit steht."

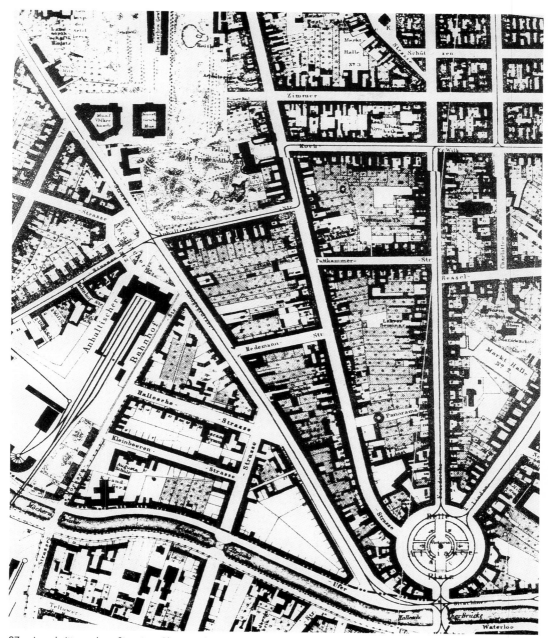

27   Ausschnitt aus dem „Situations-Plan von der Haupt- und
Residenzstadt Berlin und Umgebung", bearbeitet von W. Lie-
benow, 1888.
Das Gelände westlich des Prinz-Albrecht-Palais ist nunmehr
fast vollständig von Straßen umgeben. Die Museums-Neubau-
ten am Nordwestrand und das Hotel „Vier Jahreszeiten" (auf
dem Plan noch als „Römer Bad" bezeichnet) am Nordostrand
sind jeweils durch Stichstraßen erschlossen. Die Gärten des
Kriegsministeriums, die südlich bis an den Park des Prinz-Albrecht-Palais reichen, verhindern jedoch den Straßendurchbruch — sehr zum Ärger der Zeitgenossen, die das Verkehrshin-
dernis und die dadurch verursachten Umwege beklagten.

28   Die Stichstraße vor dem Kunstgewerbemuseum, um 1890.
Das Hauptportal mit den Sandsteinfiguren Hans Holbeins (vorne) und Peter Vischers. Hinter der abschließenden Mauer liegt der südliche Gartenteil des preußischen Kriegsministeriums, das sich jahrelang weigerte, das Grundstück für einen Straßendurchbruch freizugeben.

30   Das Hotel Prinz Albrecht, Prinz-Albrecht-Straße 9, um
1905.
Das 1887/88 nach Entwürfen von Wesenberg gebaute Hotel
(bis zur Jahrhundertwende „Hotel Vier Jahreszeiten") — in einem zeitgenössischen Stadtführer als ein „im Renaissancestil
errichteter Prachtbau" beschrieben — gehörte zwar mit seinen
120 Betten nicht zu den großen Häusern „allerersten Ranges"
wie das „Adlon" oder der „Kaiserhof", galt aber bis in die
Weimarer Republik als Hotel „ersten Ranges".

29   Das Völkerkundemuseum an der Königgrätzer Straße,
Ecke Prinz-Albrecht-Straße, 1887.
Der Grundriß des 1881—1886 nach Entwürfen von Hermann
Ende und Wilhelm Böckmann errichteten Gebäudes entsprach
dem spitzwinklig auf die Straßenecke zulaufenden Grund-
stück. Links das Kunstgewerbemuseum, die Prinz-Albrecht-
Straße ist noch nicht durchgebrochen.

32   Die Kunstgewerbeschule in der Prinz-Albrecht-Straße 8, um 1910.
In dem 1901—05 nach einem Entwurf des Ministeriums der öffentlichen Arbeiten errichteten Gebäude wurden die Unterrichtsanstalt und die Bibliothek des Kunstgewerbemuseums, zu der auch die Lipperheidesche Kostümbibliothek gehörte, untergebracht; die Bibliothek war durch den Nebeneingang 7 a zu erreichen.

31   Die Eingangshalle des Hotels Prinz Albrecht nach der Umgestaltung durch Bruno Möhring, 1909.

33   Blick in die Prinz-Albrecht-Straße von Westen, 1905. Rechts das Völkerkundemuseum, links das Gebäude des Preußischen Abgeordnetenhauses. Im Vordergrund links ein 1904/05 errichteter Konzertsaal, der erste in Berlin ganz in Eisenbeton ausgeführte Bau. Die Prinz-Albrecht-Straße, als westliche Verlängerung der Zimmerstraße durchgebrochen, ist zur wichtigen innerstädtischen West-Ost-Verbindung geworden.

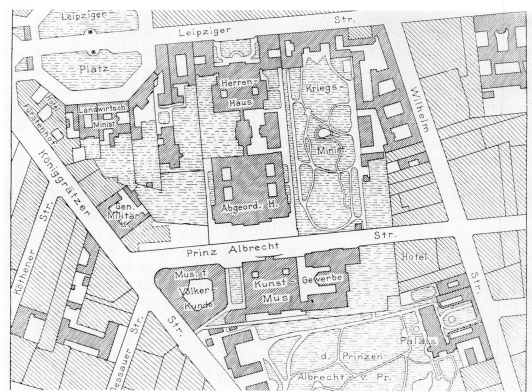

34   Lageplan der Umgebung der Prinz-Albrecht-Straße, 1913.
Die Prinz-Albrecht-Straße verbindet das Fremdenverkehrszentrum an der Königgrätzer Straße mit dem östlich gelegenen Teil der Innenstadt. Die drei Gebäude am südlichen Straßenrand bilden den neuen — zweiten — Berliner Museumsbezirk; mit dem Abgeordnetenhaus reicht das Regierungsviertel jetzt bis an den nördlichen Straßenrand.

35   Die Wilhelmstraße in Richtung Norden, mit dem Prinz-Albrecht-Palais, um 1910.
Mit dem nur dreigeschossigen Haus Nr. 100, zwei Häuser weiter, ist noch ein Rest der ursprünglichen Bebauung der Wilhelmstraße vorhanden.

2.3. Aufbruch und Krise (1918–33)

Im Winter 1918/19 war Berlin Schauplatz revolutionärer Auseinandersetzungen und weitreichender politischer Entscheidungen. Das Ringen um die demokratische Neuordnung Deutschlands fand nicht nur in den Regierungs- und Parlamentsgebäuden, sondern auch auf den Straßen und Plätzen Berlins statt. Das Bild der Stadt war durch gewaltige Demonstrationen und Kundgebungen, bald auch durch Zusammenstöße und Straßenkämpfe geprägt.

Die Gebäude an der Prinz-Albrecht-Straße standen in diesen Monaten mehrfach im Mittelpunkt des Geschehens. Vom 16. bis 21. Dezember 1918 tagte im Preußischen Abgeordnetenhaus an der Prinz-Albrecht-Straße der Reichskongreß der Arbeiter- und Soldatenräte Deutschlands, auf dem die Entscheidung für die Wahl zur deutschen Nationalversammlung am 19. Januar 1919 fiel. Vor allem in diesen Tagen wurde die Prinz-Albrecht-Straße zum Schauplatz großer politischer Demonstrationen. Zum Jahreswechsel 1918/19 fand im Abgeordnetenhaus die Gründung der Kommunistischen Partei Deutschlands statt. Wenige Tage später kam es im benachbarten Zeitungsviertel zu schweren und blutigen Kämpfen, in deren Verlauf Teile der Regierungstruppen im Prinz-Albrecht-Palais einquartiert wurden.

Da die Revolution steckenblieb und die neue parlamentarische Demokratie auf einem Kompromiß mit den konservativen Kräften beruhte, wurde auch das Eigentum der gestürzten Fürstenhäuser kaum angetastet. Das Prinz-Albrecht-Palais blieb Privateigentum der Hohenzollern. Mitte der zwanziger Jahre verkauften sie den westlichen Teil des Parks an eine Baugesellschaft, die auf diesem Grundstück von 1926 bis 1931 den Gebäudekomplex des Europahauses errichtete. Weitergehende städtebauliche Pläne für das gesamte Gelände scheiterten ebenso wie die Absicht der Hohenzollern, auf dem verbliebenen Parkstück – das für die Öffentlichkeit nicht zugänglich war – ein Hotel-Hochhaus zu errichten.

An der Prinz-Albrecht-Straße fanden in den zwanziger Jahren wichtige Veränderungen hinsichtlich der Nutzung der Gebäude statt. Das Kunstgewerbemuseum wurde in das leerstehende Schloß verlagert. In das freigewordene Gebäude zog die Vorgeschichtliche Abteilung des Völkerkundemuseums, aus der sich schon bald das eigenständige Museum für Vor- und Frühgeschichte entwickelte. Die Staatliche Kunstgewerbeschule wurde 1924 mit der Hochschule für bildende Künste vereinigt und nach Charlottenburg verlegt. Nur die seit 1924 selbständige Staatliche Kunstbibliothek verblieb in einem Seitenflügel des Gebäudes. Auch die Ateliers im Mansardengeschoß wurden bis zum Februar 1933 weiterhin an Künstler vermietet. Der größte Teil des Gebäudes wurde einer Privatfirma überlassen, deren Mietvertrag am 31. März 1933 auslief.

Das Hotel Prinz Albrecht wurde seit Februar 1932 von Hitler und Goebbels ebenso wie von den nationalsozialistischen Abgeordneten des Preußischen Landtages wiederholt für Kundgebungen und Versammlungen genutzt.

36 Kundgebung vor dem Preußischen Abgeordnetenhaus, Prinz-Albrecht-Straße 5, am 16. Dezember 1918.
Vom 16. bis 21. Dezember 1918 tagte im Preußischen Abgeordnetenhaus der „Allgemeine Kongreß der Arbeiter- und Soldatenräte Deutschlands". Zur Eröffnung des Kongresses hatten in Berlin der Spartakusbund und die Gruppe der „Revolutionären Obleute" zu einer Kundgebung vor dem Gebäude aufgerufen.
Karl Liebknecht (in der Mitte des Balkons) spricht zu den Demonstranten.

37 Demonstranten vor dem Preußischen Abgeordnetenhaus am 16. Dezember 1918.   ·Im Hintergrund Kunstgewerbemuseum und Kunstgewerbeschule.

38   Die ehemalige Kunstgewerbeschule in der Prinz-Albrecht-Straße 8, um 1932.

Zur Erzielung von „ins Gewicht fallenden Einsparungen" wurde vom preußischen Kultusministerium im Februar 1924 die Kunstgewerbeschule mit der Hochschule für bildende Künste vereinigt und in deren Gebäude an der Hardenbergstraße verlegt. Die Bibliothek verblieb in der Prinz-Albrecht-Straße 7 a und wurde zur „Staatlichen Kunstbibliothek".

Die freigewordenen Räume vermietete die Preußische Bau- und Finanzdirektion an eine private Holdinggesellschaft, die Richard Kahn GmbH, für die Zeit vom 1. Juni 1925 bis zum 31. März 1933. Als Sonderregelung wurde vereinbart, daß die 42 Ateliers im Mansardengeschoß weiterhin Künstlern zur Verfügung stehen sollten. Zu den Studenten, die dort arbeiteten, gehörten u. a. der Bildhauer Kurt Schumacher — 1942 wurde er hier im „Hausgefängnis" der Gestapo inhaftiert — und der spätere Schriftsteller Peter Weiss. Den Rest der Räume vermietete die Firma Kahn an Behörden, so im November 1925 an das Finanzamt Friedrichstadt.

Zu Beginn der zwanziger Jahre wurden die Bestände des Kunstgewerbemuseums in das Berliner Schloß überführt und mit den dortigen Kunstgegenständen zum „Schloßmuseum" vereinigt. In die freigewordenen Räume zogen die Ostasiatische Kunstabteilung (Erdgeschoß) und die Vorgeschichtliche Abteilung des Museums für Völkerkunde (1. Stock); im Lichthof fanden wechselnde Ausstellungen statt. Das Gebäude hieß zunächst „Museum in der Prinz-Albrecht-Straße", später „Museum für Vor- und Frühgeschichte".

Die „Großbauten-Aktien-Gesellschaft für die Errichtung von Geschäfts- und Industriehäusern", die von Prinz Friedrich Heinrich (dem Erben des Prinz-Albrecht-Palais und -Parks) ein Drittel der Grundstücksfläche (westlich, zur Königgrätzer Straße) erworben hatte, schrieb 1924 einen „Ideenwettbewerb zur Bebauung der Prinz-Albrecht-Gärten" aus. Die meisten Wettbewerbsteilnehmer schlugen eine hohe und weit über das baupolizeilich zulässige Maß (15 m) hinausgehende Bebauung vor. Prinz Friedrich Heinrich war selbst Aktionär der „Großbauten-AG". Der hier

gezeigte Entwurf gehörte zu den Ankäufen durch das Preisgericht.

Der Architekt und Publizist Werner Hegemann klagte angesichts der eingereichten Entwürfe: „Es ist langweilig, immer wieder das Selbstverständliche wiederholen zu müssen, aber die bedrohliche ‚Lungen‘-Schwindsucht Berlins zwingt dazu. Es muß also heute wieder einmal gesagt sein: Selbstverständlich ist es höchste Zeit, daß in Berlin mit dem Bebauen von Gärten... halt gemacht wird... Selbstverständlich sind alle Freiflächen in einer Großstadt... unantastbar". Das Günstigste,

39   Vorschlag von Bruno Möhring für ein Hotel am Askanischen Platz, Ansicht aus der Königgrätzer Straße, 1920.
Der Architekt Bruno Möhring, der 1908/09 die Innenräume des Hotels Prinz Albrecht umgestaltet hatte, schlug 1919/20 in einer Serie von Artikeln die „Umgestaltung und Erschließung des Prinz-Albrecht-Gartens" vor. Der Park sollte der Öffentlichkeit zugänglich gemacht, der Schinkelsche Marstall in ein Gebäude für kunstgewerbliche Werkstätten umgebaut und am Askanischen Platz ein „Wolkenkratzer-Hotel" errichtet werden.

40   Otto Firle, Vorschlag für einen Hochhausbau am Askanischen Platz, Ansicht vom Anhalter Bahnhof aus, 1924.

41   Der Europahaus-Komplex am Askanischen Platz, 1931. Der Komplex entstand in zwei Bauabschnitten. Der erste, im Vordergrund, wurde 1926–28 nach Plänen von Bielenberg und Moser errichtet; der zweite 1928–31 nach Plänen Otto Firles war ursprünglich als Hotel gedacht. An dem elfgeschossigen Bau wird noch an der Lichtreklame gearbeitet.

worauf man hoffen dürfe, sei, daß die Randbebauung der Prinz-Albrecht-Gärten möglichst schmal ausfalle und daß sie ebenso wirkungsvolle Durchblicke ins Grüne gestatte wie Schinkels Kolonnaden in der Wilhelmstraße.

Was 1920 planerische Gedankenskizze war und 1924 Entwurf blieb, wurde ab 1926 – in der kurzen Phase wirtschaftlicher Prosperität der Republik – teilweise realisiert. Bei der „Verbauung der Prinz-Albrecht-Gärten" (W. Hegemann) konnten sich nunmehr private Geschäftsinteressen rücksichtslos durchsetzen. Unter „restloser Ausnutzung des Grundstücks" wurde von der Großbau-ten-AG 1926–31 am Westrand des Parks der Europahaus-Komplex errichtet. Schinkels Reithalle und Marstall wurden abgerissen. Prinz-Albrecht-Palais und -Park blieben Privateigentum der Hohenzollern und waren deshalb nicht öffentlich zugänglich. Da jedoch die hohen Unterhaltskosten den Erben zu schaffen machten, beabsichtigten sie, auf dem Restgrundstück ein Riesenhotel zu errichten. Diese Planungen (1928 und 1930) wurden jedoch nicht realisiert. Öffentlich genutzt wurde das Palais um 1930 sozusagen indirekt: Die Reichsregierung mietete es verschiedentlich als Gästehaus für hohen Staatsbesuch.

42   Entwurfszeichnung für den geplanten Hotelneubau, Ansicht von der Anhalter Straße, 1928.

43   Lageplan zum Hotelneubau „in Verbindung mit dem Prinz-Albrecht-Palais", 1928.

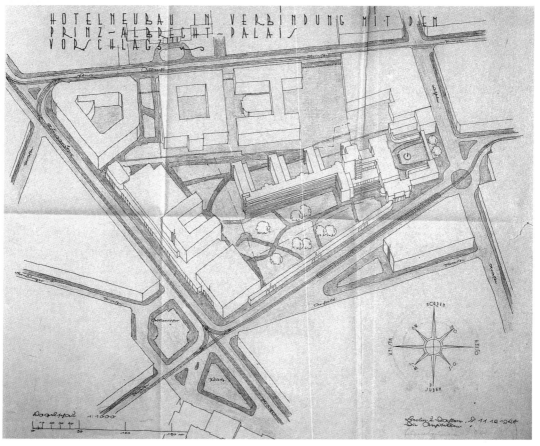

44   Hitler und Goebbels verlassen das Hotel Prinz Albrecht nach einer Sitzung der NSDAP-Fraktion des Preußischen Landtages am 19. Mai 1932.

45   Nationalsozialistische Abgeordnete des Preußischen Landtages vor dem Hotel Prinz Albrecht am 19. Mai 1932.

3. Institutionen des Terrors

3.1. Der Reichsführer-SS und sein Reich

Die wichtigsten Aufgaben des Reichsführers-SS Heinrich Himmler und seiner SS waren:
— die Überwachung, Verfolgung und Ausschaltung aller politischen Kräfte, die der NS-Staat als seine Gegner betrachtete;
— die Bewahrung und Förderung der eigenen „Rasse" und die Schaffung eines „reinrassigen" Deutschlands, insbesondere durch die systematische Verfolgung und Vertreibung der Juden,
— die Eroberung von „Lebensraum" und die „volkstumspolitische Neuordnung" Europas.
Die Geheime Staatspolizei (Gestapo) und der Sicherheitsdienst (SD) hatten auf dem polizeilichen und nachrichtendienstlichen Gebiet die Sicherheit des NS-Staates zu garantieren. Die Ernennung Himmlers zum „Reichsführer-SS und Chef der deutschen Polizei" (1936) diente langfristig dem Ziel, die gesamte Polizei aus ihrer staatlichen Bindung zu lösen und mit der SS personell zu verschmelzen.
Sicherung des Staates bedeutete für Himmler: „Das deutsche Volk als organisches Gesamtwesen, seine Lebenskraft und seine Einrichtungen gegen Zerstörung und Zersetzung zu sichern." Zu dieser „Sicherung" und als Ergänzung zur polizeilichen Arbeit schuf Himmler ein Konzentrationslagersystem, mit dessen Hilfe alle zu „Staats- oder Volksfeinden" erklärten Personen isoliert und ausgeschaltet werden konnten. Der Feindbegriff umfaßte dabei neben den politischen Gegnern auch eine Vielzahl unterschiedlichster Minderheiten und sozialer Randgruppen. Zur Ermordung des „rassenpolitischen Hauptfeindes" — der jüdischen Bevölkerung — wurden besondere Vernichtungslager geschaffen.
Der Schutzstaffel der NSDAP (SS) waren bei der Gestaltung des nationalsozialistischen Reiches bestimmte Elitefunktionen zugedacht. Als angeblich „reinrassiger Orden" stellte die SS das Personal zur Verwirklichung des Kernziels des NS-Systems, der „rassenpolitischen Säuberung" zunächst des eigenen Volkes und später, nach dem Beginn des Krieges, aller vom Deutschen Reich eroberten Länder.
Was als System der innenpolitischen Machtsicherung begann, dehnte sich seit 1939 über ganz Europa aus: die Verfolgung und Ausschaltung vermeintlicher oder wirklicher politischer Gegner. Die SS beteiligte sich mit Einheiten der Waffen-SS an den Eroberungsfeldzügen. Sie spielte, mit Hilfe aller SS- und Polizeieinheiten und im Einvernehmen mit allen beteiligten staatlichen Institutionen, eine entscheidende Rolle bei der Planung und Durchführung des „rassenpolitischen" Unterwerfungs- und Ausrottungskonzepts. Vor allem in Osteuropa trat sie als die treibende Kraft bei der mit allen Mitteln vorangetriebenen bevölkerungspolitischen „Neuordnung" in Erscheinung.
Das Programm der SS führte:
— zum Feldzug gegen das „jüdisch-bolschewistische System" und zur systematischen Ermordung der jüdischen Bevölkerung in allen Gebieten unter deutscher Herrschaft;
— zur Ermordung der Zigeuner und angeblich lebensunwerter Menschen wie der Insassen von Heil- und Pflegeanstalten in Deutschland, Polen und der Sowjetunion;

46   Hotel Prinz Albrecht, seit 1934 Sitz der „Reichsführung-SS".

— zur Verfolgung politischer Gegner und aller „störenden" sozialen Gruppen von den Homosexuellen bis zu religiösen Minderheiten;
— zur Ausbeutung und Versklavung von Millionen Menschen, die neben den Juden ebenfalls als „rassisch minderwertig" galten, vornehmlich der polnischen und sowjetischen Bevölkerung, verbunden mit dem Versuch, die „Intelligenz" dieser Völker auszuschalten oder zu ermorden.
Was 1933 als vermeintliche Wiederherstellung nationaler Größe begann, endete mit Millionen von Toten, unermeßlichem Leid und einem zerstörten Europa. Im Zentrum dieser Entwicklung standen Heinrich Himmler und sein SS-Staat.

47   Das Führerkorps der SS vor der „Machtergreifung", wahrscheinlich 1932 im „Braunen Haus" in München. In der er- sten Reihe dritter von rechts Himmler, links neben ihm Daluege. In der dritten Reihe von unten, zweiter von rechts, Heydrich.

48   Adolf Hitler, bewacht von der SS-Leibstandarte, 1934.

49   Reichsparteitag in Nürnberg — feldmarschmäßig ange-
tretene SS-Einheiten

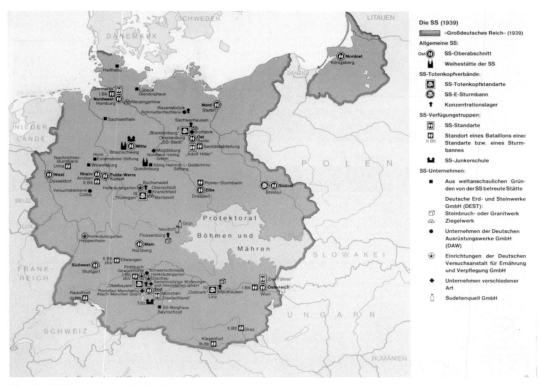

50   Die SS-Organisationen im Reich

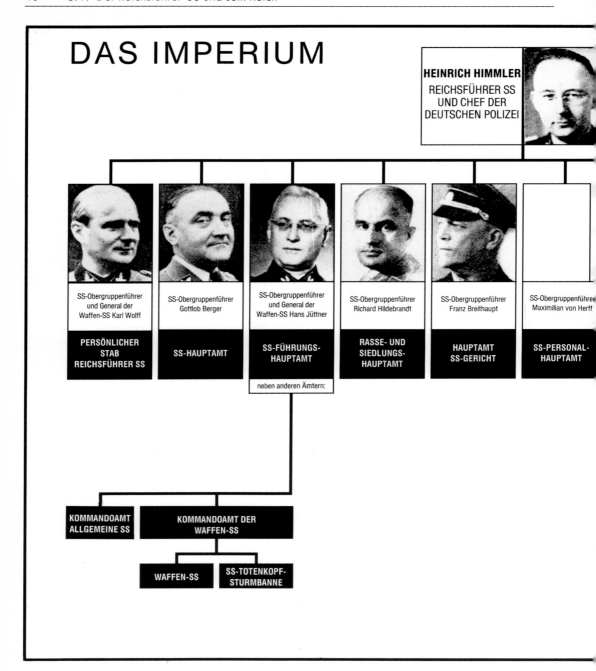

DAS IMPERIUM

HEINRICH HIMMLER
REICHSFÜHRER SS
UND CHEF DER
DEUTSCHEN POLIZEI

SS-Obergruppenführer und General der Waffen-SS Karl Wolff

SS-Obergruppenführer Gottlob Berger

SS-Obergruppenführer und General der Waffen-SS Hans Jüttner

SS-Obergruppenführer Richard Hildebrandt

SS-Obergruppenführer Franz Breithaupt

SS-Obergruppenführer Maximilian von Herff

PERSÖNLICHER STAB REICHSFÜHRER SS

SS-HAUPTAMT

SS-FÜHRUNGS-HAUPTAMT

RASSE- UND SIEDLUNGS-HAUPTAMT

HAUPTAMT SS-GERICHT

SS-PERSONAL-HAUPTAMT

neben anderen Ämtern:

KOMMANDOAMT ALLGEMEINE SS

KOMMANDOAMT DER WAFFEN-SS

WAFFEN-SS

SS-TOTENKOPF-STURMBANNE

51   Die 12 Hauptämter der SS im Jahre 1944. Karl Wolff war seit dem 23. 9. 1943 Höchster SS- und Polizeiführer (HöSSPF) Italien. Seine Funktionen im Hauptamt Persönlicher Stab übernahm sein bisheriger Stellvertreter Dr. Rudolf Brandt.

DER SCHUTZSTAFFEL   STAND 1944

Obergruppenführer
einhard Heydrich
chfolger seit 1943
Obergruppenführer
altenbrunner (rechts)

SS-Oberstgruppenführer
Kurt Daluege

SS-Obergruppenführer
Oswald Pohl

SS-Obergruppenführer
Dr. August Heißmeyer

SS-Obergruppenführer
Werner Lorenz

SS-Obergruppenführer
Ulrich Greifelt

**REICHS-
SICHERHEITS-
HAUPTAMT**

**HAUPTAMT
ORDNUNGSPOLIZEI
Uniformierte Polizei**

**WIRTSCHAFTS- UND
VERWALTUNGS-
HAUPTAMT**

**DIENSTSTELLE
SS-OBERGRUPPEN-
FÜHRER
HEISSMEYER**

**HAUPTAMT
VOLKSDEUTSCHE
MITTELSTELLE**

**HAUPTAMT REICHS-
KOMMISSAR FÜR DIE
FESTIGUNG DEUT-
SCHEN VOLKSTUMS**

neben anderen Ämtern:

neben anderen Ämtern:

**KONZENTRATIONS-
LAGER**
(einschließlich der SS-
Totenkopf-Sturmbanne, die
aber truppendienstlich
dem Führungshauptamt
unterstellt waren)

BAUWESEN:

**WIRTSCHAFTS-
UNTERNEHMUNGEN**
u. a. 296 Ziegeleien, Porzel-
lanmanufakturen und 75
Prozent der nichtalkoholi-
schen Getränkeindustrie
(z. B. Apollinaris)

**KOMMANDOAMT
der uniformierten
Polizei**

TRUPPENVERWALTUNG

**TRUPPEN-
WIRTSCHAFT**
(Wirtschaftliche Versorgung
der Waffen-SS)

DER SPIEGEL

52   Veranstaltung des „Freundeskreises Himmler" im Prinz-Albrecht-Palais, 1937.
In der ersten Reihe von rechts: Reichsminister a. D. Dr. Kurt Schmitt (Vorstandsvorsitzender der Münchener Rückversicherungs-Gesellschaft), Carl Vincent Krogmann (Erster Bürgermeister der Freien und Hansestadt Hamburg), Ewald Hecker (Präsident der Industrie- und Handelskammer Hannover), Reinhard Heydrich, Dr. Karl Rasche (Vorstandsmitglied der Dresdner Bank), Heinrich Himmler, August Rosterg (Generaldirektor der Wintershall A. G.).

DOKUMENT 453-E.
SCHREIBEN DES BANKIERS VON SCHRÖDER IN KÖLN AN HIMMLER VOM 21. SEPTEMBER 1943 ZUR ÜBERSENDUNG EINER LISTE VON BETRÄGEN, DIE IHM (HIMMLER) AUS WIRTSCHAFTS-KREISEN IN DER GESAMTHÖHE VON 1 100 000.— RM ZUR VERFÜGUNG GESTELLT WURDEN (BEWEISSTÜCK US-322)

BESCHREIBUNG:
zweiteilig I Phot

E r s t e s S:

, den 21.9.1943.
.ener Platz 5.

Reichsführer-SS Heinrich H i m m l e r ,
                                    B e r l i n .

Sehr verehrter Reichsführer !

Für Ihren liebenswürdigen Brief vom 14.ds.Mts., mit dem Sie mir eine grosse Freude gemacht haben, danke ich Ihnen bestens.
Gleichzeitig übersende ich Ihnen anbei eine Liste mit dem Gesamtergebnis der Ihnen in diesem Jahre zur Verfügung gestellten Beträge Ihres Freundeskreises, abschliessend mit einer Summe von RM 1.100.000.—. Wir freuen uns aufrichtig, Ihnen damit bei Ihren besonderen Aufgaben eine gewisse Hilfsstellung leisten und Ihnen bei Ihrem wieder vergrösserten Aufgabenkreis eine kleine Entlastung zuteil werden lassen zu können.
Indem ich Ihnen, mein sehr verehrter Reichsführer, weiter alles Beste wünsche, verbleibe ich in alter Treue und Verehrung mit

                    H e i l   H i t l e r !
                    Ihr sehr ergebener
                         v. S.
                    SS-Brigadeführer.

Z w e i t e s S: alle Posten außer zweimal „Hermann Gö: ng-Werke" und außer dem letzten Posten r angehakt.

An Beiträgen gingen auf Sonder-Konto „S" im Jahre 1943 ein:

durch Herrn Dr.R.Bingel
        v/Siemens-Schuckertwerke A.G. .... 100.000.—
        Herrn Dr.Bütefisch u.Herrn Geh.Rat Schmitz
        v/J.G.Farbenindustrie A.G. .... 100.000.—

532

453-EC

durch Herrn Dr.Friedr.Flick
        v/Mitteldeutsche Stahlwerke GMBH .... 100.000.—
   „   Herrn Ritter vom Halt
        v/Deutsche Bank, Berlin .... 75.000.—
   „   Herrn Ewald Hecker
        v/Ilseder Hütte 25.000.-
   „   Herrn Staatsrat Helfferich
        v/Deutsch-Amerikanische Petroleum-Ges. .... 10.000.—
   „   Herrn Staatsrat Lindemann
        v/Deutsch-Amerikanische Petroleum-Ges.   10 000.—
        u.persönlich............................... 4.000.—
   „   Herrn Dr. Kaselowsky
        v/Fa.Dr.August Oetker, Bilefeld, ... 40.000.—
   „   Herrn Dr.Alfred Olscher
        v/Reichs-Kredit-Gesellschaft A.G. .... 30.000.—
   „   Herrn Prof.Dr. Meyer u.Herrn Dr.Rasche
        v/Dresdner Bank, Berlin, ... 50.000.—
   „   Herrn Staatsrat Reinhart
        v/Commerz- und Privatbank A.G., Berlin, ... 50.000.—
   „   Herrn Gen.Dir.Roehnert
        v/Rheinmetall Borsig A.G. .... 50.000.—
        „ Hermann Göring-Werke 30.000.-
   „   Herrn Dr.Voss
        v/Hermann Göring-Werke .... 30.000.—
   „   Herrn Gen.Dir.roste g
        v/Wintershall Akt.Ges.. .... 100.000.—
   „   Herrn Fregattenkapitän Otto Steinbrinck
        v/Vereinigte Stahlwerke A.G. .... 100.000.—
   „   Herrn Kurt Frhr.v.Schröder
        v/Braunkohle-Benzin A.G. .... 100.000.—
        „ Felten & Guilleaume Carlswerk A.G. .... 25.000.—
        „ Mix & Genest A.G. .... 5.000.—
        „ C.Lorenz A.G. .... 20.000.—
        „ Gewerkschaft Preussen. .... 30.000.—
        „ Zinsen u.selber .... 16.000.—

                                  RM 1.100 000.—

533

---

53   Schreiben des Bankiers Kurt Freiherr von Schröder an den Reichsführer-SS vom 21. September 1943, die Spenden des „Freundeskreises Himmler" im Jahre 1943 betreffend.

54   Als Chef der Waffen-SS gratuliert Himmler zusammen mit (von links) Wilhelm Keitel (Heer), Karl Dönitz (Marine) und Erhard Milch (Luftwaffe) Hitler zum Geburtstag, 20. April 1944.

55   Besprechung in der Prinz-Albrecht-Straße 8 im ersten Stock. Von links: der Chef des SS-Hauptamtes „Volksdeutsche Mittelstelle", Werner Lorenz, der Chef der Sicherheitspolizei und des SD, Reinhard Heydrich, der Reichsführer-SS und Chef der Deutschen Polizei, Heinrich Himmler, und der Chef des „Persönlichen Stabes", Karl Wolff.

3.2. Machtübernahme und früher Terror

Der Ernennung Hitlers zum Reichskanzler am 30. Januar 1933 folgte die systematische Zerstörung des demokratischen Rechtsstaates. Mit Hilfe staatlicher Machtmittel, verstärkt durch die Bildung einer Hilfspolizei aus SA- und SS-Mitgliedern in Preußen, Verhängung des Ausnahmezustandes durch die nach dem Reichstagsbrand erlassene Verordnung „zum Schutz von Volk und Staat" und Massenverhaftungen von Angehörigen der KPD und der SPD sowie anderer Kritiker der NSDAP schalteten die Nationalsozialisten systematisch jede mögliche Opposition aus.

Die Entmachtung des Reichstages und der Länderparlamente, der „Judenboykott" und die ersten antisemitischen Gesetze und Verordnungen, die „Gleichschaltung" der Gewerkschaften und Verhaftung ihrer Funktionäre, die Zerschlagung der KPD und das Verbot der SPD, gefolgt von der erzwungenen Auflösung aller übrigen Parteien, und die Errichtung des Einparteienstaates waren wesentliche Stationen der sogenannten „nationalen Erhebung".

Der Terror und die rechtsfreien Räume, in denen SA und SS in diesen Monaten ungestört handeln konnten (in den Folterkellern der SA, den „wilden Konzentrationslagern", aber auch am Arbeitsplatz und in aller Öffentlichkeit), zwangen nicht nur Zehntausende zur Flucht aus Deutschland, sie erzeugten auch die gewünschte Atmosphäre der Furcht, die zur politischen und geistigen „Gleichschaltung" des deutschen Volkes erforderlich war.

56   Der erste Chef der Preußischen Geheimen Staatspolizei, Regierungsrat Rudolf Diels (vierter von links, halb verdeckt), präsentiert im März 1933 der ausländischen Presse den Publizisten Carl von Ossietzky (dritter von rechts), den Fraktionsvorsitzenden der KPD im Reichstag, Ernst Torgler (vierter von rechts), und den Schriftsteller Ludwig Renn (zweiter von rechts) die auf Grund der Verordnung vom 28. Februar 1933 verhaftet worden waren.

Reichsgesetzblatt

Teil I

| 1933 | Ausgegeben zu Berlin, den 28. Februar 1933 | Nr. 17 |

Inhalt: Verordnung des Reichspräsidenten zum Schutz von Volk und Staat. Vom 28. Februar 1933...... S. 83

Verordnung des Reichspräsidenten zum Schutz von Volk und Staat. Vom 28. Februar 1933.

Auf Grund des Artikels 48 Abs. 2 der Reichsverfassung wird zur Abwehr kommunistischer staatsgefährdender Gewaltakte folgendes verordnet:

§ 1

Die Artikel 114, 115, 117, 118, 123, 124 und 153 der Verfassung des Deutschen Reichs werden bis auf weiteres außer Kraft gesetzt. Es sind daher Beschränkungen der persönlichen Freiheit, des Rechts der freien Meinungsäußerung, einschließlich der Pressefreiheit, des Vereins- und Versammlungsrechts, Eingriffe in das Brief-, Post-, Telegraphen- und Fernsprechgeheimnis, Anordnungen von Haussuchungen und von Beschlagnahmen sowie Beschränkungen des Eigentums auch außerhalb der sonst hierfür bestimmten gesetzlichen Grenzen zulässig.

§ 2

Werden in einem Lande die zur Wiederherstellung der öffentlichen Sicherheit und Ordnung nötigen Maßnahmen nicht getroffen, so kann die Reichsregierung insoweit die Befugnisse der obersten Landesbehörde vorübergehend wahrnehmen.

§ 3

Die Behörden der Länder und Gemeinden (Gemeindeverbände) haben den auf Grund des § 2 erlassenen Anordnungen der Reichsregierung im Rahmen ihrer Zuständigkeit Folge zu leisten.

§ 4

Wer den von den obersten Landesbehörden oder den ihnen nachgeordneten Behörden zur Durchführung dieser Verordnung erlassenen Anordnungen oder den von der Reichsregierung gemäß § 2 erlassenen Anordnungen zuwiderhandelt oder wer zu solcher Zuwiderhandlung auffordert oder anreizt, wird, soweit nicht die Tat nach anderen Vorschriften mit einer schwereren Strafe bedroht ist, mit Gefängnis nicht unter einem Monat oder mit Geldstrafe von 150 bis zu 15 000 Reichsmark bestraft.

Wer durch Zuwiderhandlung nach Abs. 1 eine gemeine Gefahr für Menschenleben herbeiführt, wird mit Zuchthaus, bei mildernden Umständen mit Gefängnis nicht unter sechs Monaten und, wenn die Zuwiderhandlung den Tod eines Menschen verursacht, mit dem Tode, bei mildernden Umständen mit Zuchthaus nicht unter zwei Jahren bestraft. Daneben kann auf Vermögenseinziehung erkannt werden.

Wer zu einer gemeingefährlichen Zuwiderhandlung (Abs. 2) auffordert oder anreizt, wird mit Zuchthaus, bei mildernden Umständen mit Gefängnis nicht unter drei Monaten bestraft.

§ 5

Mit dem Tode sind die Verbrechen zu bestrafen, die das Strafgesetzbuch in den §§ 81 (Hochverrat), 229 (Giftbeibringung), 307 (Brandstiftung), 311 (Explosion), 312 (Überschwemmung), 315 Abs. 2 (Beschädigung von Eisenbahnanlagen), 324 (gemeingefährliche Vergiftung) mit lebenslangem Zuchthaus bedroht.

Mit dem Tode oder, soweit nicht bisher eine schwerere Strafe angedroht ist, mit lebenslangem Zuchthaus oder mit Zuchthaus bis zu 15 Jahren wird bestraft:

1. Wer es unternimmt, den Reichspräsidenten oder ein Mitglied oder einen Kommissar der Reichsregierung oder einer Landesregierung zu töten oder wer zu einer solchen Tötung auffordert, sich erbietet, ein solches Erbieten annimmt oder eine solche Tötung mit einem anderen verabredet;

2. wer in den Fällen des § 115 Abs. 2 des Strafgesetzbuchs (schwerer Aufruhr) oder des § 125 Abs. 2 des Strafgesetzbuchs (schwerer Landfriedensbruch) die Tat mit Waffen oder in bewußtem und gewolltem Zusammenwirken mit einem Bewaffneten begeht;

3. wer eine Freiheitsberaubung (§ 239) des Strafgesetzbuchs in der Absicht begeht, sich des der Freiheit Beraubten als Geisel im politischen Kampfe zu bedienen.

§ 6

Diese Verordnung tritt mit dem Tage der Verkündung in Kraft.

Berlin, den 28. Februar 1933.

Der Reichspräsident
von Hindenburg

Der Reichskanzler
Adolf Hitler

Der Reichsminister des Innern
Frick

Der Reichsminister der Justiz
Dr. Gürtner

57 Verordnung zum Schutz von Volk und Staat, Reichsgesetzblatt Teil 1, Nr. 17, 28. Februar 1933.

Kommunistische Literatenabteilung in der Berliner Künstlerkolonie
Laubenheimerplatz ausgehoben!

Mit der Feuerwehrleiter steigt man am schnellsten ein

Jetzt Schluss damit!

DIE LITERATEN DER KOMMUNE WERDEN VERHAFTET

Deutschland hatte durch den Vertrag von Versailles beileibe nicht alle seine Kolonien eingebüßt. Unter dem starken Protektorat marxistischer Kulturpolitik wanderte die Blüte seiner Intelligenz nach Berlin-Wilmersdorf aus und gründete dort in einem großen, von moderner Sachlichkeit strotzenden Block am Südwestkorso von Wilmersdorf eine der wertvollsten aller Kolonien, die das Reich je besessen hat, die sogenannte „Berliner Künstlerkolonie".

Ungeistig und barbarisch, wie das neue Regime nun schon einmal ist, hat es am 15. März den Oberleutnant Olze mit einer Bereitschaft Schutzpolizei ausgerechnet in diese Musenkolonie geschickt, um sie abzuriegeln und zu durchsuchen. Man ist ja so argwöhnisch geworden, seit das Dasein des Herrn Grzesinsky samt Isidor ein so idyllenfeindliches Ende nahm.

Und es geschah, daß die Kommißstiefel der Schutzpolizisten, die früher höchstenfalls auf dem Parkett des Deutschen Reichstages noch denkbar waren, in die

Wer sucht, der findet!

geheiligten Bezirke des Geistes stapften, jenes Geistes, der mit Thomas Mann inbrünstig das „grandiose Experiment des Bolschewismus" verehrte.

Die kulturellen Folgen, um diese vorwegzunehmen, stempeln sothane Instinktlosigkeit der Berliner Schutzpolizei zu einem Vernichtungskampf gegen „den Geist" schlechthin!

Wo soll er jetzt noch einen Hort finden, wo sollen ferner seine roten Pomeranzen und faulen Pflaumen reifen? Es ist doch ein offenes Geheimnis, daß die linksgerichtete jüdische Intelligenz die einzige Karte war, die Deutschland im internationalen Kampf der Geister überhaupt noch abzugeben hatte, daß die deutsche Literatur jetzt brach liegen wird!

Betrachten wir nur die geistig belasteten Gesichtlein der aus der „Künstlerkolonie" jählings ausgehobenen „Dichter und Denker", und wir wissen, daß sie „ohngleichen" sind.

Blutrote Fahnen und blutrünstige Transparente werden verbrannt

58   Polizeirazzia in der Künstlerkolonie am Laubenheimer Platz in Berlin, 15. März 1933.
Die Verhafteten auf dem Polizeiauto von links nach rechts:

Walter Zadek, Theodor Balk (Dragutin Fodor), Manès Sperber, ein Journalist namens Feist und ein Unbekannter.

59   Göring (links) und Himmler in Berlin, 1932.

60   SS-Hilfspolizist und Berliner Schupo am Tag der Reichstagswahl, 5. März 1933.

61   Abtransport beschlagnahmter Akten aus dem Karl-Liebknecht-Haus, 2. Februar 1933.

SA-Sturmlokale und SA-Kasernen in Berlin, die 1933 als Konzentrationslager für Antifaschisten dienten („Wilde Konzentrationslager")

Rosinenstraße (Charlottenburg)
Friedrichstraße (Charlottenburg)
SA-Lokal Keglerheim, heutige Bersarinstraße 94 (Friedrichshain)
SA-Kaserne Gladenbecksche Villa, Müggelseedamm 132 (Köpenick)
SA-Lokale Jägerheim, Demuth, Seidler (Köpenick)
SA-Kasernen Hedemannstraße, Friedrichstraße 234 (Kreuzberg)
Prinzenstraße 100 (Kreuzberg)
SA-Kaserne Unter den Eichen (Lichterfelde)
SA-Kaserne Jüdenstraße (Mitte)
SA-Lokal Novalisstraße (Mitte)
Dragonerstraße (Mitte)
Kastanienallee 62 (Mitte)
Rudower Straße (Neukölln)
SA-Kaserne Niederschöneweide (Niederschöneweide)
SA-Kaserne Wasserturm Kolmarer-/Knaackstraße (Prenzlauer Berg)
SA-Lokal Sturmvogel Malmöer-/Ückermünder Straße (Prenzlauer Berg)
SA-Kaserne General Pape (Schöneberg)
Universum-Landesausstellungspark („ULAP"), Invalidenstraße (Tiergarten)
SA-Lokal Liebenwalder Straße (Wedding)
Genter Straße (Wedding)
Utrechter Straße (Wedding)
SA-Kaserne Germania (?)
(Zusammengestellt nach: Laurenz Demps, Konzentrationslager in Berlin 1933 bis 1945, in: Jahrbuch des Märkischen Museums 3 [1977], S. 16 f.)

62   SA-Mitglieder erhalten Ausweise, die sie als Angehörige
der Hilfspolizei legitimieren sollen, Februar 1933.

63   Übung der Berliner Schutzpolizei für das 9. Hallensport-
fest am 17. März 1934 im Berliner Sportpalast.

64 SA in Aktion, März 1933.

65   Verhaftete Antifaschisten in einem „wilden Konzentrationslager" der SA, Ende März 1933.

66   **Hans Otto** (1900–33), Schauspieler.
Geboren am 10. August 1900 in Dresden als Sohn eines Beamten. Entschied sich nach dem Besuch des Realgymnasiums
für den Schauspielberuf. Begann seine künstlerische Laufbahn
1921 am Frankfurter Künstlertheater. Engagements an den
Hamburger Kammerspielen, dem Reußischen Theater Gera
und am Hamburger Schauspielhaus. 1929 in Berlin, zuerst am
Theater in der Stresemannstraße und 1930 am Schauspielhaus. Seit 1923 Mitglied der KPD. Im Sommer 1931 Führer der
linken Opposition in der Genossenschaft Deutscher Bühnen-
Angehöriger Berlin. Erster Vorsitzender des Arbeiter-Theater-
Bundes Deutschlands, Bezirk Berlin. Im März 1933 vom Intendanten des Schauspielhauses entlassen. Beteiligte sich als Mitglied der Leitung des Berliner Unterbezirks Zentrum der KPD
am antifaschistischen Kampf.
Am 14. November 1933 verhaftet und zehn Tage später an
den Folgen eines von der SA herbeigeführten Sturzes aus dem
obersten Stockwerk der SA-Kaserne in der Voßstraße gestorben.

67   Appell der SS-Gruppe Ost im Deutschen Stadion (Grunewaldstadion), 13. August 1933. Links vorn der Stabschef der SA, Röhm, neben ihm Himmler. Zu diesem Zeitpunkt ist die SS noch Teil der SA.

Text 1

Der Leidensweg des Schauspielers Hans Otto

Hans Otto wurde verhaftet am Mittwoch, dem 13. November, abends in einem kleinen Restaurant am Viktoria-Luise-Platz in Berlin. Ein Verräter hatte die SA dort hingeführt. Wir wurden einander gegenübergestellt im SA-Lokal „Café Komet" in Stralau-Rummelsburg. Damit begann unsere Leidenszeit. Während im Café eine Tanzkapelle spielte, wurde abwechselnd verprügelt, ins Gesicht geschlagen und mit Fußtritten traktiert, bis unsere Folterknechte ermüdeten. [...]

Nach vier Tagen wurden wir nach Köpenick verschleppt. Hier, in einem feuchten und stinkenden Bunker, in dieser mittelalterlich anmutenden Umgebung waren wir zusammen mit anderen Gefangenen, Männern und Frauen, die anscheinend schon längere Zeit hier waren und von der SA übel zugerichtet worden waren. [...]

Von Köpenick wurden wir nach dem SA-Quartier in der Möllendorfstraße gebracht und von dort zur Gestapo in der Prinz-Albrecht-Straße. Die ganze Zeit Verhöre und Mißhandlungen. Am Donnerstag ging es dann zur Voßstraße. Seit der Einlieferung in der Prinz-Albrecht-Straße hatten wir nichts mehr zu essen und zu trinken bekommen. Aber alles das war nur ein Vorspiel zu dem, was sich nun in der Voßstraße abspielte. Noch einmal sah ich in dieser grauenvollen Nacht Hans Otto. Es muß ungefähr um Mitternacht gewesen sein. Er konnte nicht mehr sprechen, er lallte nur noch. Sein Mund und seine Augen waren dick verschwollen. [...]

Einige Stunden später sah ich ihn zum letztenmal. Er war halbnackt, und ich konnte sein Gesicht nicht wiedererkennen. Sein Körper war eine blutige Masse. Er war bewußtlos.

Gerhard Hinze

8. Jahrgang
Nr. 151

30. Juni 1934
Sonnabend

Der Angriff

die nationalsozialistische Abendzeitung

Hitler reißt den Meuterern die Achselstücke von der Schulter

Mit eiserner Entschlossenheit das Treiben der Verschwörer beendet

München, 30. Juni

Ueber die Aktion des Führers vom 30. Juni d. J. erhält die RSK von einem Augenzeugen noch folgende Schilderung der Ereignisse:

Sobald der Führer durch die Ereignisse und die Nachrichten der letzten Tage über das gegen ihn und die Bewegung geschmiedete Komplott Gewißheit geworden war, faßte er den Entschluß, zu handeln und mit aller Schärfe durchzugreifen. Während er in Essen weilte und in den westdeutschen Gauen die dortigen Arbeitsdienstlager besichtigte, um nach außen den Eindruck absoluter Ruhe zu erwecken und die Verräter nicht zu warnen, wurde der Plan, eine gründliche Säuberung vorzunehmen, in allen Einzelheiten festgelegt. Der Führer persönlich leitete die Aktion und zögerte keinen Augenblick, selbst den Meuterern gegenüberzutreten und zur Rechenschaft zu ziehen.

Zum Chef des Stabes — an Stelle Röhms — wurde der Obergruppenführer Lutze ausersehen und zur Aktion hinzugezogen.

Nachtflug nach München

Trotzdem der Führer einige Tage lang fast ohne Nachtruhe gewesen war, befahl er heute um zwei Uhr nachts in Godesberg den Start vom Flugplatz Hangelar im Bonn nach München.

Ueber der Bahnwelt ging im Osten die Sonne auf, als die Maschine über die Bahn nach Süden zog. Von unerhörter Entschlossenheit war die Haltung des Führers auf dem ungewissen Flug ins Ungewisse. Als der Führer mit seinen Begleitern am Münchener Flugplatz landete, erhielt er die Nachricht, daß die Münchener SA während der Nacht von ihren obersten Führung alarmiert worden war unter der gemeinen und lügenhaften Parole: „Der Führer ist gegen uns, die Reichswehr ist gegen uns, SA — heraus auf die Straße!"

Der Innenminister Wagner hatte inzwischen die ganze Entschlußfähigkeit Obergruppenführer Schneidhuber und Gruppenführer Schmidt den Befehl zum SA-Formationen entzogen und diese wieder nach Hause geschickt. Während der Führer selbst vom Flugplatz in das Innenministerium fuhr, war nur noch die letzten Reste der schmählich ausgetreten und wieder abziehenden SA-Formationen zu sehen. Am bayerischen Innenministerium wurden Schneidhuber und Schmidt in Gegenwart des Führers verhaftet. Der Führer der ihnen allein entgegentrat, riß ihnen selbst die Achselstücke von der SA-Uniform.

Verhaftung Röhms

Mit wenigen Begleitern fuhr der Führer dann unverzüglich im halb sechs nach Bad Wiessee, wo sich Röhm aufhielt. In dem Landhaus, das Röhm bewohnte, verbrachte auch Heines die Nacht. Der Führer betrat mit seinen Begleitern das Haus.

Röhm wurde in seinem Schlafzimmer vom Führer persönlich verhaftet. Röhm fügte sich wortlos ohne Widerstand der Haft.

In den unmittelbar gegenüberliegenden Zimmer von Heines bot sich den Eintretenden ein schamloses Bild. Heines lag mit einem homosexuellen Jüngling im Bett. Die widerliche Szene, die sich dann bei der Verhaftung von seinen Genossen abspielte, ist nicht zu beschreiben. Sie warf schlagartig ein Licht auf die Zustände im der Umgebung des bisherigen Stabschefs, deren Beseitigung dem entschlossenen, tapferen und unerschrocken Handeln des Führers zu verdanken ist.

Mit Röhm wurde auch der größte Teil seines Stabes verhaftet. Die Stabswache Röhm, die zur Ablösung gegen acht Uhr auf Lastwagen in Wiessee eintraf, fügte sich augenblicklich widerspruchslos dem Wort des Führers und brachte spontan auf ihn ein dreifaches „Heil" aus.

Nach dem Abtransport der Verhafteten fuhr der Führer die Straße Wiessee—München zurück, um eine Reihe weiterer schwer belasteter SA-Führer, die unterwegs zu der befohlenen SA-Führerbesprechung waren, auf der Straße zu verhaften. Die Wagen wurden während der Fahrt angehalten und ihre Insassen, soweit sie als schuldig festgestellt wurden, von der Begleitung des Führers übergeben. Eine Reihe anderer auf dem Weg zur der Meuterei beteiligte SA-Führer wurde auf dem Hauptbahnhof in München aus dem Zuge heraus in Haft genommen.

Der Führer spricht zu den SA-Führern

Nach München zurückgekehrt, begab sich der Führer zwecks kurzer Unterrichtung zum Reichstatthalter Ritter von Epp und dann in das Innenministerium, von wo aus die weitere Aktion abgewickelt wurde. Dann sprach der Führer zu den versammelten SA-Führern im Braunen Haus.

Die Vermutung wurde hier zur Gewißheit, daß ein ganz verschwindend kleiner SA-Führerflügel hinter diesen hochverräterischen Plänen stand – die Masse der SA-Führer und die gesamte SA aber wie ein Mann, wie ein geschlossener Block in Treue zu ihrem Führer steht.

Was der Führer in diesen Tagen für die SA und die Bewegung geleistet, können nur diejenigen ermessen, die in diese fast ununterbrochene Reisenentspannung und unglaublichen körperlichen Anstrengungen an ihrem Seite standen. Wieder ist der Führer durch sein persönliches Beispiel der Bewegung ein leuchtendes Vorbild von Tatkraft und Pflichttreue gewesen. Die Früchte dieser Säuberungsaktion wird das geeinte deutsche Volk ernten.

Der Luxus wird ausgerottet

Höheres Strafmaß für SA-Führer als für Nicht-Nationalsozialisten

Der Auftrag des neuen Stabschefs

Adolf Hitler hat an den Chef des Stabes, Lutze, folgenden Befehl gegeben:

Wenn ich Sie heute zum Chef des Stabes der SA ernenne, dann erwarte ich, daß Sie für die Erfüllung der von mir Ihnen angelegenen sein lassen, die ich Ihnen hiermit stelle:

1. Ich verlange vom SA-Führer wie jeder vom SA-Mann, blinden Gehorsam und unbedingte Disziplin.

2. Ich verlange, daß jeder politische Führer sich dessen bewußt ist, daß sein Benehmen und seine Auffassung vorbildlich zu sein haben für seinen Verband, ja für unsere gesamte Gefolgschaft.

3. Ich verlange, daß SA-Führer wie jeder politische Leiter — genau so wie ich es von ihnen in ihrem Benehmen in der Oeffentlichkeit etwas zuhanden lassen, unnachsichtlich aus der Partei und der SA entfernt werden.

4. Ich verlange insbesondere vom SA-Führer, daß er ein Vorbild in der Einfachheit sei und nicht im Aufwand ist. Ich wünsche nicht, daß der SA-Führer kostbare Diners oder die an solchen teilnimmt. Man hat uns früher hierzu nicht eingeladen, wir haben auch jetzt dort nichts zu suchen. Millionen unserer Volksgenossen fehlt auch heute noch das Notwendigste zum Leben, es sind nicht neben einer Frucht, er könnte den politischen Stellen wirklich nicht des eines Nationalsozialisten unwürdig. Die mit seinem Benehmen die Oeffentlichkeit erregt, verdient keinerlei Mitleid, sondern den sofortigen Ausschluß.

5. Ich wünsche nicht, daß SA-Führer in lösbaren Antworten oder Gebrieleis Dienstreisen unternehmen oder Dienstfelder für die Anschaffung derselben verwenden. Dasselbe gilt für die Leiter der politischen Organisationen.

6. SA-Führer oder Politische Leiter, die sich vor aller Augen der Oeffentlichkeit unwürdig benehmen, randalieren oder gar Exzesse veranstalten, sind ohne Rücksicht sofort aus der SA zu entfernen. Es hat dadurch auch erhöhte Pflichten.

Ich erwarte von allen SA-Führern, daß sie mithelfen, die SA-Institution zu erhalten und zu festigen. Ich möchte insbesondere, daß die Mutter ihren Sohn in der SA, Partei und Hitlerjugend geben kann, ohne Furcht, er könnte dort sittlich oder moralisch verdorben werden. Die SA-Führer peinlichst darüber wachen, mit sofortigem Ausschluß nach Paragraph 175 mit sofortigem Ausschluß des Schuldigen aus SA und Partei beantwortet werden. Ich will Männer als SA-Führer sehen und keine unwürdigen Affen. Ich verlange von allen SA-Führern, daß sie in bedingungsloser Offenheit, Loyalität und Treue im Benehmen gegenüber der Wehrmacht des Reiches einrichtet. Ich will, daß der SA-Mann geistig und körperlich zum geschulteten Nationalsozialisten erzogen wird. Nur der weltanschaulichen Verankerung der Partei verdankt jeder die eigentliche Stärke dieser Organisation.

Ich verlange von ihnen aber besonders, daß sie die Stärke auf dem Gebiet finden, um sie zu geben ist, und nicht auf Gebieten, die anderen zukommen. Ich verlange vor allem, von jedem SA-Führer, daß er in bedingungsloser Offenheit, Loyalität und Treue im Benehmen gegenüber der Wehrmacht des Reiches einrichtet.

Adolf Hitler.

69   **Gregor Strasser** (1892–1934), 1932.
Der ehemalige Reichsorganisationsleiter der NSDAP und Repräsentant des „linken" Flügels der Partei wurde am 30. Juni 1934 im „Hausgefängnis" des Geheimen Staatspolizeiamtes in der Prinz-Albrecht-Straße 8 ermordet.

70   **Karl Ernst** (1904–34).
Ernst, Führer der SA-Gruppe Berlin-Brandenburg, wurde am 30. Juni 1934 von einem Kommando der SS-Leibstandarte Adolf Hitler in der ehemaligen Hauptkadettenanstalt in Berlin-Lichterfelde erschossen.

Der Politische Polizeikommandeur der Länder
Adjutant

B.-Nr. *H. 8/35 Ads.*
Bei Rückantwort stets angugeben.

Berlin SW 11, den   18. I.   1935.
Prinz-Albrecht-Straße 8

Einschreiben !

An

Frau Erna H ä b i c h ,

Stuttgart-Botnang,
Neue Stuttgarter Str. 48, I.

Betrifft:

Vorgang:

Auf Grund Jhrer am 19. XI. 1934 an den Führer
gerichteten und nach hier abgegebenen Eingabe teile
ich Jhnen im Auftrage des Politischen Polizeikommandeurs der Länder, Reichsführer SS Himmler, mit, daß
Jhr Sohn Walther H ä b i c h am 1. VII. 1934 im Zuge
der Röhmrevolte standrechtlich erschossen worden ist.

Da es sich bei der Erschiessung Jhres Sohnes
um einen Akt der Staatsnotwehr gehandelt hat, liegt zu
weiteren Erklärungen keine Veranlassung vor.

H e i l H i t l e r

Hauptmann der Landespolizei

71   Mitteilung des Politischen Polizeikommandeurs der Länder über eine standrechtliche Erschießung am 1. Juli 1934, 18. Januar 1935.

72   Viktor Lutze, der Nachfolger Röhms, beim Verlassen des
Gebäudes Wilhelmstraße 106, 24. Juli 1934.

Text 2

**Gesetz über Maßnahmen der Staatsnotwehr
vom 3. Juli 1934**

*Die Reichsregierung hat das folgende Gesetz be-
schlossen, das hiermit verkündet wird:*

*Einziger Artikel
Die zur Niederschlagung hoch- und landesverrä-
terischer Angriffe am 30. Juni, 1. und 2. Juli 1934
vollzogenen Maßnahmen sind als Staatsnotwehr
rechtens.*

*Berlin, den 3. Juli 1934.
Der Reichskanzler
Adolf Hitler
Der Reichsminister des Innern
Frick
Der Reichsminister der Justiz
Dr. Gürtner*

3.3. Die Geheime Staatspolizei

Die Schaffung einer schlagkräftigen Politischen Polizei war eines der ersten Ziele des NS-Staates. In Preußen errichtete Hermann Göring, zunächst kommissarischer Innenminister, dann preußischer Ministerpräsident, am 26. April 1933 das „Geheime Staatspolizeiamt". Sein erster Leiter wurde Rudolf Diels, der seit Februar 1933 mit dem Aufbau der Politischen Polizei befaßt war. Zunächst aus der allgemeinen Polizei herausgelöst und als eigene Behörde etabliert, wurde die Geheime Staatspolizei bald auch der Zuständigkeit des Innenministeriums entzogen und dem Ministerpräsidenten direkt unterstellt.

Seinen Dienstsitz hatte das Geheime Staatspolizeiamt ab Anfang Mai 1933 in der Prinz-Albrecht-Straße 8. Von hier aus erfolgte die Errichtung der Staatspolizeistellen in allen preußischen Regierungsbezirken.

Im April 1934 wurde Heinrich Himmler Inspekteur und stellvertretender Chef der Geheimen Staatspolizei. Er ernannte Reinhard Heydrich zum Leiter des Geheimen Staatspolizeiamtes. Himmler, der zunächst Polizeipräsident in München und Politischer Polizeikommandeur von Bayern war, wurde nach und nach in fast allen nichtpreußischen Ländern die Leitung der Politischen Polizei übertragen. Seit Mai 1934 koordinierte er die Arbeit der gesamten Politischen Polizei vom Zentralbüro des „Politischen Polizeikommandeurs der Länder" in der Prinz-Albrecht-Straße 8 aus. Im November 1934 verzichtete Göring auf sein Weisungsrecht, Himmler konnte die Zentralisierung der Gestapo weiter vorantreiben.

Mit der Ernennung zum „Reichsführer-SS und Chef der Deutschen Polizei" am 17. Juni 1936, formal dem Reichsinnenminister unterstellt, regelte Himmler die Organisation der gesamten Polizei neu. Das Hauptamt Sicherheitspolizei (Leiter: Reinhard Heydrich) umfaßte die Gestapo und die Kriminalpolizei. Das Hauptamt Ordnungspolizei (Leiter: Kurt Daluege) faßte Schutzpolizei, Gendarmerie und Gemeindepolizei zusammen.

Das Geheime Staatspolizeiamt begann 1933 mit 200—300 Beschäftigten in der Zentrale; bereits im April 1934 war deren Zahl auf 680 gestiegen. 1942 waren rund 1100 Personen in der Gestapo-Zentrale beschäftigt, davon 477 auf dem „Prinz-Albrecht-Gelände"; zu diesem Zeitpunkt zählten die Dienststellen in der unmittelbar benachbarten Zimmerstraße 16—19 rund 250 Mitarbeiter, von denen die meisten mit dem Aufbau und der Verwaltung der Hauptkartei der Gestapo befaßt waren.

Text 3

Gesetz über die Errichtung eines Geheimen Staatspolizeiamts vom 26. April 1933

Das Staatsministerium hat das folgende Gesetz beschlossen:

§ 1.
(1) Zur Wahrnehmung von Aufgaben der politischen Polizei neben den oder an Stelle der ordentlichen Polizeibehörden (§ 2 Abs. 1 des Poli- *zeiverwaltungsgesetzes vom 1. Juni 1931 — Gesetzsamml. S. 77 —) wird das Geheime Staatspolizeiamt mit dem Sitze in Berlin errichtet. Es hat die Stellung einer Landespolizeibehörde und untersteht unmittelbar dem Minister des Innern.*
(2) Die sachliche und örtliche Zuständigkeit des Geheimen Staatspolizeiamts regelt der Minister des Innern.
(3) Die Vorschriften des Polizeiverwaltungsgesetzes vom 1. Juni 1931 über die Anfechtung landespolizeilicher Verfügungen finden mit der Maßgabe Anwendung, daß für Klagen im Verwal-

73   Treppenhaus und Haupthalle des Geheimen Staatspolizeiamtes, um 1935.

tungsstreitverfahren gegen Verfügungen des Geheimen Staatspolizeiamts stets der Bezirksausschuß in Berlin zuständig ist.

§ 2.

Das Geheime Staatspolizeiamt kann im Rahmen seiner Zuständigkeit alle Polizeibehörden um polizeiliche Maßnahmen ersuchen.

§ 3.

Die zur Durchführung dieses Gesetzes erforderlichen Vorschriften erläßt der Minister des Innern, und zwar, soweit es sich um Vorschriften über Zahl und Art der dem Geheimen Staatspolizeiamte zuzuteilenden Beamten und Angestellten handelt, im Einvernehmen mit dem Finanzminister.

§ 4.

Dieses Gesetz tritt mit dem Tage nach seiner Verkündung in Kraft.

Berlin, den 24. April 1933.
(Siegel.)   Das Preußische Staatsministerium.
            Göring,   Popitz.
zugleich für den Minister des Innern.

Das vorstehende, vom Preußischen Staatsministerium beschlossene Gesetz wird hiermit verkündet.
Berlin, den 26. April 1933.
Für den Reichskanzler:
Der Preußische Ministerpräsident.
Göring.

74   **Rudolf Diels** (1900–57), 1933.
Seit 1930 Regierungsrat im preußischen Innenministerium mit Sonderaufgaben zur Kommunismusbekämpfung. Von Göring zum Leiter des am 26. April 1933 gebildeten Geheimen Staatspolizeiamtes ernannt; im April 1934 von Himmler abgelöst.

Text 4

Gesetz über die Geheime Staatspolizei vom 30. November 1933

Das Staatsministerium hat das folgende Gesetz beschlossen:

§ 1.

(1) Die Geheime Staatspolizei bildet einen selbständigen Zweig der inneren Verwaltung. Ihr Chef ist der Ministerpräsident. Mit der laufenden Wahrnehmung der Geschäfte beauftragt der Ministerpräsident den Inspekteur der Geheimen Staatspolizei.
(2) Im Falle der Behinderung wird der Ministerpräsident als Chef der Geheimen Staatspolizei durch den Staatssekretär im Staatsministerium vertreten.
(3) Der Inspekteur der Geheimen Staatspolizei ist zugleich Leiter des Geheimen Staatspolizeiamts.

§ 2.

Zum Aufgabengebiet der Geheimen Staatspolizei gehören die von den Behörden der allgemeinen und der inneren Verwaltung wahrzunehmenden Geschäfte der politischen Polizei. Welche Geschäfte im einzelnen auf die Geheime Staatspolizei übergehen, wird durch den Ministerpräsidenten als Chef der Geheimen Staatspolizei bestimmt.

§ 3.

(1) Die bisher von dem Ministerium des Innern wahrgenommenen Geschäfte der politischen Polizei gehen mit dem Inkrafttreten dieses Gesetzes auf das Geheime Staatspolizeiamt über.
(2) Die Landes-, Kreis- und Ortspolizeibehörden haben in den Angelegenheiten der Geheimen Staatspolizei den Weisungen des Geheimen Staatspolizeiamts Folge zu leisten.

§ 4.

Der Finanzminister ist ermächtigt, zur Durchführung dieses Gesetzes den Staatshaushaltsplan zu ändern.

§ 5.

Die Bestimmungen des Gesetzes vom 26. April 1933 (Gesetzsamml. S. 122) treten insoweit außer Kraft, als sie diesem Gesetz entgegenstehen.

§ 6.
Dieses Gesetz tritt mit dem Tage der Verkündung in Kraft.

Berlin, den 30. November 1933
(Siegel.)   Das Preußische Staatsministerium.
          Göring,   Popitz.
zugleich als Minister des Innern.

Text 5

Gesetz über die Geheime Staatspolizei vom 10. Februar 1936

Das Staatsministerium hat das folgende Gesetz beschlossen:

§ 1.
(1) Die Geheime Staatspolizei hat die Aufgabe, alle staatsgefährlichen Bestrebungen im gesamten Staatsgebiet zu erforschen und zu bekämpfen, das Ergebnis der Erhebungen zu sammeln und auszuwerten, die Staatsregierung zu unterrichten und die übrigen Behörden über wichtige Feststellungen auf dem laufenden zu halten und mit Anregungen zu versehen. Welche Geschäfte im einzelnen auf die Geheime Staatspolizei übergehen, bestimmt der Chef der Geheimen Staatspolizei im Einvernehmen mit dem Minister des Innern.
(2) Die Zuständigkeit der Organe der ordentlichen Rechtspflege bleibt unberührt.

§ 2.
(1) Chef der Geheimen Staatspolizei ist der Ministerpräsident.
(2) Für ihn führt der von ihm ernannte Stellvertretende Chef der Geheimen Staatspolizei die Dienstgeschäfte.

§ 3.
(1) Oberste Landesbehörde der Geheimen Staatspolizei ist das Geheime Staatspolizeiamt. Es hat zugleich die Befugnisse einer Landespolizeibehörde.
(2) Das Geheime Staatspolizeiamt hat seinen Sitz in Berlin.

§ 4.
Die Aufgaben der Geheimen Staatspolizei werden in der Mittelinstanz von Staatspolizeistellen für die einzelnen Landespolizeibezirke wahrgenommen. Die Aufgaben der Geheimen Staatspolizei an der Grenze obliegen besonderen Grenzkommissariaten. Im übrigen werden die Aufgaben der Geheimen Staatspolizei von den Kreis- und Ortspolizeibehörden als Hilfsorganen der Staatspolizeistellen durchgeführt.

§ 5.
Die Staatspolizeistellen sind gleichzeitig den zuständigen Regierungspräsidenten unterstellt, haben den Weisungen derselben zu entsprechen und sie in allen politisch-polizeilichen Angelegenheiten zu unterrichten. Die Leiter der Staatspolizeistellen sind zugleich die politischen Sachbearbeiter der Regierungspräsidenten.

§ 6.
Die Ernennung und Entlassung der Beamten der Geheimen Staatspolizei erfolgt im Rahmen der allgemeinen reichsgesetzlichen Bestimmungen über Ernennung und Entlassung von Landesbeamten durch den Chef der Geheimen Staatspolizei im Einvernehmen mit dem Minister des Innern.

§ 7.
Verfügungen und Angelegenheiten der Geheimen Staatspolizei unterliegen nicht der Nachprüfung durch die Verwaltungsgerichte.

§ 8.
Ausführungsvorschriften zu diesem Gesetz erläßt der Chef der Geheimen Staatspolizei im Einvernehmen mit dem Minister des Innern.

§ 9.
Das Gesetz über die Errichtung eines Geheimen Staatspolizeiamts vom 26. April 1933 (Gesetzsamml. S. 122), das Gesetz über die Geheime Staatspolizei vom 30. November 1933 (Gesetzsamml. S. 413) und die §§ 1 bis 3 der Verordnung zur Durchführung des Gesetzes über die Geheime Staatspolizei vom 8. März 1934 (Gesetzsamml. S. 143) werden aufgehoben.

§ 10.
Dieses Gesetz tritt mit dem auf den Tag der Verkündung folgenden Tage in Kraft.

Berlin, den 10. Februar 1936.
(Siegel.)   Das Preußische Staatsministerium.
             Göring,   Frick.

Im Namen des Reichs verkünde ich für den Führer und Reichskanzler das vorstehende Gesetz, dem die Reichsregierung ihre Zustimmung erteilt hat.
Berlin, den 10. Februar 1936.
Der Preußische Ministerpräsident.
Göring.

76   Der preußische Ministerpräsident Göring übergibt in der Prinz-Albrecht-Straße 8 die Leitung des Geheimen Staatspolizeiamtes an Himmler, 20. April 1934.

Norddeutsche Ausgabe / Ausgabe A
111. Ausg. · 47. Jahrg. · Einzelpreis 20 Pf. Ausland 25 Pf.

Ausgabe A / Norddeutsche Ausgabe
Berlin, Sonnabend, 21. April 1934

VÖLKISCHER BEOBACHTER

Kampfblatt der national-sozialistischen Bewegung Großdeutschlands

Reichsführer S.S. Himmler übernimmt die Leitung
der Geheimen Preußischen Staatspolizei

Glückwünsche und Treuebekenntnisse für Adolf Hitler zu seinem Geburtstag — Sommerurlaub für die S.A. — Die Versorgung der Kämpfer für die nationalsozialistische Bewegung

75 Schlagzeile des Völkischen Beobachters vom 21. April 1934.

Der Leiter   Berlin, den 30. November 1934.

des Geheimen Staatspolizeiamts

B.Nr. 54 758 I 1 A.   61

              Nachstehender Erlass des Herrn Preussischen Minister-
präsidenten vom 20. 11. 1934 - St.M.P. 1317 - wird allen
Dienststellen zur Kenntnis und Beachtung zugeleitet:

"Der Preussische Ministerpräsident   Berlin, den 20. November 1934.
Chef der Geheimen Staatspolizei.
    St.M.P. 1317.

              Aus organisatorischen Gründen habe ich mich veran-
lasst gesehen, den Inspekteur der Geheimen Staatspolizei,
Herrn Reichsführer SS H i m m l e r, mit meiner Vertretung auch in den Angelegenheiten der Geheimen Staatspolizei zu betrauen, deren Bearbeitung bisher unter Ein-
schaltung des Preussischen Staatsministeriums erfolgte.
Der Inspekteur der Geheimen Staatspolizei wird die Geschäfte der gesamten Preussischen Geheimen Staatspolizei
nunmehr unter alleiniger Verantwortung mir gegenüber
führen. Der Schriftwechsel erfolgt in den Angelegenheiten, die ich mir vorbehalten habe, unter der Firma
"Preussische Geheime Staatspolizei. Der stellvertretende
Chef und Inspekteur".

              Indem ich hiervon Kenntnis gebe, bitte ich, den
Schriftwechsel in allen Angelegenheiten der Preussischen
Geheimen Staatspolizei nunmehr unmittelbar und aus-
schliesslich an das Geheime Staatspolizeiamt, Berlin SW 11,
Prinz-Albrecht-Str.8, zu richten.
                    gez. G ö r i n g ."

             Dem Herrn Preussischen Ministerpräsidenten sind

        zur Unterrichtung auch weiterhin zuzuleiten:

An

alle Dienststellen

    im Hause.

77   Erlaß des preußischen Ministerpräsidenten vom 20. November 1934 über die Erweiterung der Rechte Himmlers in der
Führung des Geheimen Staatspolizeiamtes.

Text 6

Erlaß über die Einsetzung eines Chefs der Deutschen Polizei im Reichsministerium des Innern vom 17. Juni 1936

I.

Zur einheitlichen Zusammenfassung der polizeilichen Aufgaben im Reich wird ein Chef der Deutschen Polizei im Reichsministerium des Innern eingesetzt, dem zugleich die Leitung und Bearbeitung aller Polizeiangelegenheiten im Geschäftsbereich des Reichs = und Preußischen Ministeriums des Innern übertragen wird.

II.

(1) Zum Chef der Deutschen Polizei im Reichsministerium des Innern wird der stellvertretende Chef der Geheimen Staatspolizei Preußens, Reichsführer SS Heinrich Himmler, ernannt.

(2) Er ist dem Reichs = und Preußischen Minister des Innern persönlich und unmittelbar unterstellt.

(3) Er vertritt für seinen Geschäftsbereich den Reichs = und Preußischen Minister des Innern in dessen Abwesenheit.

(4) Er führt die Dienstbezeichnung: Der Reichsführer SS und Chef der Deutschen Polizei im Reichsministerium des Innern.

III.

Der Chef der Deutschen Polizei im Reichsministerium des Innern nimmt an den Sitzungen des Reichskabinetts teil, soweit sein Geschäftsbereich berührt wird.

IV.

Mit der Durchführung dieses Erlasses beauftrage ich den Reichs = und Preußischen Minister des Innern.

Berlin den 17. Juni 1936.
Der Führer und Reichskanzler
Adolf Hitler

Der Reichsminister des Innern
Frick

Text 7

Ernennung Dalueges zum Chef der Ordnungspolizei und Heydrichs zum Chef der Sicherheitspolizei, 26. Juni 1936

Berlin, den 15. Juli 1936
Der Chef der Sicherheitspolizei
V 1 Nr. 6/36.

Abschrift.
Berlin, den 26. Juni 1936.
Der Reichsführer SS und
Chef der Deutschen Polizei
im Reichs- und Preußischen
Ministerium des Innern
O/S. Nr. 1/36.

An a) den General der Polizei D a l u e g e ,
*   b) den SS-Gruppenführer H e y d r i c h*

Betrifft: Die Einsetzung eines Chefs der Ordnungspolizei und eines Chefs der Sicherheitspolizei.

Auf Grund des Ausführungserlasses des Reichsministers des Innern zum Erlaß des Führers und Reichskanzlers betr. die Einsetzung eines Chefs der Deutschen Polizei vom 17. 6. 1936 setze ich den General der Polizei Kurt D a l u e g e als Chef der Ordnungspolizei und den SS-Gruppenführer Reinhard H e y d r i c h als Chef der Sicherheitspolizei.

Aus der Vollzugspolizei werden unterstellt:
dem Chef der Ordnungspolizei:
die Schutzpolizei,
die Gendarmerie,
die Gemeindepolizei,
dem Chef der Sicherheitspolizei:
die Politische Polizei,
die Kriminalpolizei.
Die Zuständigkeit für die hier nicht aufgeführten Arbeitsgebiete des Chefs der Deutschen Polizei ergibt der Geschäftsverteilungsplan, der demnächst zugeteilt wird.
gez. H i m m l e r .
[...]

78   Die Führungsspitzen der SS und der Polizei bei Hermann
Göring, 1937.

3.4. Der Sicherheitsdienst des Reichsführers-SS

Als Reinhard Heydrich im April 1934 die Leitung der preußischen Geheimen Staatspolizei übernahm, leitete er bereits seit drei Jahren den „Sicherheitsdienst des Reichsführers-SS" (SD). Seit seiner Gründung in raschem Aufbau begriffen, war es die Aufgabe des SD, die Gegner der NSDAP zu überwachen und Gefahren von der Partei abzuwenden. Seinen Dienstsitz nahm Heydrich 1934 im Prinz-Albrecht-Palais, Wilhelmstraße 102. Dem 1935 gegründeten SD-Hauptquartier unterstanden in den jeweiligen SS-Oberabschnitten SD-(Leit)-Abschnitte und SD-Außenstellen. Ein Netz von Vertrauensleuten (V-Männern) sorgte für den Nachrichtenfluß zur Zentrale, die ihrerseits in regelmäßigen Abständen Lageberichte zusammenstellte.

1934 wurde der SD zum alleinigen Nachrichtendienst der Partei erklärt, 1937 eine exakte Aufgabenteilung zwischen Gestapo und SD vorgenommen. Himmler sicherte sich mit dem SD das Monopol für die gesamte nachrichtendienstliche Tätigkeit der NSDAP. Der SD blieb daher immer eine Parteieinrichtung, und seine Mitglieder wurden von der NSDAP auch besoldet. Heydrich, der Gestapo und SD in Personalunion führte, bot die Gewähr für eine enge Kooperation zwischen beiden Institutionen. Die nachrichtendienstliche Beobachtung fand ihren Niederschlag in den „Meldungen aus dem Reich", in denen die Parteiführung über die innenpolitische Lage, insbesondere über die Stimmung in der

79   Reinhard Heydrich in seinem Münchener Polizeibüro
kurz vor dem Wechsel nach Berlin, 1934.

Bevölkerung, relativ offen unterrichtet wurde. Die Beobachtungtätigkeit innerhalb der Partei, von Himmler zwar offiziell untersagt, aber intern geduldet, erregte von Zeit zu Zeit das Mißfallen von Parteiführern, die sich in ihrer Arbeit kritisiert fühlten. Auch die aufschlußreichen Berichte über das Ausmaß der Korruption in deutschen Behörden, besonders in den besetzten Gebieten, wurden vom SD geschrieben.

Einen weiteren Schwerpunkt der Arbeit des SD bildeten geheimdienstliche Tätigkeiten, die sich zum Teil auch im Ausland abspielten. Bekannt ist zum Beispiel der fingierte Angriff auf den Sender Gleiwitz, durch den der SD im Zusammenspiel mit der Gestapo Hitler den gewünschten Vorwand zum Überfall auf Polen lieferte. Aus dem SD gingen eine Reihe von SS-Führern hervor, die später bei der „Endlösung der Judenfrage", vornehmlich in den Einsatzgruppen der Sicherheitspolizei und des SD, eine Rolle spielten. Auch Adolf Eichmann, der Organisator der Judendeportationen aus ganz Europa in die Vernichtungslager, gehörte ihm seit 1935 an. Im Judenreferat II/112 des SD-Hauptamtes war er mit anderen tätig, die später in den von Deutschland besetzten europäischen Ländern Führungspositionen in der Maschinerie der „Endlösung" einnahmen.

Text 8

Erlaß des Chefs des Sicherheitshauptamtes und Chefs der Sicherheitspolizei vom 1. Juli 1937, die Aufgabenteilung zwischen Gestapo und Sicherheitsdienst (SD) betreffend

Abschrift.

Der Reichsführer-SS   Berlin, den 1. Juli 1937.
Der Chef des Sicherheitshauptamtes
und Chef der Sicherheitspolizei.
C.d.S. D.Nr. 4957/37.   Geheim

Gemeinsame Anordnung für den Sicherheitsdienst des Reichsführer-SS und die Geheime Staatspolizei

Betr.:   die Zusammenarbeit des Sicherheitsdienstes des Reichsführer-SS und der Geheimen Staatspolizei.

1. Der Sicherheitsdienst des Reichsführer-SS und die Geheime Staatspolizei bilden in den Ergebnissen ihrer Arbeit und in ihrer Wirkung nach aussen eine Einheit.
Ihr inneres Verhältnis ist weder Konkurrenz noch Über- und Unterordnung, sondern gegenseitige Ergänzung unter Vermeidung jeder Doppelarbeit.

2. Zwischen dem Sicherheitsdienst des Reichsführers-SS und der Geheimen Staatspolizei tritt mit sofortiger Wirkung die folgende Geschäftsverteilung in Kraft:

a) Ausschliesslich vom Sicherheitsdienst des Reichsführer-SS werden die folgenden Sachgebiete bearbeitet:
Wissenschaft (Lehre, Hochschulwesen, Forschung, politische Geistesrichtung),
Volkstum und Volkskunde (Rassenkunde, Volksgesundheit, Volkskunde, Volkstumsarbeit),
Kunst (Musik, bildende Kunst, Theater, Film, Funk),
Erziehung (Jugenderziehung innerhalb der Schule, Jugenderziehung ausserhalb der Schule, Erziehung der Hochschuljugend, Leibeserziehung),
Partei und Staat,
Verfassung und Verwaltung,
Ausland,
Freimaurerei,
Vereinswesen.

b) Ausschliesslich von der Geheimen Staatspolizei werden die folgenden Sachgebiete bearbeitet:
Marxismus,
Landesverrat,
Emigranten.

c) Auf den folgenden Sachgebieten werden alle allgemeinen und grundsätzlichen Fragen (in denen staatspolizeiliche Vollzugsmassnahmen nicht in Betracht kommen) vom Sicherheitsdienst des Reichsführers-SS und alle Einzelfälle (in denen staatspolizeiliche Vollzugsmassnahmen in Betracht kommen) von der Geheimen Staatspolizei bearbeitet:

Der Inspekteur

der Geheimen Staatspolizei.

B. Nr. 25 176 III H.

Berlin, den 25. Juni 1934.

24

Betrifft: Nachrichtendienst der Partei.

Der Stellvertreter des Führers hat durch Befehl vom 9. Juni 1934 angeordnet,

daß nach dem 15. Juli 1934 neben dem Sicherheitsdienst des Reichsführers SS. kein Nachrichten- oder Abwehrdienst der Partei mehr bestehen darf, auch nicht in der Form einer Inlands- Nachrichten- organisation für außenpolitische Zwecke.

Von dieser Anordnung ist sämtlichen Beamten und Ange- stellten der Geheimen Staatspolizei Kenntnis zu geben. Die Herren Staatspolizeistellenleiter mache ich persönlich dafür verantwortlich, daß nach dem 15. Juli 1934 in ihren Bezirken außer dem Sicherheitsdienst des Reichsführers SS, kein Nachrichtendienst der Partei – gleichgültig ob ge- tarnt oder nicht getarnt – mehr besteht. Über jede Zuwi- derhandlung gegen die Anordnung des Stellvertreters des Führers vom 9. Juni 1934, sei sie auch noch so geringfügi- ger Natur, ist mir sofort zu obiger Geschäftsnummer zu be- richten.

In Vertretung:

gez. H e y d r i c h.

Beglaubigt:

Pol.Ow.

An

die Herren Leiter der Preußischen Staatspolizeistellen.

80 Durch Befehl des „Stellvertreters des Führers", Rudolf Heß, vom 9. Juni 1934 wird der SD einziger Nachrichten- dienst der Partei. Andere Parteigliederungen dürfen keinen ei- genen Nachrichtendienst mehr unterhalten.

Kirchen, Sekten, sonstige religiöse und weltan-
schauliche Zusammenschlüsse,
Pazifismus,
Judentum,
Rechtsbewegung,
sonstige staatsfeindliche Gruppen (wie Schwarze
Front, Bündische Jugend u.a.),
Wirtschaft,
Presse.

[...]
10. Die vorstehenden Anordnungen gelten entsprechend für die unter dem Kopf „Der Chef der
Sicherheitspolizei" bearbeiteten Vorgänge.
gez.: Heydrich.
F.d.R.
Dr. Best

Text 9

„Meldungen aus dem Reich" – SD-Berichte über die Reaktionen der deutschen Bevölkerung auf Stalingrad, 25. Januar bis 18. März 1943

Nr. 353, 25. Januar 1943
[...] Die bereits in der Unsicherheit der letzten
Wochen mehrfach geäußerten Befürchtungen und
Vermutungen seien durch den Wehrmachtsbericht
vom 22.1. bestätigt und zur Gewißheit geworden, nachdem die Sowjets vom Westen her in den
Raum von Stalingrad eingedrungen seien. [...]
Über diesen Wehrmachtsbericht hinaus haben
auch eine Reihe anderer Aufsätze jede Hoffnung
genommen, daß für die in Stalingrad eingeschlos-
senen Truppen noch die Möglichkeit eines Entsat-
zes gegeben sei. Die Heroisierung der Abwehr
bei Stalingrad durch Formulierungen wie „hel-
denmütiger Einsatz", „unbeirrbares Ausharren",
„Heldenkampf" und „heldenhafte Abwehr" lasse
keine andere Deutung zu, als daß Stalingrad für
uns verloren sei. [...]
Die Befürchtungen der Volksgenossen seien nicht
nur auf den Verlust von Stalingrad gerichtet, sondern ließen eine schwere Besorgnis gegenüber
dem gesamten Kriegsverlauf im Osten erkennen.
Die Auffassung, daß „wahrscheinlich die ganze
Ostfront ins Wanken geraten" sei, sei nicht selten
anzutreffen. Die Bevölkerung sei z. T. mißtrauisch,
ob die Nachrichtenmittel bei aller Offenheit die
Ungunst der Lage schon in allem mitteilten. [...]

Nr. 354, 28. Januar 1943
[...] In der Befürchtung, daß ein ungünstiger Aus-
gang des Krieges in den Bereich des Möglichen
gerückt sei, befassen sich die Volksgenossen

ernsthaft mit den Folgen einer Niederlage. Während vereinzelt geäußert wird, daß es „vielleicht
nur halb so schlimm" sein würde, ist die überwie-
gende Mehrheit von der Überzeugung durchdrungen, daß ein Verlust des Krieges dem Untergang
gleich komme. [...]

Nr. 355, 1. Februar 1943
[...] Der Vergleich des Kampfes in Stalingrad mit
dem Kampf der Nibelungen im Saale Etzels oder
mit dem Kampf und die Termopylen sei durchweg
angenommen worden, zumal in der Rede des
Reichsmarschalls. Die Masse der Volksgenossen
wünsche aber, daß die Presse in solchen Gefühls-
äußerungen und Wertungen möglichst knapp und
sparsam bleiben solle, da Begriffe wie „Hero-
ismus", „Heldentum", „Opfer- und Märtyrertum"
durch die tägliche Wiederholung leicht entleert
würden und bei einzelnen Zeitungen bereits in
Formulierungen abglitten, die als phrasenhaft
empfunden wurden. [...]

Nr. 356, 4. Februar 1943
Die Meldung vom Ende des Kampfes in Stalingrad hat im ganzen Volke noch einmal eine tiefe
Erschütterung ausgelöst. Die Reden am 30. 1. und
die Führerproklamation sind diesem Ereignis gegenüber in den Hintergrund getreten und spielen
in den ernsten Gesprächen der Volksgenossen
eine geringere Rolle, als eine Reihe von Fragen,
die an die Vorgänge in Stalingrad geknüpft werden. In erster Linie ist es die Höhe der Blutopfer,
nach denen die Bevölkerung fragt. Die Vermutungen bewegen sich in Zahlen zwischen 60.000 und
300.000 Mann. Man rechnet damit, daß der
größte Teil der Kämpfer in Stalingrad gefallen ist.
Bezüglich der in russische Gefangenschaft gera-
tenen Truppen schwankt man zwischen zwei Auf-
fassungen. Die Einen erklären, die Gefangenschaft sei schlimmer als der Tod, weil die Bolschewisten die lebend in ihre Hände gelangten Soldaten unmenschlich behandeln würden. Andere wiederum meinen, es sei doch ein Glück, daß nicht
alle gefallen seien, so sei doch noch Hoffnung,
daß später einmal ein Teil von ihnen in die Heimat
zurückkehre. Besonders die Angehörigen der Sta-
lingradkämpfer leiden sehr unter diesem Zwies-
palt und der sich daraus ergebenden Ungewiß-
heit.
Ferner wird in allen Bevölkerungsschichten die
Zwangsläufigkeit der Entwicklung in Stalingrad
und die Notwendigkeit der ungeheuren Opfer
diskutiert. Im Einzelnen bewegt die Volksgenossen, ob die Bedrohung Stalingrads seinerzeit
nicht rechtzeitig erkannt worden sei. Die Luftauf-
klärung habe doch den Aufmarsch der gegen Stalingrad eingesetzten russischen Armeen feststel-

len müssen. Auch die Frage, aus welchen Gründen die Stadt nicht geräumt worden ist, solange es noch Zeit war, wird erörtert. [...]

Der dritte Punkt, um den die Gespräche der Volksgenossen z. Zt. kreisen, ist die Bedeutung des Kampfes um Stalingrad im gesamten Kriegsverlauf. Allgemein ist die Überzeugung vorhanden, daß Stalingrad ein Wendepunkt des Krieges bedeute. [...]

Nr. 357, 8. Februar 1943

[...] Im Mittelpunkt der Gedanken und Gespräche der Bevölkerung steht noch Stalingrad. Der erste Schock ist aber überwunden; auch die Erörterungen über die Ursachen der Niederlage haben etwas nachgelassen. Die Meldung, daß 47.000 Verwundete gerettet werden konnten, hat allgemein Freude und eine gewisse Erleichterung ausgelöst, wenn auch die Verluste auf ein Mehrfaches dieser Zahl bemessen werden. [...]

Z. Zt. wird wieder viel von der mutmaßlichen Dauer des Krieges gesprochen. Die Frage sei heute nicht mehr, wie lange es noch bis zum Siege dauere, sondern wie lange wir den Krieg noch mit Aussicht auf ein günstiges Ende durchhalten können. [...]

Nr. 358, 11. Februar 1943

[...] Die vorliegenden Meldungen bestätigen erneut, daß durch Stalingrad im ganzen Volke eine starke und tiefgreifende nationale Besinnung ausgelöst worden ist. [...] Auch die nationalsozialistischen Volksgenossen wären, so heißt es in den Meldungen, in ernster Besorgnis um die Zukunft, einer Kritik an den inneren Verhältnissen aufgeschlossen und überschritten dabei selbst die bisher bedingungslos respektierten Grenzen. [...]

Nr. 368, 18. März 1943

[...] Für die Disziplinlosigkeit vieler Volksgenossen, aber auch für die schwierige Lage, in welcher sich verantwortungsbewußte Elemente gegenüber diesen Erscheinungen befinden, ist eine aus zahlreichen Meldungen ähnlicher Art herausgegriffene Meldung bezeichnend, die das Erlebnis einer Volksgenossin auf einer Eisenbahnfahrt wiedergibt:

„Ein Berliner, angeblich in einer Reichsstelle tätig, äußerte zu einem Mitreisenden nach längerer, offenster Aussprache über die Kriegslage: ‚Ich kann Ihnen die hundertprozentige Versicherung geben, diesen Krieg brauchen wir nicht mehr zu verlieren, den haben wir schon verloren!' Auf den Einwurf einer Volksgenossin, ‚wenn ich ein Mann wäre, würde ich Ihnen jetzt eine Ohrfeige geben!' wurde der Berliner grob. Politik sei keine Weibersache, sie verstehe nichts davon, er sitze an höherer

Stelle in Berlin und wisse das besser. Es sei undenkbar, ‚daß wir uns aus dem Kuddelmuddel, in dem wir uns befinden, herauswursteln könnten.' Auch der andere Reisende erklärte der Volksgenossin, sie solle sich nicht so aufregen, er verkehre ebenfalls in maßgeblichen Kreisen, in denen man ähnlicher Ansicht sei.

(Der Name des Reisenden konnte festgestellt werden, entsprechende Maßnahmen sind eingeleitet)." [...]

9. 8. 43

Im Anschluß an Stalingrad war es noch möglich, die aufgewühlten Massen zu Entschlüssen hinzureißen, um das am Horizont erscheinende Unheil durch gesteigerte Tatkraft abzuwenden. Die Herzen waren plötzlich neuer propagandistischer Beeinflussung wieder geöffnet. Seit aber der Luftkrieg die städtische Bevölkerung unmittelbar mit dem Untergang bedroht, seit jeder Bürger und Arbeiter sich vor seine eigene, ihm unlösbar erscheinende Existenzsorge, vor Kampf um Hab und Gut und das nackte Leben gestellt sieht, erwacht in jedem einzelnen ein bisher nicht gekanntes Bedürfnis zu selbständigem Nachdenken: Das bohrende Fragen nach dem ‚Warum', und vor allem ein Hunger nach politischen Antworten, die nicht nur zündende Worte und Parolen sind, sondern die es vermögen, die bedrohte oder gar schon zerstörte Existenz neu zu sichern und die sich ausbreitende Lebensangst zu beruhigen. Nicht allein das enttäuschte Gefühl, auch der aufgeschreckte und von grauenhaften Tatsachen beeindruckte Verstand wollen angesprochen werden.

81   Karte der SD-(Leit)-Abschnitte, Stand 1940/41.

3.5. Das Reichssicherheitshauptamt

Mit der Gründung des Reichssicherheitshauptamtes (RSHA) am 27. September 1939 faßte Himmler die im staatlichen Hauptamt Sicherheitspolizei (Geheime Staatspolizei und Kriminalpolizei) organisierten Kräfte und den im parteiamtlichen SD-Hauptamt tätigen Sicherheitsdienst in einer Institution zusammen. Zum Leiter des RSHA und Chef der Sicherheitspolizei und des SD ernannte er Reinhard Heydrich.

Diese organisatorische Zusammenlegung bedeutete jedoch keine Auflösung der alten Ämter. Im Geschäftsverkehr mit anderen Dienststellen blieb es zum Beispiel für das Amt IV bei der alten Bezeichnung „Geheimes Staatspolizeiamt". Nur im internen Schriftverkehr gebrauchte man den Namen „Reichssicherheitshauptamt". So gab es auch kein zentrales Gebäude des RSHA. Seine Dienststellen waren über die ganze Stadt verteilt. Das Haus Prinz-Albrecht-Straße 8 in Berlin SW 11 blieb aber die Zentrale und die Postadresse des RSHA. Es war auch weiterhin die offizielle Anschrift des Reichsführers-SS und seines Persönlichen Stabes.

Dem RSHA unterstand ein weitverzweigtes Netz nachgeordneter Dienststellen. 1943 gab es allein 70 Staatspolizei- und 66 Kriminalpolizeistellen. In den besetzten Gebieten herrschten mobile und stationäre Dienststellen: Einsatzgruppen und Einsatzkommandos beziehungsweise Befehlshaber und Kommandeure der Sicherheitspolizei und des SD mit den ihnen unterstellten Kräften. Selbst in den Konzentrationslagern waren vom RSHA ausgewählte Gestapobeamte in den „Politischen Abteilungen" tätig.

Mit dem RSHA hatten Himmler und Heydrich das wichtigste Organ nationalsozialistischer Unterdrückungs- und Terrorherrschaft geschaffen. In einer perversen Mischung von bürokratischer Handlungsweise und hemmungsloser Willkür steuerten die Anweisungen und Befehle des RSHA die gesamte Verfolgungs- und Vernichtungspolitik des „Dritten Reiches". Von diesem Amt wurde das Personal der Einsatzgruppen ausgewählt, deren Massenexekutionen Hunderttausende zum Opfer fielen. Angehörige dieses Amtes entwickelten die Gaswagen, die eine zeitlang zur Ermordung der jüdischen Bevölkerung eingesetzt wurden. Das Schutzhaftreferat entschied über Einweisungen in die Konzentrationslager. Das Kriminaltechnische Institut des Amtes V erprobte an Gefangenen vergiftete Munition — um nur einige Beispiele zu nennen.

Neben den Wachmannschaften der Konzentrations- und Vernichtungslager waren die Sicherheitspolizei, das heißt Gestapo und Kripo, die Organe des Sicherheitsdienstes und die Polizeibataillone des Hauptamtes Ordnungspolizei die wichtigsten und am meisten gefürchteten Instrumente der nationalsozialistischen Verfolgungs-, Unterdrückungs- und Ausrottungspolitik.

1942 waren von den etwa 3400 Mitarbeitern der zentralen Dienststellen des Reichssicherheitshauptamtes in Berlin rund 1500 auf dem „Prinz-Albrecht-Gelände" beschäftigt; weitere 500 hatten ihre Dienststellen in der unmittelbaren Nachbarschaft, während auf dem Gelände selbst außerdem noch etwa 100 Mitarbeiter des Persönlichen Stabes des Reichsführers-SS tätig waren.

Text 10

Erlaß des Reichsführers-SS und Chefs der Deutschen Polizei vom 27. September 1939, die Errichtung des Reichssicherheitshauptamtes betreffend

Berlin, den 27. Sept. 1939
Der Reichsführer-SS und
Chef der Deutschen Polizei
S-V 1 Nr. 719/39 – 151 –
I I

Verteiler pp.

Betrifft: Die Zusammenfassung der zentralen Ämter der Sicherheitspolizei und des SD.

1. Die folgenden Ämter:
Hauptamt Sicherheitspolizei
Sicherheitshauptamt des RF-SS,
Geheimes Staatspolizeiamt,
Reichskriminalpolizeiamt
werden nach Maßgabe der folgenden Bestimmungen zum Reichssicherheitshauptamt zusammengefasst. Durch die Zusammenfassung wird die Stellung dieser Ämter in der Partei und in der staatlichen Verwaltung nicht geändert.

2. Im inneren Geschäftsverkehr gilt mit Wirkung vom 1. 10. 1939 ab die folgende Gliederung und Bezeichnung:

a) Das Amt Verwaltung und Recht des Hauptamtes Sicherheitspolizei, das Amt I (I,1 I,2 und I,4) des Sicherheitshauptamtes, die Abteilung I des Geheimen Staatspolizeiamtes (soweit nicht durch Geschäftsverteilungsplan die Zuständigkeit eines anderen Amtes bestimmt wird) bilden das Amt I des Reichssicherheitshauptamtes, dessen Chef der SS-Brigadeführer Ministerialdirigent Dr. B e s t ist.

b) Die Zentralabteilung II 1 des bisherigen Amtes II und I 3 des Sicherheitshauptamtes des Reichsführers SS bildet in der durch den Geschäftsverteilungsplan angeordneten geänderten Form und Zuständigkeit das Amt II des Reichssicherheitshauptamtes, dessen Chef der SS-Standartenführer Professor Dr. S i x ist.

c) Die Zentralabteilung II 2 des bisherigen Amtes II des Sicherheitshauptamtes des Reichsführers-SS bildet in der durch den Geschäftsverteilungsplan angeordneten geänderten Form und Zuständigkeit das Amt III des Reichssicherheitshauptamtes, dessen Chef der SS-Standartenführer O h l e n d o r f ist.

d) Das Amt Politische Polizei des Hauptamtes Sicherheitspolizei und die Abteilung II und III des Geheimen Staatspolizeiamtes bilden das Amt IV des Reichssicherheitshauptamtes, dessen Chef der SS-Oberführer Reichskriminaldirektor M ü l l e r ist.

e) Das Amt Kriminalpolizei des Hauptamtes Sicherheitspolizei und das Reichskriminalpolizeiamt bilden das Amt V des Reichssicherheitshauptamtes, dessen Chef der SS-Oberführer Reichskriminaldirektor N e b e ist.

f) Das Amt III des Sicherheitshauptamtes des Reichsführers-SS bildet in der durch den Geschäftsverteilungsplan angeordneten geänderten Form und Zuständigkeit das Amt VI des Reichssicherheitshauptamtes, dessen Chef der SS-Brigadeführer J o s t ist.

[...]

gez. H. H i m m l e r

Dienststellen des Reichssicherheitshauptamtes in Berlin
Stand: 7. Dezember 1943

1. Prinz-Albrecht-Straße 8
Chef des Amtes IV (Gegnererforschung und -bekämpfung)
Geschäftsstelle des Amtes IV
Die Referate

IV N	(Verbindungsstelle)
IV A	(Gegner, Sabotage und Schutzdienst)
IV A 1	(Kommunismus, Marxismus und Nebenorganisationen, Kriegsdelikte, Illegale und Feindpropaganda)
IV A 4	(Schutzdienst, Attentatsmeldungen, Überwachungen)
IV D	(Großdeutsche Einflußgebiete, teilweise)

2. Wilhelmstraße 102
Chef der Sicherheitspolizei und des SD
Attachégruppe
Chef des Amtes I (Personal, Ausbildung und Organisation der Sicherheitspolizei und des SD)
Geschäftsstelle des Amtes I
Die Referate

I Org	(Organisationsfragen, Aktenpläne, Schriftleitung des Befehlsblattes, Erlaßsammlung)
I A 4	(Personalien des SD)
I A 5	(Partei- und SS-Personalien, Verbindungsstelle)

Chef des Amtes III (Deutsche Lebensgebiete)
Geschäftsstelle des Amtes III
sowie das Referat III A 1 (Allgemeine Fragen der Lebensgebietsarbeit)

3. Wilhelmstraße 103
Referat II A (Haushalt, Besoldung und Rechnungswesen des SD)

4. Wilhelmstraße 106
Die Referate

III A	(Fragen der Rechtsordnung und des Reichsaufbaus)
III A 2	(Rechtsleben)

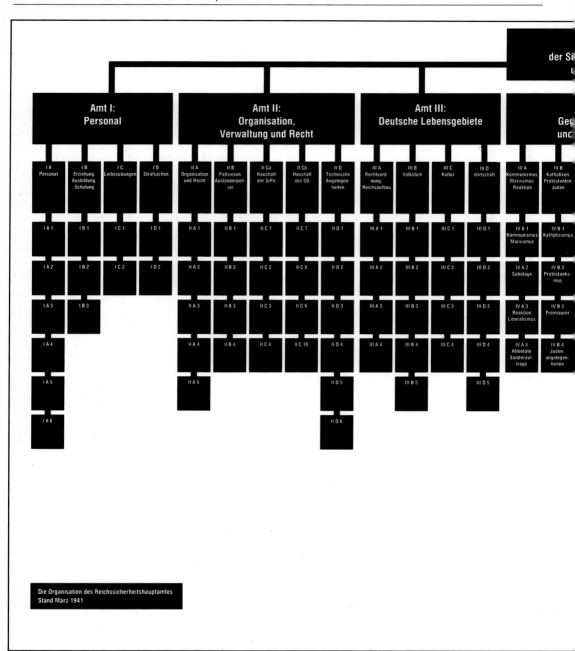

Die Organisation des Reichssicherheitshauptamtes
Stand März 1941

82 Die Organisation des Reichssicherheitshauptamtes,
Stand 1. März 1941.

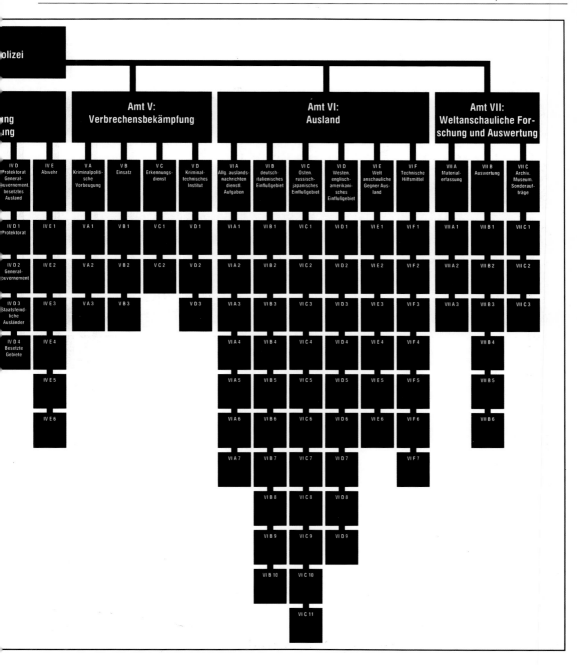

III A 4   (Allgemeines Volksleben)
III A 5   (Allgemeine Polizeirechtsfragen, Polizeiverfassungsrecht, Spezialgesetze polizeilicher Natur)
III A 6
III D   (Wirtschaft)
III D 1   (Ernährungswirtschaft)
III D 3   (Finanzwirtschaft, Währung, Banken und Börsen, Versicherungen)
III D 4   (Industrie- und Energiewirtschaft)
III D 5   (Arbeits- und Sozialwesen)
III D West   (Besetzte Westgebiete)
III D Ost   (Besetzte Ostgebiete)

5. Wilhelmstraße 20
Die Referate
I A 2   (Personalien der Gestapo)
I A 3   (Personalien der Kriminalpolizei)
III D 2   (Handel, Handwerk und Verkehr)

6. Wilhelmstraße 34
Referat
IV D 4   (Großdeutsche Einflußgebiete: Frankreich, Belgien, Holland, Norwegen, Dänemark)

7. Zimmerstraße 16—18
Die Referate
IV C   (Personenkartei, Personenaktenverwaltung, Schutzhaft, Presse und Partei)
IV C 1   (Auswertung Hauptkartei, Personenaktenverwaltung, Auskunftsstelle Ausländerüberwachung), Verbindungsstelle
IV C 2   (Schutzhaftangelegenheiten), Verbindungsstelle
IV D 5   (Besetzte Ostgebiete)

8. Kochstraße 64
Chef des Amtes II (Haushalt und Wirtschaft)
Geschäftsstelle des Amtes II
Referate
II A   (Haushalt, Besoldung und Rechnungswesen)
II A 1   (Haushalt der Sicherheitspolizei, Devisen)
II A 2   (Besoldung, Versorgung, Reisekosten der Sicherheitspolizei)
II B 1   (Unterkunft, Rohstoffe, beschlagnahmtes Vermögen)
II B 2   (Bekleidung, Geschäftsbedürfnisse)
II B 3   (Gefangenenwesen)
II B 4   (Justitiarangelegenheiten)

83   Reinhard Heydrich (1904—42)
Geboren in Halle an der Saale. Besuch des katholischen Reform-Realgymnasiums. 1922 Eintritt in die Marine, 1928 als Oberleutnant zur See nach einem Ehrengerichtsverfahren aus der Marine entlassen. 1931 Eintritt in die NSDAP und die SS. Im August 1931 mit dem Aufbau der nachrichtlichen Abteilung im SS-Oberstab (München) beauftragt. Im März 1933 kommissarischer Leiter der politischen Abteilung der Polizei-Direktion München; Leiter der bayerischen Politischen Polizei. November 1933 Chef des Sicherheitsdienstes des Reichsführers SS. 22. April 1934 Leiter des Preußischen Geheimen Staatspolizeiamtes. 1936 Chef der Sicherheitspolizei (Geheime Staatspolizei und Kriminalpolizei). Mit Bildung des Reichssicherheitshauptamtes am 27. September 1939 dessen Chef. September 1941 für die Dauer der Erkrankung des Reichsprotektors von Böhmen und Mähren als dessen Stellvertreter eingesetzt. Am 4. Juni 1942 an den Folgen eines Attentats in Prag gestorben.

84   Ernst Kaltenbrunner (1903—46)
Geboren in Ried (Innkreis). 1926 Promotion zum Dr. jur., 1930 Eintritt in die NSDAP, 1931 in die SS. März 1938 Staatssekretär für öffentliche Sicherheit im österreichischen Kabinett Seyß-Inquart. Nach dem „Anschluß" Österreichs Führer des SS-Oberabschnitts Donau, zugleich Höherer SS- und Polizeiführer für dasselbe Gebiet. 30. Januar 1943 Nachfolger Heydrichs als Chef der Sicherheitspolizei und des SD und Chef des Reichssicherheitshauptamtes. Verlegt gegen Kriegsende sein Hauptquartier nach Alt-Aussee in der Steiermark. Von dem Internationalen Militärgerichtshof in Nürnberg 1946 zum Tode verurteilt und hingerichtet.

85   Werner Best (1903—89)
Geboren in Darmstadt. Dr. iur., seit 1929 Amtsrichter in Hessen. 1930 Eintritt in die NSDAP. Dezember 1931 aus dem hessischen Staatsdienst entlassen. 1931 bis 1933 Kreisleiter und Landtagsabgeordneter der NSDAP. März 1933 Staatskommissar für das Polizeiwesen in Hessen. Juni 1933 Eintritt in die SS. Juli 1933 Landespolizeipräsident von Hessen. Ab 5. Januar 1935 Abteilungsleiter im Geheimen Staatspolizeiamt. 1936 Chef des Amtes I (Verwaltung und Recht) im Hauptamt Sicherheitspolizei und Vertreter des Chefs der Sicherheitspolizei. Bei Bildung des Reichssicherheitshauptamtes im September 1939 ebenfalls Chef des Amtes I. 1940 Verwaltungsleiter im Stab des Militärbefehlshabers in Paris. Von November 1942 bis Kriegsende Leiter der Deutschen Gesandtschaft in Kopenhagen. 1948 in Dänemark wegen Kriegsverbrechen zum Tode verurteilt, im August 1951 begnadigt. Die in der Bundesrepublik anhängigen Verfahren wurden 1972 wegen Verhandlungsunfähigkeit ausgesetzt, 1982 eingestellt.

9. Hedemannstraße 14
Referat
II A 3   (Rechnungsstelle, Hausverwaltung)

10. Hedemannstraße 22
Die Referate
III B   (Volkstum)
III B 1   (Volkstumsarbeit)
III B 2   (Minderheiten)
III B 3   (Rasse- und Volksgesundheit)
III B 4   (Staatsangehörigkeit und Einbürgerung)
III B 5   (Besetzte Gebiete)
III C   (Kultur)
III C S
III C R

11. Hermann-Göring-Straße 5
Dienststelle des Vertreters des Leiters des Sanitätswesens. (Die
Dienststelle des Leiters befand sich in Dresden.)
Die Referate
I A 1   (Allgemeine Personalangelegenheiten), Verbin-
            dungsstelle
I A 6   (Fürsorge)

12. Hermann-Göring-Straße 8
Die Referate
IV F   (Paßwesen und Ausländerpolizei)
IV F 2   (Paßwesen)
IV F 3   (Ausweiswesen und Kennkarten)
IV F 4   (Ausländerpolizei)

13. Burgstraße 26
Die Referate
II C   (Technische Angelegenheiten)
II C 2   (Fernschreib- und Fernsprechwesen)
II C 3   (Kraftfahrwesen)
II C 5   (Nachschub)
III A 3   (Verfassung und Verwaltung)

14. Werderscher Markt 5—6
Chef des Amtes V (Verbrechensbekämpfung)
Geschäftsstelle des Amtes V
Die Referate
V A   (Kriminalpolitik und Vorbeugung)
V A 1   (Rechtsfragen, internationale Zusammenarbeit und
            Kriminalforschung)
V A 3   (Weibliche Kriminalpolizei)
V A 4   (Polizeiliches Melde- und Registerwesen)
V B 3   (Sittlichkeitsverbrechen)
V D 2   (Chemische und biologisch-naturwissenschaftliche
            Untersuchungen)
V D W   (Werkstätten)

15. Berliner Straße 120 (Pankow)
Das Referat
IV F 5   (Zentrale Sichtvermerkstelle)

16. Wörthstraße 20
Die Referate
V B   (Einsatz mit den Reichszentralen des Reichskrimi-
            nalpolizeiamtes)
V B 1   (Kapitalverbrechen)
V B 2   (Betrug)

17. Lindenstraße 51—53
Kasse und Rechnungsamt des RSHA

18. Jägerstraße 1—2
Bekleidungskammer des Referates II B 2 (Kochstraße 64)

19. Hauptstraße 144
Die Referate
V C   (Fahndung, Diensthundewesen, Auskunfterteilung)
V C 1   (Fahndungszentralen)

20. Eisenacher Straße 12
Chef des Amtes VII (Weltanschauliche Forschung und Auswer-
tung)
Geschäftsstelle des Amtes VII
Referat
VII A 2   (Berichterstattung, Sichtung und Verwertung von
            Pressematerial)

21. Kurfürstenstraße 115—116
Das Referat
IV B 4   (Judenangelegenheiten, Räumungsangelegen-
            heiten, Einziehung volks- und staatsfeindlichen
            Vermögens, Aberkennung der deutschen Reichsan-
            gehörigkeit)

22. Meinekestraße 10
Die Referate
IV B   (Politische Kirchen, Sekten und Juden)
IV B 1   (Politischer Katholizismus)
IV B 2   (Politischer Protestantismus, Sekten)
IV B 3   (Sonstige Kirchen, Freimaurerei)
IV C 3   (Angelegenheiten der Presse und des Schrifttums)
IV C 4   (Angelegenheiten der NSDAP mit ihren Gliede-
            rungen)

23. Kurfürstendamm 140
Die Referate
IV A 2   (Sabotageabwehr und -bekämpfung, politisches
            Fälschungswesen)
IV E   (Abwehr)
IV E 1   (Allgemeine Abwehrangelegenheiten, Gutachten
            in Hoch- und Landesverratsangelegenheiten)
IV E 3   (Abwehr West)
IV E 4   (Abwehr Nord)
IV E 5   (Abwehr Ost)
IV E 6   (Abwehr Süd)
IV F 1   (Grenzpolizei)

24. Emser Straße 12 (Wilmersdorf)
Die Referate
VII A   (Materialerfassung)
VII A 1   (Bibliothek)
VII C   (Archiv, Museum und wissenschaftliche Sonderauf-
            träge)
VII C 1
VII C 2

25. Berkaer Straße 32
Chef des Amtes VI (Auslandsnachrichtendienst)
Geschäftsstelle des Amtes VI
Die Referate
VI A   (Organisation des Auslandsnachrichtendienstes)
VI B   (Nachrichtendienst in Westeuropa)
VI C   (Nachrichtendienst in russisch-japanischem Ein-
            flußgebiet)
VI D   (Nachrichtendienst in Nord- und Südamerika,
            England und Skandinavien)
VI G   (Wissenschaftlich-methodischer Forschungsdienst)
VI Wi   (Einbau der Wirtschaft in den Auslandsnachrich-
            tendienst)

26. Schloßstraße 1 (Charlottenburg)
Die Referate
I B   (Nachwuchs, Erziehung und Ausbildung)
I B 1   (Politisch-weltanschauliche und SS-mäßige Erzie-
            hung)
I B 2   (Nachwuchs)
I B 3   (Ausbildung, Fortbildung und Sonderschulung)
I B 4   (Leibeserziehung und Wehrausbildung)
I B 5   (Laufbahnrichtlinien, Prüfungsamt, Fondverwal-
            tung)

27. Am Großen Wannsee 71
Die Referate
VI C 1   (Es handelt sich um drei von dreizehn Referaten
VI C 2   des Gebietes „Nachrichtendienst in russisch-japa-
VI C 3   nischem Einflußgebiet".)

28. Delbrückstraße 6 a (Grunewald)
Das Referat
VI F   (Technische Hilfsmittel für den Auslandsnachrich-
tendienst)

29. Fürstenwalder Damm (Rahnsdorf)
Das Referat
V C 3 a   (Diensthundeschule)
V D W   (Werkstätten: Lichtpauserei)

30. Münchener Straße 32
Magazin des Amtes VII

31. Potsdamer Chaussee/Ecke Theodor-Fritsch-Allee (Poli-
zeibaracke)
Hauptbüro des Amtes II

32. Wrangelstraße 6—7 (Steglitz)
Die Referate
IV D   (Großdeutsche Einflußgebiete), Verbindungsstelle
IV D 1   (Protektorat Böhmen-Mähren, Tschechen im Reich,
Slowakei, Kroatien und übriges Jugoslawien,
Griechenland)
IV D 2   (Generalgouvernement, Polen im Reich)
IV D 3   (Vertrauensstellen, staatsfeindliche Ausländer,
Emigranten)

33. Wielandstraße 42
Das Referat
II C 1   (Funk-, Foto- und Filmwesen)

Dienststellen des Reichssicherheitshauptamtes außerhalb
Berlins

Potsdam, Priester-Straße 11—12:
Untersuchungsführer des Chefs der Sipo und des SD

Dresden, Devrientstraße 2:
A 1
Leiter des Sanitätswesens

Bernau, Dammühle (?):
Das Referat
I A 1   (Allgemeine Personalangelegenheiten)

Rauscha, Kreis Sagan:
Referat
II C 4   (Waffenwesen)

Bernau, SD-Schule:
Die Referate
III A S
III C 1   (Wissenschaft)
III C 2   (Erziehung und religiöses Leben)
III C 3   (Volkskultur und Kunst)

Fürstenberg, Sipo-Schule:
Die Referate
V A 2   Vorbeugung)
V C 2   (Fahndungsmittel)
V C 3 b
V C 3 c   (Diensthundewesen)
V C 3 d
V D 1 b

Schloß Grambow/Mecklenburg:
Die Referate
V D   (Kriminaltechnisches Institut)
V D 1 a

V D 3   (Urkundenuntersuchung)

Herrnskretschen:
Kriminalbiologisches Zentralinstitut

Wien:
Kriminalmedizinisches Zentralinstitut (im Aufbau)

Wien 50, Theresianusgasse 18:
Das Referat
VI E   (Nachrichtendienst in Mitteleuropa)

Friedenthal bei Oranienburg:
Das Referat
VI S   (Sonderaufträge: Sabotageakte, Einsatz hinter
der feindlichen Front)

Schloß Plankenwarth bei Graz:
Wannsee-Institut

Schlesiersee, Kreis Glogau:
Die Referate
VII A 3   (Auskunftei)
VII C 3

Geschäftsverteilungsplan des Reichssicher-
heitshauptamtes
Stand: 1. März 1941

Chef der Sicherheitspolizei und des SD: SS-Gruppenführer
Reinhard Heydrich

AMT I: PERSONAL

Amtchef: SS-Brigadeführer Generalmajor der Polizei
Streckenbach (zugleich Inspekteur der Schulen der Sipo und des SD)

Gruppe I A: Personal
Gruppenleiter: SS-Standartenführer Oberregierungsrat Brun-
ner
Referat I A 1:   Allgemeine Personalangelegenheiten (SS-
Stubaf RR Mohr)
Referat I A 2:   Personalien der Gestapo (SS-Stubaf RR Tent)
Referat I A 3:   Personalien der Kripo (SS-Stubaf RR und KR
Schraepel)
Referat I A 4:   Personalien des SD (SS-Stubaf Braune)
Referat I A 5:   Partei- und SS-Personalien (unbesetzt)
Referat I A 6:   Fürsorge (SS-OStubaf ORR Trinkl)

Gruppe I B: Erziehung, Ausbildung und Schulung
Gruppenleiter: SS-Standartenführer Schulz
Vertreter: SS-Sturmbannführer Dr. Sandberger
Referat I B 1:   Weltanschauliche Erziehung (SS-Stubaf Dr.
Engel, Vertreter: SS-Stubaf Zapp)
Referat I B 2:   Nachwuchs (SS-Stubaf Hotzel, Vertreter: SS-
Stubaf Thomas)
Referat I B 3:   Lehrplangestaltung der Schulen (RR Sandber-
ger, Vertreter: KD Zirpins)
Referat I B 4:   Sonstige Lehrpläne (RR und KR Rennau)

Gruppe I C: Leibesübungen
Gruppenleiter: SS-Standartenführer und Oberregierungsrat
von Daniels
Referat I C 1:   Allgemeine Angelegenheiten der Leibesübungen (unbesetzt)
Referat I C 2:   Körperschulung und militärische Ausbildung
(unbesetzt)

Gruppe I D: Strafsachen
Gruppenleiter: wahrgenommen von Streckenbach
Vertreter: SS-Sturmbannführer Haensch

Referat I D 1: Dienststrafsachen (SS-Stubaf RR Schulz)
Referat I D 2: SS-Disziplinarsachen (Haensch)

AMT II: ORGANISATION, VERWALTUNG UND RECHT

Amtschef: SS-Standartenführer Oberst der Polizei Dr. Nockemann

Gruppe II A: Organisation und Recht
Gruppenleiter: z. Zt. unbesetzt
Vertreter: SS-Sturmbannführer Oberregierungsrat Dr. Bilfinger
Referat II A 1: Organisation der Sipo und des SD (SS-HStuf Reg.Ass. Dr. Schweder)
Referat II A 2: Gesetzgebung (SS-Stubaf RR Neifeind)
Referat II A 3: Justitiarangelegenheiten, Schadensersatzan-sprüche (SS-Stubaf RR Suhr)
Referat II A 4: Reichsverteidigungsangelegenheiten (SS-Stu-baf RR Renken)
Referat II A 5: Verschiedenes (Feststellung der Volks- u. Staatsfeindlichkeit, Vermögenseinziehung, Aberkennung der Staatsangehörigkeit, später alles IV B 4) (SS-Stubaf RR Richter)

Gruppe II B: Grundsatzfragen des Paßwesens und der Ausländerpolizei
Gruppenleiter: Ministerialrat Krause
Referat II B 1: Paßwesen I (RR Dr. Hoffmann, RR Dr. Bau-mann)
Referat II B 2: Paßwesen II (RR Weintz)
Referat II B 3: Ausweiswesen und Kennkarten (RR Kelbing)
Referat II B 4: Grundsatzfragen für Ausländerpolizei und Grenzsicherung (ORR Kröning)

Gruppe II C a: Haushalt und Wirtschaft der Sipo
Gruppenleiter: SS-Standartenführer Ministerialrat Dr. Siegert
Referat II C 1: Haushalt und Besoldung (SS-Staf Min.Rat Dr. Siegert)
Referat II C 2: Versorgung und sächliche Kosten (SS-Stubaf RR Kreklow)
Referat II C 3: Unterkunft und Gefangenenwesen (SS-Stubaf RR Dr. Bergmann)
Referat II C 4: Wirtschaftsstelle (SS-Stubaf AR Meier)

Gruppe II C b: Haushalt und Wirtschaft des SD
Gruppenleiter: z. Z. nicht besetzt
Vertreter: SS-Obersturmbannführer Brocke
Referat II C 7: Haushalt und Besoldung des SD (SS-HStuf Radtke)

86 **Bruno Streckenbach** (1902–77)
Besuch des Realgymnasiums bis zur Un-terprima. 1919 Eintritt in ein Freikorps. Ausbildung zum Kaufmann in einer Hamburger Importfirma. 1930 Eintritt in die NSDAP und die SA, 1931 in die SS. September 1933 Leiter der Politischen Polizei in Hamburg. Dezember 1933 Angehöriger des SD. Februar 1938 In-spekteur der Sicherheitspolizei und des SD im Wehrkreis X (Hamburg). 1939 Chef der Einsatzgruppe I. Befehlshaber der Sicherheitspolizei und des SD für das Generalgouvernement. Januar 1941 Chef des Amtes I (Personal) im Reichssicherheitshauptamt. Im Dezem-ber 1942 auf eigenen Wunsch zur Waf-fen-SS versetzt. 1952 durch ein Militär-gericht in Moskau wegen Kriegsverbre-chen zu 25 Jahren Arbeitslager verur-teilt. Im Oktober 1955 in die Bundesre-publik Deutschland entlassen. Gegen ihn eingeleitete Verfahren wegen NS-Verbrechen wurden 1976 wegen dau-ernder Verhandlungsunfähigkeit einge-stellt.

87 **Alfred Franz Six** (1909–75)
Geboren in Mannheim. Mai 1930 Ein-tritt in SA und NSDAP. Ab 1933 Führer verschiedener SA-Stürme. 1934 Promo-tion zum Dr. phil., Institutsassistent in Heidelberg. Herbst 1934 Amtsleiter in der Reichsführung der Deutschen Stu-dentenschaft in Berlin. 1935 hauptamt-licher Angehöriger des SD und Über-nahme in die SS. 1937 Abteilungsleiter im SD-Hauptamt. 1936 Habilitation. Mit Bildung des Reichssicherheitshaupt-amtes im September 1939 Chef des Amtes II. Ende 1939 Dekan der neuen auslandswissenschaftlichen Fakultät der Berliner Universität. Ab 1. Januar 1941 Chef des Amtes VII (weltanschau-liche Forschung) des Reichssicherheits-hauptamtes. Im Juni und Juli 1941 Kom-mandeur des „Vorkommandos Moskau" der Einsatzgruppe B. Ab 1. September 1942 Leiter der kulturpolitischen Abtei-lung des Auswärtigen Amtes. Vom Mili-tärgerichtshof II der USA 1948 zu 20 Jahren Freiheitsstrafe verurteilt. 1952 aus der Haft entlassen.

88 **Otto Ohlendorf** (1907–51)
Geboren in Hoheneggelsen bei Hildes-heim. Studium der Rechts- und Wirt-schaftswissenschaften. 1925 Eintritt in die NSDAP, 1926 in die SS. Oktober 1933 Assistent am Institut für Weltwirt-schaft in Kiel, Januar 1935 Abteilungs-leiter am Institut für angewandte Wirt-schaftswissenschaften in Berlin. 1936 Wirtschaftsreferent beim SD. Im Reichs-sicherheitshauptamt 1939 bis 1945 Chef des Amtes III (Deutsche Lebensge-biete). In dieser Funktion unter anderem verantwortlich für die „Meldungen aus dem Reich". Vom Juni 1941 bis Juni 1942 Leiter der Einsatzgruppe D in der Sowjetunion. Neben seiner Tätigkeit als Amtschef im Reichssicherheitshauptamt ab 1943 Geschäftsführer eines Komi-tees für Außenhandel im Reichswirt-schaftsministerium. Im „Einsatzgruppen-Prozeß" des Militärgerichtshofes II der USA 1948 zum Tode verurteilt, 1951 hingerichtet.

Referat II C 8:   Beschaffung, Versicherung, Verträge, Liegen-schaftswesen, Bauwesen, Kraftfahrwesen (SS-Stubaf Schmidt)

Referat II C 9:   Prüfung und Revision (Brocke)

Referat II C 10:   Kassenführung und Rechnungslegung (SS-OStubaf Wittich)

Gruppe II D: Technische Angelegenheiten
Gruppenleiter: SS-Obersturmbannführer Rauff

Referat II D 1:   Funk-, Foto- u. Filmwesen (SS-Stubaf PR Gottstein)

Referat II D 2:   Fernschreib- und Fernsprechwesen (SS-Stubaf PR Walter)

Referat II D 3a: Kraftfahrwesen der Sipo (SS-HStuf Hptm. d. Schupo Pradel)

Referat II D 3b: Kraftfahrwesen des SD (SS-HStuf Gast, SS-UStuf Heinrich)

Referat II D 4:   Waffenwesen (SS-Stubaf PR Lutter)

Referat II D 5:   Flugwesen (SS-Stubaf Major d. Schupo Leopold)

Referat II D 6:   Bewirtschaftung der technischen Fonds der Sipo und des SD (Polizeirat Kempf)

AMT III: DEUTSCHE LEBENSGEBIETE

Amtschef   SS-Standartenführer Ohlendorf
Gruppe III A: Fragen der Rechtsordnung und des Reichsaufbaus
Gruppenleiter: SS-Sturmbannführer Dr. Gengenbach
Vertreter: SS-Hauptsturmführer Dr. J. Beyer
Referat III A 1:   Allgemeine Fragen der Lebensgebietsarbeit (SS-HStuf Dr. Beyer)
Referat III A 2:   Rechtsleben (SS-HStuf RR Dr. Malz)
Referat III A 3:   Verfassung und Verwaltung (z. Z durch Gruppenleiter)
Referat III A 4:   Allgemeines Volksleben (z. Z. unbesetzt)

Gruppe III B: Volkstum
Gruppenleiter: SS-Obersturmführer Dr. Ehlich
Vertreter: SS-Sturmbannführer Regierungsrat Dr. Müller
Referat III B 1:   Volkstumsarbeit (SS-HStuf Hummitzsch)
Referat III B 2:   Minderheiten (z. Z. unbesetzt)
Referat III B 3:   Rasse und Volksgesundheit (SS-HStuf Schneider)
Referat III B 4:   Einwanderung und Umsiedlung (SS-Stubaf RR Dr. Müller)
Referat III B 5:   Besetzte Gebiete (SS-Stubaf von Loew zu Steinfurth)

Gruppe III C: Kultur
Gruppenleiter: SS-Sturmbannführer Dr. Spengler
Vertreter: SS-Hauptsturmführer v. Kielpinski
Referat III C 1:   Wissenschaft (SS-HStuf Dr. Turowski)
Referat III C 2:   Erziehung und religiöses Leben (SS-HStuf Dr. Seibert)
Referat III C 3:   Volkskultur und Kunst (SS-HStuf Dr. Rössner)
Referat III C 4:   Presse, Schrifttum, Rundfunk (SS-HStuf v. Kielpinski)

Gruppe III D: Wirtschaft
Gruppenleiter: unbesetzt
Vertreter: SS-Sturmbannführer Seibert
Referat III D 1:   Ernährungswirtschaft (z. Z unbesetzt)
Referat III D 2:   Handel, Handwerk und Verkehr (SS-Stubaf Seibert)
Referat III D 3:   Finanzwirtschaft, Währung, Banken und Börsen, Versicherungen (SS-HStuf Kröger)
Referat III D 4:   Industrie und Energiewirtschaft (z. Z. unbesetzt)
Referat III D 5:   Arbeits- und Sozialwesen (SS-Stubaf Dr. Leetsch)

AMT IV: GEGNERERFORSCHUNG UND -BEKÄMPFUNG

Amtschef: SS-Brigadeführer Generalmajor der Polizei Müller

Gruppe IV A
Gruppenleiter: SS-Obersturmbannführer Oberregierungsrat Panzinger
Referat IV A 1:   Kommunismus, Marxismus und Nebenorganisationen, Kriegsdelikte, Illegale und Feindpropaganda (SS-Stubaf KD Vogt)
Referat IV A 2:   Sabotageabwehr, Sabotagebekämpfung, Politisch-polizeiliche Abwehrbeauftragte, Politisches Fälschungswesen (SS-HStuf Kriminalkommissar Kopkow)
Referat IV A 3:   Reaktion, Opposition, Legitimismus, Liberalismus, Emigranten, Heimtücke-Angelegenheiten (soweit nicht IV A 1) (SS-Stubaf KD Litzenberg)
Referat IV A 4:   Schutzdienst, Attentatsmeldung, Überwachungen, Sonderaufträge, Fahndungstrupp (SS-Stubaf KD Schulz)

Gruppe IV B
Gruppenleiter: SS-Sturmbannführer Hartl
Vertreter: SS-Sturmbannführer Regierungsrat Roth
Referat IV B 1:   Politischer Katholizismus (SS-Stubaf RR Roth)
Referat IV B 2:   Politischer Protestantismus, Sekten (Roth)
Referat IV B 3:   Sonstige Kirchen, Freimaurerei (z. Z. unbesetzt)
Referat IV B 4:   Judenangelegenheiten, Räumungsangelegenheiten (SS-Stubaf Eichmann)

Gruppe IV C
Gruppenleiter: SS-Obersturmbannführer Oberregierungsrat Dr. Rang
Vertreter: SS-Sturmbannführer Regierungsrat und Kriminalrat Dr. Berndorff
Referat IV C 1:   Auswertung, Hauptkartei, Personenaktenverwaltung, Auskunftstelle, A-Kartei, Ausländerüberwachung, Zentrale Sichtvermerksstelle (PR Matzke)
Referat IV C 2:   Schutzhaftangelegenheiten (SS-Stubaf RR u. KR Dr. Berndorff)
Referat IV C 3:   Angelegenheiten der Presse und des Schrifttums (SS-Stubaf RR Dr. Jahr)
Referat IV C 4:   Angelegenheiten der Partei und ihrer Gliederungen (SS-Stubaf KR Stage)

Gruppe IV D
Gruppenleiter: SS-Obersturmbannführer Dr. Weinmann
Vertreter: SS-Sturmbannführer Regierungsrat Dr. Jonak
Referat IV D 1:   Protektoratsangelegenheiten, Tschechen im Reich (Jonak)
Referat IV D 2:   Gouvernementsangelegenheiten, Polen im Reich (RA Thiemann)
Referat IV D 3:   Vertrauensstellen, Staatsfeindliche Ausländer (SS-HStuf KR Schröder)
Referat IV D 4:   Besetzte Gebiete: Frankreich, Luxemburg, Elsaß und Lothringen, Belgien, Holland, Norwegen, Dänemark (SS-Stubaf RR Baatz)

Gruppe IV E
Gruppenleiter: SS-Sturmbannführer Regierungsrat Schellenberg
Referat IV E 1:   Allgemeine Abwehrangelegenheiten, Erstattung von Gutachten in Hoch- und Landesverratssachen..., Werkschutz und Bewachungsgewerbe... (SS-HStuf KK Lindow)
Referat IV E 2:   Allgemeine Wirtschaftsangelegenheiten, Wirtschaftsspionage-Abwehr (RA Sebastian)
Referat IV E 3:   Abwehr West (SS-HStuf KR Dr. Fischer)
Referat IV E 4:   Abwehr Nord (KD Dr. Schambacher)

89 Heinrich Müller (1900–45)
Geboren in München. Ausbildung als Flugzeugmonteur. Nach dem Ersten Weltkrieg Eintritt in den Polizeidienst. 1933 Polizeiobersekretär. April 1934 Mitglied der SS und Versetzung zum Geheimen Staatspolizeiamt in Berlin. Wegen seiner früheren Tätigkeit in der bayerischen Politischen Polizei starke Bedenken der Münchener NSDAP gegen einen Parteieintritt, daher erst 1939 Mitglied der NSDAP. Von 1939 bis 1945 Chef des Amtes IV (Gegnererforschung und -bekämpfung, identisch mit dem Geheimen Staatspolizeiamt) des Reichssicherheitshauptamtes.

90 Arthur Nebe (1894–1945)
Geboren in Berlin. Nach Notabitur Kriegsfreiwilliger im Ersten Weltkrieg. 1920 Eintritt in den Polizeidienst. 1931 Mitglied der NSDAP, der SA und förderndes Mitglied der SS. April 1933 Kriminalrat im Preußischen Geheimen Staatspolizeiamt. Dezember 1936 Übernahme von der SA in die SS. Juli 1937 Reichskriminaldirektor und von 1939 bis 1944 Chef des Amtes V (Verbrechensbekämpfung, identisch mit dem Reichskriminalpolizeiamt) des Reichssicherheitshauptamtes. Von Juni bis November 1941 Leiter der Einsatzgruppe B in der Sowjetunion. Taucht im Juli 1944 wegen Verbindungen zu den Widerstandskämpfern des 20. Juli unter. Im Januar 1945 verhaftet, im März 1945 hingerichtet.

91 Heinz Jost (1904–64)
Geboren in Holzhausen. 1927 Eintritt in die NSDAP, Betätigung als Ortsgruppenleiter, Kreispropagandaleiter und Organisationsleiter. 1929 Eintritt in die SA. 1931 Rechtsanwalt in Lorsch. März 1933 kommissarischer Polizeidirektor in Worms, ab Oktober 1933 in Gießen. Juli 1934 hauptamtlicher Mitarbeiter des SD bei gleichzeitigem Übertritt von der SA zur SS. Januar 1936 Zentralabteilungsleiter im SD-Hauptamt. Nach Errichtung des Reichssicherheitshauptamtes im September 1939 Chef des Amtes VI. 1942 Führer der Einsatzgruppe A sowie der Sicherheitspolizei und des SD im „Reichskommissariat Ostland". Bevollmächtigter des Reichsministers für die besetzten Ostgebiete beim Oberkommando der Heeresgruppe A in Nikolajew. April 1944 zur Waffen-SS eingezogen. 1948 durch den Militärgerichtshof II der USA zu lebenslangem Freiheitsentzug verurteilt. 1951 vorzeitig entlassen.

92 Walter Schellenberg (1910–52)
Geboren in Saarbrücken. März/April 1933 Eintritt in die SS und in die NSDAP. 1934 Eintritt in den SD. Nach dem zweiten juristischen Examen 1936 als Assessor in das Geheime Staatspolizeiamt übernommen. Mit Bildung des Reichssicherheitshauptamtes im September 1939 Gruppenleiter IV E (Spionageabwehr Inland). Im Juli 1942 Chef des Amtes VI des RSHA (SD-Ausland). Durch den Militärgerichtshof IV der USA 1949 zu sechs Jahren Freiheitsstrafe verurteilt. Im Dezember 1950 vorzeitig entlassen.

Referat IV E 5: Abwehr Ost (SS-Stubaf KD Kubitzky)
Referat IV E 6: Abwehr Süd (SS-HStuf KR Dr. Schmitz)

AMT V: VERBRECHENSBEKÄMPFUNG

Amtschef: SS-Brigadeführer Generalmajor der Polizei Nebe

Gruppe V A: Kriminalpolitik und Vorbeugung
Gruppenleiter: SS-Sturmbannführer Oberregierugs- und Kriminalrat Werner
Vertreter: Regierungs- und Kriminalrat Dr. Wächter
Referat V A 1: Rechtsfragen, internationale Zusammenarbeit und Kriminalforschung (RR und KR Dr. Wächter)
Referat V A 2: Vorbeugung (SS-Stubaf RR Dr. Riese)
Referat V A 3: Weibliche Kriminalpolizei (KD Wieking)

Gruppe V B: Einsatz
Gruppenleiter: Regierungsrat und Kriminalrat Galzow
Vertreter: Regierungsrat und Kriminalrat Lobbes
Referat V B 1: Kapitalverbrechen (RR Lobbes)
Referat V B 2: Betrug (KD Rassow)
Referat V B 3: Sittlichkeitsverbrechen (KD Nauck)

Gruppe V C: Erkennungsdienst und Fahndung
Gruppenleiter: Oberregierungs- und -kriminalrat Berger
Vertreter: Kriminaldirektor Dr. Baum
Raferat V C 1: Reichserkennungsdienstzentrale (SS-Stubaf KD Müller)
Referat V C 2: Fahndung (KD Dr. Baum)

Gruppe V D: Kriminaltechnisches Institut der Sipo
Gruppenleiter: SS-Sturmbannführer Oberregierungs- und kriminalrat Dr. habil. Heeß
Vertreter: SS-HStuf KR Dr. Ing. Schade
Referat V D 1: Spurenidentifikation (SS-HStuf KR Dr. Ing. Schade)
Referat V D 2: Chemie und Biologie (SS-UStuf Dr. Ing. Widmann)
Referat V D 3: Urkundenprüfung (KR mag. chem. Wittlich)

AMT VI: AUSLAND

Amtschef: SS-Brigadeführer Generalmajor der Polizei Jost
Gruppe VI A: Allgemeine auslandsnachrichtendienstliche Aufgaben mit 7 Referaten
Gruppenleiter: SS-Obersturmbannführer Dr. Filbert
Vertreter: SS-Sturmbannführer Regierungsrat Finke
Bei den 7 Referaten handelte es sich um
– den Beauftragten des Amtes VI für die Nachprüfung aller nachrichtendienstlichen Verbindungen einschl. der Sicherung der Verbindungs- und Kurierwege und des Einsatzes der nachrichtendienstl. Mittel des Amtes VI im In- und Ausland (verantwortl. Gruppenleiter VI A)
– die Beauftragten des Amtes VI für die Überprüfung und Sicherung der den SD (Leit)Abschnitten gestellten Auslandsaufgaben (unbesetzt)
– den Beauftragten I (West) für die SD-(Leit)Abschnitte: Münster, Aachen, Bielefeld, Dortmund, Köln, Düsseldorf, Koblenz, Kassel, Frankfurt/M., Darmstadt, Neustadt, Karlsruhe, Stuttgart (SS-OStubaf Bernhard)
– den Beauftragten II (Nord) für die SD-(Leit)Abschnitte Bremen, Braunschweig, Lüneburg, Hamburg, Kiel, Schwerin, Stettin, Neustettin (SS-OStubaf Dr. Lehmann)
– den Beauftragten III (Ost) für die SD-(Leit)Abschnitte: Danzig, Königsberg, Allenstein, Tilsit, Thorn, Posen, Hohensalza, Litzmannstadt, Breslau, Liegnitz, Oppeln, Kattowitz, Troppau, Generalgouvernement (SS-Stubaf von Salisch)
– den Beauftragten IV (Süd) für die SD-(Leit)Abschnitte:

Wien, Graz, Innsbruck, Klagenfurt, Linz, Salzburg, München, Augsburg, Bayreuth, Nürnberg, Würzburg, Prag (SS-Stubaf Lapper)
– den Beauftragten V (Mitte) für die SD-(Leit)Abschnitte: Berlin, Potsdam, Frankfurt/O., Dresden, Halle, Leipzig, Chemnitz, Dessau, Weimar, Magdeburg, Reichenberg, Karlsbad (SS-OStubaf Thiemann)

Gruppe VI B: Deutsch-italienisches Einflußgebiet in Europa, Afrika und dem Nahen Osten mit 10 Referaten (im Plan nicht aufgeführt)
Gruppenleiter: z. Z. nicht besetzt

Gruppe VI C: Osten. Russisch-japanisches Einflußgebiet mit 11 Referaten (im Plan nicht aufgeführt)
Gruppenleiter: z. Z. nicht besetzt
Gruppe VI D: Westen. Englisch-amerikanisches Einflußgebiet mit 9 Referaten (im Plan nicht aufgeführt)
Gruppenleiter: z. Z. nicht besetzt
Gruppe VI E (Amtschef IV hat fachliches Weisungsrecht): Erkundung weltanschaulicher Gegner im Ausland (mit 6 Referaten, im Plan nicht aufgeführt
Gruppenleiter: SS-Obersturmbannführer Dr. Knochen
Vertreter: SS-Hauptsturmführer Loose

Gruppe VI F: Technische Hilfsmittel für den Nachrichtendienst im Ausland mit 7 Referaten (im Plan nicht aufgeführt)
Gruppenleiter: SS-Obersturmbannführer Rauff
Vertreter: SS-Obersturmbannführer Fuhrmann

AMT VII: WELTANSCHAULICHE FORSCHUNG UND AUSWERTUNG

Amtschef: SS-Standartenführer Professor Dr. Six
Gruppe VII A: Materialerfassung
Gruppenleiter: SS-Obersturmbannführer Oberregierungsrat Mylius
Referat VII A 1: Bibliothek (SS-HStuf Dr. Beyer)
Referat VII A 2: Berichterstattung, Übersetzungsdienst, Sichtung und Verwertung von Pressematerial (SS-HStuf Mehringer)
Referat VII A 3: Auskunftei und Verbindungsstelle (SS-HStuf Burmester)

Gruppe VII B: Auswertung
Gruppenleiter: (z. Z. unbesetzt)
Referat VII B 1: Freimaurererei und Judentum (z. Z. unbesetzt)
Referat VII B 2: Politische Kirchen (SS-HStuf Murawski)
Referat VII B 3: Marxismus (SS-UStuf Mahnke)
Referat VII B 4: Andere Gegnergruppen (SS-OStuf Mühler)
Referat VII B 5: Wissenschaftliche Einzeluntersuchungen zu Inlandsproblemen (SS-HStuf Dr. Schick)
Referat VII B 6: Wissenschaftliche Einzeluntersuchungen zu Auslandsproblemen (z. Z. unbesetzt)

Gruppe VII C: Archiv, Museum und wissenschaftliche Sonderaufträge
Gruppenleiter: (z. Z. unbesetzt)
Referat VII C 1: Archiv (SS-HStuf Dittel)
Referat VII C 2: Museum (unbesetzt)
Referat VII C 3: Wissenschaftliche Sonderaufträge (SS-OStuf Dr. Levin)

93 Besprechung nach dem „Bürgerbräu-Attentat" am 8. November 1939. Von links: Franz-Josef Huber (Chef der Gestapo Wien), Arthur Nebe (Chef der Kriminalpolizei), Himmler, Heydrich (Chef des Reichssicherheitshauptamtes), Heinrich Müller (Chef der Gestapo).

94 Lafette mit dem Sarg Heydrichs vor dem Prinz-Albrecht-Palais, seinem Dienstsitz als Chef des Reichssicherheitshauptamtes, Juni 1942.
Heydrich starb am 4. Juni 1942 an den Folgen eines von tschechischen Widerstandskämpfern verübten Attentats.

3.6. „Hausgefängnis" und politische Gefangene (1933–39)

Im Spätsommer des Jahres 1933 wurde im Gebäude des Geheimen Staatspolizeiamtes, Prinz-Albrecht-Straße 8, ein Gefängnis eingerichtet. Es diente der Unterbringung von Häftlingen, die im Hause von der Gestapo vernommen werden sollten. Die Zahl der Zellen blieb trotz verschiedener Erweiterungsbauten beschränkt. In den 38 Einzelzellen und einer Gemeinschaftszelle konnten höchstens fünfzig Personen untergebracht werden. Viele politische Häftlinge wurden im Polizeigefängnis am Alexanderplatz oder (bis 1936) im Konzentrationslager Columbiahaus gefangengehalten und tagsüber zur Vernehmung in die Prinz-Albrecht-Straße 8 transportiert. Ein Teil der Zellen diente dann als Aufenthaltsraum zwischen und nach den Verhören.

Bei den Insassen des „Hausgefängnisses" konnten die Vernehmungen sich über wenige Stunden oder Tage, aber auch über viele Wochen und Monate erstrecken. Langfristige Haftaufenthalte waren eher die Ausnahme, doch hielt man hier Kurt Schumacher im Sommer 1939 vier Monate, Rudolf Breitscheid und Kurt Lehmann 1941/42 elf Monate, Berthold Jacob 1942–1944 zwei Jahre fest. Für die meisten Häftlinge war das „Hausgefängnis" eine Durchgangsstation auf ihrem Weg durch die Gefängnisse und Konzentrationslager des SS-Staates.

95   Blick in den zum Prinz-Albrecht-Park gelegenen ersten, 1933 von der Gestapo im unteren Teil des Sockelgeschosses errichteten Zellentrakt, 1948.

Berüchtigt wurde die Prinz-Albrecht-Straße 8 vor allem durch die brutalen Foltermethoden, mit denen die Gestapo die gewünschten Informationen zu erzwingen versuchte. Mehrere Häftlinge wußten sich diesem Terror nur durch Selbstmord zu entziehen. Die „verschärften Vernehmungen", wie die Folterungen im Bürokratendeutsch genannt wurden, fanden nicht in den Zellen des Gefängnisses im Sockelgeschoß, sondern in den Büros der Gestapo in den oberen Stockwerken statt. Ihre Opfer waren in den ersten Jahren vor allem Kommunisten, Sozialdemokraten und Gewerkschafter, auch Mitglieder der sozialistischen Jugendbewegung und Angehörige kleinerer sozialistischer Parteien und Widerstandsorganisationen, von der Sozialistischen Arbeiterpartei bis zur Gruppe „Neu Beginnen". Hinzu kamen andere, die sich ebenfalls dem Machtanspruch des NS-Staates nicht unterwerfen wollten, wie die Zeugen Jehovas oder einzelne Vertreter der Kirchen. Das „Hausgefängnis" wurde darüber hinaus von der SS auch für die Inhaftierung oppositioneller Nationalsozialisten und straffällig gewordener SS-Männer benutzt. Ganz überwiegend aber war es der Aufenthalts- und Leidensort derjenigen Gegner des NS-Systems, an deren Vernehmung der Verfolgungsapparat ein besonderes Interesse hatte.

Text 11

Anordnung des stellvertretenden Chefs und Inspekteurs der Preußischen Geheimen Staatspolizei vom 14. Mai 1935, die Regelung des Transportes von Gefangenen zum Verhör im Geheimen Staatspolizeiamt betreffend

Berlin, den 14. Mai 1935
Preussische Geheime Staatspolizei
Der stellvertretende Chef und Inspekteur
B. Nr. 705/35 – IA –

Betrifft: Regelung der Gefangenentransporte
Geheimes Staatspolizeiamt – Konzentrationslager
Columbia – Polizeipräsidium Berlin.

Zum Zwecke der Entlastung des Kraftwagenparks des Geheimen Staatspolizeiamts ordne ich mit sofortiger Wirksamkeit folgendes an:
Die Transporte von Gefangenen sind nur noch mittels Schubwagen durchzuführen. Die Verwendung von Personenkraftwagen für Gefangenentransporte hat sich lediglich auf Ausnahmefälle zu beschränken. [...]
Die Dienststellen des Geheimen Staatspolizeiamts fordern die zur Vernehmung benötigten Gefangenen des Konzentrationslagers Columbia mittels eines in zweifacher Ausfertigung zu erteilenden Anforderungsscheines beim Gefängnis des Gestapa an. Die erste Ausfertigung der Anforderung ist unter Beidrückung des Dienstsiegels

unterschriftlich zu vollziehen. Die Anforderungsscheine für Gefangene, die mit dem ersten Tagestransport abzuholen sind, müssen am Vortage und zwar Wochentags bis spätestens 16,30 Uhr und Sonn- und Feiertages bis spätestens 11 Uhr dem Gefängnis des Gestapa zugestellt sein. Im übrigen sind die Anforderungsscheine mindestens eine halbe Stunde vor Abgang des Schubwagens beim Gefängnis des Gestapa abzugeben.
Die dem Konzentrationslager Columbia bzw. dem Polizeipräsidium Berlin vom Gestapo zuzuführenden Gefangenen sind jeweils eine halbe Stunde vor Abgang des Schubwagens mit den Überweisungspapieren bzw., den schriflichen Ersuchen der Dienststellen um Rücktransport der Vernommenen, beim Gefängnis des Gestapa einzuliefern.
Die Kommandantur des Konzentrationslagers Columbia hat die dem Gefängnis des Gestapa und dem Gefängnis des Polizeipräsidiums zu überweisenden Gefangenen sowie die Verpflegung für die Insassen des Gefängnisses des Gestapa so rechtzeitig bereit- bzw. fertigzustellen, dass der jeweilige Transport keine Verzögerung erleidet. Die Mittagskost für Gefangene des Konzentrationslagers Columbia, die während der Mittagszeit beim Gestapa verbleiben, hat das Konzentrationslager Columbia dem Gefängnis des Gestapa mit dem um 13 Uhr verkehrenden Schubwagen zu übersenden.
Die Anmeldung der erforderlichen Verpflegung geschieht in folgender Weise:

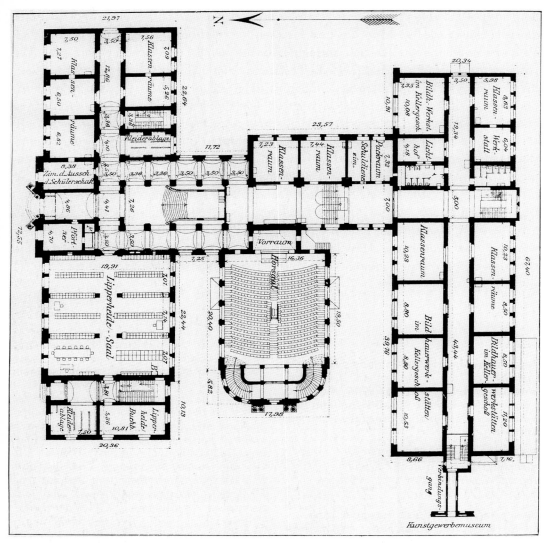

96   Grundriß des Erdgeschosses der Kunstgewerbeschule, 1905.
Nach dem Einzug der Gestapo in das Gebäude im Frühjahr 1933 wurden die ehemaligen Klassenräume im Nordflügel als Büros für den Dauer- und Außendienst genutzt. Die ehemaligen Bildhauerwerkstätten im Südflügel wurden 1933 beziehungsweise 1936 in Gefängniszellen umgewandelt. Die Räume der Lipperheideschen Sammlung (Teil der Kunstbibliothek) nahm die Gestapo im Juni 1934 zusätzlich in Beschlag.

Das Gefängnis des Gestapa übersendet täglich mit dem um 13 Uhr verkehrenden Schubwagen dem Konzentrationslager Columbia eine Voranzeige über die voraussichtlich für den nächsten Tag für Gefangene des Gestapa benötigte Tagesverpflegung. Die endgültige Anmeldung der erforderlichen Portionen an Morgen-, Mittags- und Abendkost wird dem Konzentrationslager Columbia mit den jeweils die Verpflegung abholenden Transportwagen zugestellt. Auf dem Anforderungsschein für die Mittagsportionen des Gestapa wird gleichzeitig die Zahl der Gefangenen des Konzentrationslager[s] Columbia, die über Mittag beim Geheimen Staatspolizeiamt verbleiben, angezeigt.
gez. H. Himmler

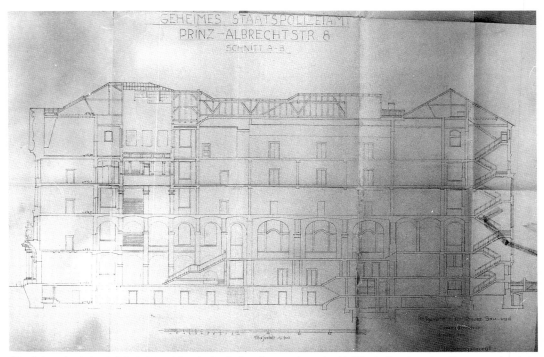

97   Schnitt durch das Gebäude Prinz-Albrecht-Straße 8, aufgestellt in der Preußischen Bau- und Finanzdirektion, Berlin, um 1934.
Der Schnitt geht entlang der Mittelachse des Gebäudes vom Hauptportal an der Prinz-Albrecht-Straße (links) zum Treppenhaus des Südflügels. Die ehemalige Kunstgewerbeschule stand vom Frühjahr 1933 dem Geheimen Staatspolizeiamt fast vollständig, seit Juli 1934, nach dem Hinauswurf der Kunstbibliothek aus ihren Räumen im Westteil des Gebäudes, uneingeschränkt zur Verfügung.

98   Die Haupthalle der Gestapo-Zentrale mit Büsten Hermann Görings (links) und Hitlers, um 1935.

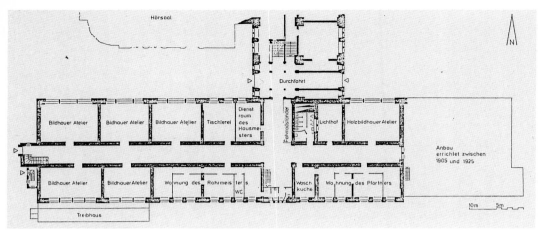

99   Kellergeschoß (Grundriß) der Kunstgewerbeschule, 1905—25.

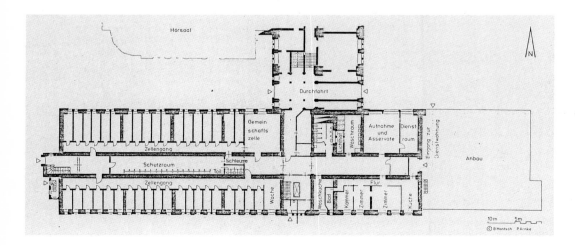

100   Umbau des Kellergeschosses durch die Gestapo, August 1933.

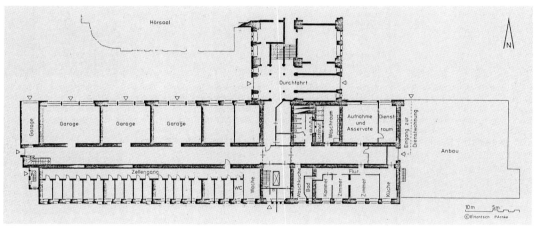

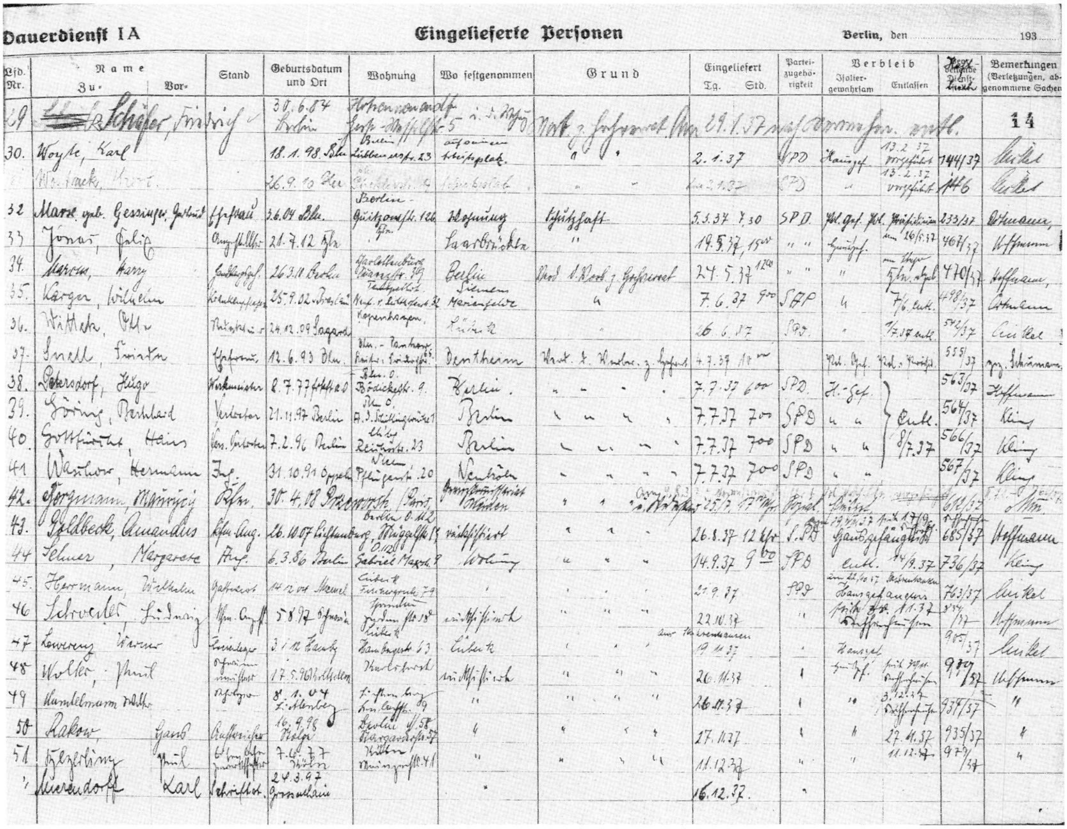

Dauerdienst I A				Eingelieferte Personen			Berlin, den ____ 193___					
Lfd. Nr.	Name Zu-	Vor-	Stand	Geburtsdatum und Ort	Wohnung	Wo festgenommen	Grund	Eingeliefert Tg. Std.	Partei- zugehö- rigkeit	Verbleib Isolier- gewahrsam / Entlassen		Bemerkungen (Verletzungen, ab- genommene Sachen)

(Handwritten entries — partially legible)

29	Schäfer	Friedrich		30.6.84 Berlin	Hohenzollerndamm			29.1.37			14
30	Woyte	Karl		18.1.98 Berlin	Lichtenbergstr. 23			2.1.37	SPD	Hausgef.	744/37	Winkel
31	Marzahn	Horst		16.9.13 Berlin	Charlottenburg			4.3.37	SPD		446	Winkel
32	Marx geb. Gessinger	Gertrud	Hausfrau	26.04 Berlin	Blücherstr. 12b	Wohnung	Schutzhaft	5.3.37 7.30	SPD		233/37	Ortmann
33	Jonas	Felix	Angestellter	26.7.12 Berlin		Saarbrücken	"	14.5.37 15.00	"	Schutzhaft	467/37	Hoffmann
34	Stevens	Harry	Kaufmann	26.3.11 Berlin	Charlottenburg	Berlin	Vorb. 2. Rock z. Hochverrat	24.5.37 11.20	"		470/37	Hoffmann
35	Karger	Wilhelm	Kaufmann	25.9.02 Berlin	Neuköllnstr.	Siemens	"	7.6.37 9.00	SPD	"	488/37	Ortmann
36	Mittek	Otto		20.10.09 Jaganen	Kopenhagen	Lübeck		26.6.37	SPD		574/37	Winkel
37	Snell	Karsten		12.6.93 Berlin	Nienburg	Bentheim	Verd. d. Vorber. z. Hochverr.	4.7.39 10.00		Pol. Gef. z. Reichs.	555/37	geg. Schümann
38	Petersdorf	Hugo	Kaufmeister	2.7.77 Hamburg	Böckelstr. 9	Berlin	"	7.7.37 6.00	SPD	H.-Gef.	563/37	Hoffmann
39	Göring	Richard	Vertreter	21.11.97 Berlin	A.-Schleicherstr.	Berlin	"	7.7.37 7.00	SPD	"	564/37	Hoffmann
40	Gottfried	Hans	Kaufm. Gehilfe	7.2.96 Berlin	Zeitbrücke 23	Berlin	"	7.7.37 7.00	SPD	"	566/37	Kling
41	Weithor	Hermann	Ing.	31.10.91 Oppeln	Pfleger	Neukölln	"	7.7.37 7.00	SPD	"	567/37	Kling
42	Hopmann	Manfred	Dr.	30.4.88 Dresden								Winkel
43	Goldbeck	Amandus	Kaufm.	16.10.07 Lissenberg	Berlin	mittäglich		26.1.37 12.00	SPD	Hausgef.	685/37	Hoffmann
44	Selmer	Margarete	Hausfrau	6.3.80 Berlin	Gabriel Max	Erolsing	"	14.9.37 9.00	SPD	14.9.37	736/37	Kling
45	Herrmann	Wilhelm	Arbeiter	11.2.04 Berlin	Linden		"	2.9.37	KPD	Hausgef.	763/37	Winkel
46	Schroeder	Ludwig	Kaufm. Angest.	5.8.92 Schwerin	Stormstr.	mittäglich						Hoffmann
47	Lewerenz	Werner	Kaufmann	3.11 Zeuthen	Hamburgstr. 23	Lübeck		19.11.37		Hausgef.	890/37	Winkel
48	Wolter	Paul	Arbeiter	17.5.96 Köln	Karlshorst	mittäglich	"	26.11.37	"		909/37	Hoffmann
49	Klettmann	Volk		24.3.04	Zehlendorf		"	26.11.37	"		931/37	"
50	Rakow	Hans		7.6.12	Berlin		"	27.11.37	"		933/37	"
51		Paul		7.6.77 Berlin				11.12.37			971/34	
'	Mierendorff	Karl			Grünthal			16.12.37				

102 Auszug aus der „Sistiertenkladde", 29. Januar – 16. Dezember 1937. Unter anderem Eintragung Karl (Carlo) Mierendorffs unter Nr. 52.

103 Außenansicht der Zellen im nördlichen Teil des Hausgefängnisses, vom Innenhof der ehemaligen Kunstgewerbeschule aus gesehen, nach 1945.
Links am Bildrand der Eingang zum Hörsaal, der von der Gestapo unter anderem für Filmvorführungen genutzt wurde.

101 Erweiterung des Gestapo-Hausgefängnisses, Sommer 1936.
Ende 1935 begannen die Planungen für die Erweiterung des Gestapo-Hausgefängnisses um einen zweiten Zellentrakt. Die Zeichnung gibt das Hausgefängnis in der Ausdehnung wieder, wie es nach Abschluß der Erweiterungsbauten im Herbst 1936 bis Kriegsende bestand: 20 Einzelzellen und ein Raum für das Wachpersonal im 1933 erbauten ersten Zellentrakt (unten), 18 Einzelzellen und eine Gemeinschaftszelle im Erweiterungstrakt. Vor den Zellen jeweils ein Gang, dazwischen eine Schleuse und ein Luftschutzraum, der zugleich als Warteraum diente.

104   **Edith Walz** (geb. 1911), 1929.
Mitglied der Sozialistischen Arbeiterjugend (SAJ) und der
SPD, später des Sozialistischen Jugendverbandes (SJVD), der
Jugendorganisation der Sozialistischen Arbeiterpartei (SAP).
Deren Mitglieder organisierten unter anderem 1933 Flug-
blattaktionen und schrieben Wandparolen gegen das NS-Re-
gime.
Edith Walz wurde am 6. Dezember 1933 verhaftet und in die
Prinz-Albrecht-Straße 8 gebracht. Dort wurde sie vernommen
und nach einer Woche entlassen; ein Strafverfahren wurde
nicht eingeleitet.
Edith Walz lebt heute in Berlin (West).

105   **Willi Gleitze** (geb. 1904), 1928.
Sozialdemokrat seit 1921 und 1930—33 Jugendsekretär der
Sozialistischen Arbeiterjugend (SAJ) in Leipzig. Er war an der
Organisation der illegalen Arbeit der SPD und SAJ führend
beteiligt.
Am 27. Dezember 1933 wurde er von der Gestapo verhaftet
und in das „Hausgefängnis" in der Prinz-Albrecht-Straße 8 gebracht. Nach Abschluß der Vernehmungen, bei denen er systematisch mißhandelt wurde, wurde er noch am gleichen Tag in
das Konzentrationslager Columbiahaus verlegt. In dem Prozeß, der im August 1934 vor dem Berliner Kammergericht
stattfand, wurde er freigesprochen.
Gleitze lebt heute in Berlin (West).

Text 12

*Nach meiner Einlieferung im Gestapogebäude
Prinz-Albrecht-Straße wurde ich durch einen
Mann der Gestapo namens Müller vernommen. Er
forderte mich auf, über alles zu berichten, was ich
seit der Auflösung der SAJ in Leipzig und später
hier in Berlin unternommen habe. ...
In diesem Sinne ging unsere Unterhaltung über
eine längere Zeit hin und her. Plötzlich erschienen
sechs jüngere Männer im Zimmer (es handelte sich
um einen großen Raum). Sie verteilten sich und er-
griffen an ihrem Platz bereitliegende Schlagin-
strumente. Das waren Gummiknüppel, Ochsen-
ziemer, Reitpeitschen und Stöcke. Kurz darauf
stand Müller auf, man stürzte sich auf mich und
schlug wahllos auf mich ein.
Soweit es ging, versuchte ich mich dem zu entziehen, kroch in den freien Raum des Schreibtisches,
wurde herausgezerrt, nahm dann Zuflucht auf einem in der Ecke liegenden Bücherberg, konnte
mich dort einige Zeit ziemlich schützen, wurde
dann aber heruntergeholt, und die Schlägerei
ging so lange weiter, bis Müller Einhalt gebot.
Die Vernehmung ging weiter, blieb aber für Müller ohne Erfolg. Ich blieb bei meinen bis dahin ge-
machten Aussagen. Nach einer geraumen Zeit er-
schien eine andere Schlägerkolonne und stellte
sich wiederum an die Plätze, wo die Schlaginstru-
mente abgelegt waren. Nach einer kurzen Zeit er-
hob sich Müller wiederum von seinem Platz, und
es begannen die gleichen Mißhandlungen wie zu-
vor. Zwei Stunden mußte ich das durchhalten.
Müller beendete während dieser Zeit die Schlä-
gereien immer dann, wenn er glaubte, durch weitere Befragungen zum Ziel zu kommen. Während
dieser zwei Stunden waren es fünf verschiedene
Schlägerkolonnen, die mich mißhandelten.
Einmal stellte ein Schläger einen Stuhl in die Mitte
des Raumes. Er verlangte von mir, daß ich den
rechten Arm erhebe und mit Heil Hitler grüße. Ich
kam dem nicht nach. Daraufhin schlugen alle Um-
stehenden auf mich ein. Ich blieb hartnäckig und
wurde weiter geschlagen. Mir wurde dann klar,
daß ich nachgeben müsse. Nachdem ich mit Heil
Hitler gegrüßt hatte, sagte derselbe Schläger:
„Dieser Kerl wagt es, uns mit Heil Hitler zu grüßen." Ich wurde wieder geschlagen, bis Müller
Einhalt gebot.*

Willi Gleitze

106   **Georgi Dimitroff** (1882—1949), um 1933.
1919 Mitbegründer der KP Bulgariens; seit 1929 lebte Dimit-
roff im Berliner Exil und war Leiter des Westeuropa-Büros der
Kommunistischen Internationale (Komintern).
Nach seinem Freispruch im Reichstagsbrandprozeß am 23.
Dezember 1933 wurde er in das „Hausgefängnis" der Ge-
stapo eingeliefert. Erst am 27. Februar 1934 wurde ihm die
Ausreise in die Sowjetunion gestattet.
Dimitroff war 1935—43 Generalsekretär der Komintern und
1946—49 Ministerpräsident der Volksrepublik Bulgarien.

108   **Franz Neumann** (1904—74), November 1945.
Seit 1920 SPD-Mitglied. Jugendfürsorger beim Magistrat der
Stadt Berlin. Bezirksverordneter von Reinickendorf und Vorsitzender der Metallarbeiterjugend bis 1933. Seit dem Frühjahr
1933 aktiv im sozialdemokratischen Widerstand.
Er wurde am 4. Januar 1934 verhaftet und in die Prinz-Albrecht-Straße 8 eingeliefert. Nach Ende der Vernehmungen
kam er in das Konzentrationslager Columbiahaus. Er wurde zu
eineinhalb Jahren Gefängnis verurteilt.
1946 stellvertretender Bezirksbürgermeister in Reinickendorf.
Mitvorsitzender der Arbeiterwohlfahrt Berlin. 1946—60
Stadtverordneter und Mitglied des Berliner Abgeordnetenhauses. 1951—58 SPD-Fraktionsvorsitzender. 1946—58 Vorsitzender der Berliner SPD. 1949—69 Mitglied des Bundestages. 1971 Ehrenbürger von Berlin.

107   **Walter Höppner** (1900—84), um 1960.
Sozialdemokrat. In seiner Tegeler Wohnsiedlung „Freie
Scholle" war er zusammen mit Franz Neumann und anderen
Sozialdemokraten im Widerstand aktiv.
Am 3. Januar 1934 wurde er wie zahlreiche Mitglieder der
Widerstandsgruppe um Neumann verhaftet und in die Prinz-
Albrecht-Straße 8 gebracht, wo man ihn während der Verhöre
schwer mißhandelte. Weitere Stationen seines Leidensweges
waren das Konzentrationslager Columbiahaus, das Gefäng-
nis des Polizeipräsidiums am Alexanderplatz und das Unter-
suchungsgefängnis Moabit. Nach seiner Verurteilung im Juni
1934 blieb er bis zum 25. Juli 1935 in Strafhaft im Zuchthaus
Tegel.

109   **Ernst Thälmann** (1886—1944); im Gerichtsgefängnis
Hannover 1943.

1903 Mitglied der SPD, 1917 der USPD, seit 1920 der KPD. 1919—33 Mitglied der Hamburger Bürgerschaft. 1924—33 Reichstagsabgeordneter. Seit 1925 Vorsitzender der KPD. Thälmann wurde am 3. März 1933 verhaftet. Vom 9. bis zum 23. Januar 1934 war er in der Prinz-Albrecht-Straße 8 inhaftiert, wo man ihn verhörte und schwer mißhandelte. Anschließend wurde er in das Untersuchungsgefängnis Moabit gebracht. Ein Prozeß fand nicht statt. Bis zu seiner Ermordung im Konzentrationslager Buchenwald am 18. August 1944 blieb er ununterbrochen in Haft.

Text 13

Zu beschreiben, was jetzt in diesem Vernehmungszimmer innerhalb von viereinhalb Stunden, von abends 5 bis 9.30 Uhr geschah, ist fast unmöglich. Alle nur denkbaren grausamen Erpressungsmethoden wurden gegen mich angewandt, um unter allen Umständen Geständnisse und Angaben über Genossen, die verhaftet worden waren, und über politische Handlungen zu erzwingen. Zuerst begann es mit der freundschaftlichen Biedermannsmethode, da ich einzelne von diesen Burschen schon von der politischen Severing-Polizei her kannte, mit gutem Zureden usw., um im Spiel dieser Unterhaltungen über diese oder jene Genossen und sonstige interessierende Dinge etwas zu erfahren. Damit hatten sie keinen Erfolg. Darauf erfolgten brutale Angriffsmethoden gegen mich, in deren Verlauf mir vier Zähne aus den Kiefern herausgeschlagen wurden. Sie erzielten keine Erfolge. Als dritter Akt wurde die Hypnose gegen mich zur Anwendung gebracht, die aber völlig wirkungslos blieb ... Jedoch der Schlußakt wurde zum eigentlichen Höhepunkt dieses Dramas. Aufforderung an mich, sofort die Hose auszuziehen; gleich darauf packten mich zwei Mann im Nacken und legten mich über einen Schemel. Ein uniformierter Gestapomann, mit einer Nilpferdpeitsche in der Hand, schlug dann in gewissen Zeitabständen auf mein Gesäß ein. Von den Schmerzen getrieben, schrie ich aus Leibeskräften mehrmals ganz laut auf!
Dann wurde mir der Mund vorübergehend zugehalten und es gab Hiebe ins Gesicht und Peitschenschläge über Brust und Rücken. Hingestürzt, wälzte ich mich am Boden, mit dem Gesicht immer nach unten, und gab auf gestellte Fragen überhaupt keine Antwort mehr. Bekam einzelne Fußtritte hier und da, verdeckte mein Gesicht, war aber bereits so schlapp sowie von heftigen Herzbeklemmungen befallen, daß mir Hören und Sehen verging. Dazu kam der brennende Durst.

Ernst Thälmann

110   **Franz Bobzien** (1906—41), um 1930.
Seit 1925 Mitglied der SPD und der Sozialistischen Arbeiterjugend (SAJ). Seit 1931 Mitglied der Sozialistischen Arbeiterpartei (SAP). Vorsitzender des Sozialistischen Jugendverbandes Deutschland (SJVD) in Hamburg und Mitglied der Reichsleitung des SJVD.
Im Februar 1934 wurde er von den niederländischen Behörden abgeschoben und damit der Gestapo ausgeliefert. Er wurde am 1. März 1934 in die Prinz-Albrecht-Straße 8 eingeliefert. Im Sommer 1934 zu drei Jahren Zuchthaus verurteilt, wurde er nach Verbüßung der Strafe in das Konzentrationslager Sachsenhausen verlegt. Am 28. März 1941 kam er als Angehöriger eines Bombenräumkommandos ums Leben.

111   **Theodor Haubach** (1896—1945), um 1944.

Sozialdemokrat seit 1922. 1924–29 Redakteur der sozialdemokratischen Zeitung „Hamburger Echo". 1927/28 Mitglied der Hamburger Bürgerschaft. 1928–30 Leiter der Pressestelle beim Reichsminister des Innern. 1930–32 Pressereferent im Berliner Polizeipräsidium; 1924–33 führende Funktionen im Reichsbanner Schwarz-Rot-Gold.

Nach einer ersten Verhaftung 1933 war er vom 24. November bis zum 21. Dezember 1934 in der Prinz-Albrecht-Straße 8 inhaftiert, anschließend wurde er in das Konzentrationslager Esterwegen verlegt. Nach der Haftentlassung im Sommer 1936 fand er eine Anstellung in der Privatwirtschaft. Im August 1939 war er erneut kurzzeitig in Haft. Als Angehöriger des „Kreisauer Kreises" — Haubach war für den Fall des geglückten Umsturzes als Minister für Presse und Volksaufklärung vorgesehen — wurde er am 9. August verhaftet und vermutlich zu Verhören aus dem Gefängnis Lehrter Straße in die Prinz-Albrecht-Straße 8 gebracht. Am 15. Januar 1945 wurde er zum Tode verurteilt und am 23. Januar in Plötzensee hingerichtet.

113   **Ferdinand Friedensburg** (1886–1972), 1932.
Reichstagsabgeordneter der Deutschen Demokratischen Partei (DDP). Berliner Polizeivizepräsident 1925–27. 1927–33 Regierungspräsident in Kassel.

Am 6. Februar 1935 wurde er verhaftet und in die Prinz-Albrecht-Straße 8 gebracht. Sechs Wochen nach der Einstellung des gegen ihn eingeleiteten Ermittlungsverfahrens wegen „Landesverrats" wurde er aus der Haft entlassen.

Nach dem Krieg war Friedensburg Mitbegründer der CDU und von 1946–51 Bürgermeister von Berlin. 1948–50 Stadtverordneter. 1950–52 Mitglied des Berliner Abgeordnetenhauses. 1952–65 Mitglied des Bundestages. 1954–65 Mitglied des Europaparlaments. 1971 Ehrenbürger von Berlin.

112   **Alfred Nau** (1906–83), um 1947.
Mitglied der SPD und der Sozialistischen Arbeiterjugend (SAJ). 1928–33 Sekretär beim Parteivorstand der SPD. Seit 1933 illegale Tätigkeit für die Partei.
Am 2. Dezember 1934 wurde er in die Prinz-Albrecht-Straße 8 eingeliefert und mehrere Monate in Haft gehalten.
1946 wurde Nau Vorstandsmitglied und Schatzmeister der SPD, 1958 Mitglied des Parteipräsidiums. Von 1975 bis zu seinem Tode war er Vorsitzender der Friedrich-Ebert-Stiftung.

114   **Berthold Jacob** (1898–1944), 18. September 1935.

Pazifist. Seit 1920 publizistisch tätig, unter anderem für die „Berliner Volkszeitung" und die „Weltbühne". 1924 Mitbegründer der Republikanischen Partei Deutschlands. 1928 Eintritt in die SPD. 1931 Mitglied der Sozialistischen Arbeiterpartei (SAP). 1928–29 acht Monate Festungshaft wegen seines Kampfes gegen die heimliche Aufrüstung der Reichswehr. 1932 Emigration nach Straßburg. August 1933 Ausbürgerung. Jacobs gut recherchierte Berichte über die deutsche Aufrüstung veranlaßten die Gestapo, ihn am 9. März 1935 mit Hilfe eines Spitzels nach Basel zu locken und von dort nach Deutschland zu entführen. Seit dem 11. März 1935 war er in der Prinz-Albrecht-Straße 8 inhaftiert. Auf internationalen Druck am 17. September 1935 freigelassen. Im Pariser Exil wurde er im September 1939 von den französischen Behörden interniert. Im April 1941 gelang ihm die Flucht nach Spanien, später nach Portugal. In Lissabon wurde er am 25. September 1941 erneut von Gestapo-Agenten entführt und nach Berlin zurückgebracht. In der Prinz-Albrecht-Straße 8 wurde Jacob über zwei Jahre inhaftiert, bevor er in das Polizeigefängnis am Alexanderplatz verlegt wurde. Im Februar 1944 in das Jüdische Krankenhaus Berlin eingewiesen, verstarb er dort am 26. Februar 1944.

116   **Werner Pünder** (1885–1973), um 1970.
Berliner Rechtsanwalt und entfernter Verwandter des 1934 von der Gestapo ermordeten Vorsitzenden der „Katholischen Aktion" im Bistum Berlin, Erich Klausener.
Werner Pünder war Rechtsbeistand von Klauseners Familie, die die offizielle, von der Gestapo verbreitete Version eines Selbstmordes nicht akzeptierte. Wegen seines mutigen Engagements in diesem Zusammenhang wurde Pünder vom 16. April bis 16. Mai 1935 in der Prinz-Albrecht-Straße 8 inhaftiert.
Nach dem Krieg war er wieder als Anwalt tätig.

115   **Hermann Brill** (1895–1959), nach 1945.
Seit 1912 Mitglied der SPD (1918–22 USPD); 1919–33 Landtagsabgeordneter (Gotha, dann Thüringen). 1932 Reichstagsabgeordneter.
Brill wurde am 21. März 1935 wegen des „Verdachts illegaler Aktivitäten" in die Prinz-Albrecht-Straße 8 eingeliefert; der Zeitpunkt seiner Entlassung ist nicht genau bekannt. Vom 21. September bis zum Dezember 1938 war er erneut im „Hausgefängnis" der Gestapo inhaftiert. Zu zwölf Jahren Zuchthaus verurteilt, verbrachte er die Jahre 1939 bis 1945 im Zuchthaus Brandenburg und im Konzentrationslager Buchenwald.
Im Juni/Juli war Brill Präsident der vorläufigen thüringischen Provinzialregierung, 1946–49 Staatssekretär und Chef der Staatskanzlei in Hessen, 1949–53 Mitglied des Bundestages.

117   **Werner Finck** (1902–78), um 1930.

Mitarbeiter des „Berliner Tageblatts". Kabarettist und Schauspieler. Er trat seit 1929 im Programm des Berliner Kabaretts „Katakombe" auf und wurde 1931 dessen Leiter. Die „Katakombe" wurde seit Februar 1935 von der Gestapo überwacht und am 10. Mai 1935 polizeilich geschlossen.
Finck wurde am gleichen Tag verhaftet und zum Verhör in die Prinz-Albrecht-Straße 8 gebracht. Nach Abschluß der Vernehmungen kam er in das Konzentrationslager Columbiahaus und von dort in das KZ Esterwegen, wo er bis zum 1. Juli 1935 inhaftiert war. Wegen Vergehens gegen das „Heimtückegesetz" angeklagt, wurde er am 26. Oktober 1935 freigesprochen. Vier Jahre später folgte sein Ausschluß aus der „Reichskulturkammer" und 1942 eine erneute Haft von neun Monaten.
Finck war nach 1945 als Buchautor, Kabarettist, Theater- und Filmschauspieler erfolgreich.

118   Georg Banasch (1888–1960), um 1931.
Dr. rer. pol.; Ordinariatsrat und Domkapitular, seit 1939 Prälat im Bistum Berlin; Leiter der „Informationsstelle der bischöflichen Behörden Deutschlands", die unter anderem kritische Informationen über die 1935/36 von der NS-Justiz gegen Vertreter der katholischen Kirche eingeleiteten Verfahren sammelte und verbreitete.
In diesem Zusammenhang wurde Banasch am 22. November 1935 verhaftet und in das „Hausgefängnis" in der Prinz-Albrecht-Straße 8 eingeliefert. Obwohl das gegen ihn eingeleitete Verfahren Anfang Januar 1936 eingestellt wurde, blieb er bis zum 6. März 1936 inhaftiert.
Banasch war nach 1945 weiterhin als Ordinariatsrat und Domkapitular in Berlin tätig.

119   Erich Honecker (geb. 1912), in Gestapo-Haft im Dezember 1935.
Seit 1926 Mitglied des Kommunistischen Jugendverbandes Deutschland (KJVD). Seit 1930 Mitglied der KPD. Seit 1931 Sekretär des KJVD/Saar. Nach 1933 Angehöriger des illegalen ZK des KJVD und Leiter der Widerstandsarbeit des KJVD in Süddeutschland.
Honecker wurde am 4. Dezember 1935 verhaftet und zunächst in die Prinz-Albrecht-Straße 8 gebracht. 1937 wurde er nach anderthalbjähriger Untersuchungshaft zu zehn Jahren Zuchthaus verurteilt. Bis zum Kriegsende war er im Zuchthaus Brandenburg inhaftiert.
1946–55 Erster Vorsitzender der Freien Deutschen Jugend (FDJ). Seit 1950 Abgeordneter der Volkskammer der DDR. Seit 1971 Erster Sekretär des ZK der Sozialistischen Einheitspartei Deutschlands (SED) und Mitglied des Staatsrates der DDR. 1976–89 Generalsekretär des ZK der SED und Vorsitzender des Staatsrates der DDR.

Text 14

Am Vormittag des nächsten Tages wurde ich jedoch beim Verlassen meiner Wohnung in der Brüsseler Straße im Stadtbezirk Berlin-Wedding verhaftet.
Die dem 4. Dezember 1935 folgenden Tage im Hauptquartier der Gestapo in der Berliner Prinz-Albrecht-Straße sowie in der Kaserne der SS-Leibstandarte „Adolf Hitler" in Berlin-Tempelhof haben sich während meiner fast zehnjährigen Inhaftierung so nicht wiederholt. Sie gehören wohl zu jenen, die man nicht vergißt. Zugleich waren sie für einen Menschen, der noch sein ganzes Leben vor sich hatte — ich war 23 Jahre alt —, Tage der Bewährung. Weder durch die physischen und psychischen Torturen der Gestapobeamten noch in den zahlreichen Verhören durch faschistische Untersuchungsrichter während der anderthalbjährigen Untersuchungshaft war ich von meiner kommunistischen Weltanschauung abzubringen.

Erich Honecker

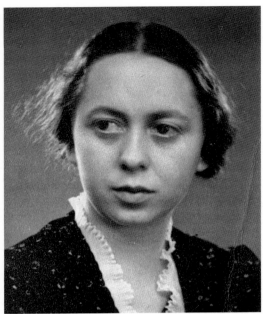

120   **Hildegard Schröder,** geb. Hirche (1911–70), 1938.
Seit 1925 Mitglied der Sozialistischen Arbeiterjugend (SAJ),
seit 1928 der SPD. Seit 1933 illegale Arbeit.
Am 7. April 1936 wurde sie zusammen mit ihrem Mann verhaftet, in der Prinz-Albrecht-Straße 8 verhört und danach ins Gefängnis am Alexanderplatz eingeliefert. Wegen „Beihilfe zum
Hochverrat" wurde sie zu eineinhalb Jahren Gefängnis verurteilt.

121   **Heinz Schröder** (geb. 1910), um 1935.

Seit 1928 Mitglied der SPD. Aktiv im Reichsbanner Schwarz-
Rot-Gold und in der Sozialistischen Arbeiterjugend (SAJ). Illegale Arbeit seit 1933.
Am 7. April 1936 wurde er zusammen mit seiner Frau verhaftet
und in die Prinz-Albrecht-Straße 8 gebracht, wo beide verhört
wurden. Am gleichen Tag kam er in das Konzentrationslager
Columbiahaus. Heinz Schröder wurde zu zwei Jahren und drei
Monaten Zuchthaus verurteilt. 1942 wurde er zum Strafbatail-
lon „999" eingezogen, einer sogenannten „Bewährungs-
einheit" der Wehrmacht.
1946 Mitglied der SED; heute Vorsitzender der „Vereinigung
der Verfolgten des Naziregimes" (VVN) in Berlin (West).

Text 15

*[...] bald waren wir vor dem Hause der Gestapo
in der Prinz-Albrecht-Straße angelangt. ‚Ausstei-
gen' klang es kurz und hart. ‚Hier rein und an die
Wand, dann nach oben.' Beide gingen wir an der
Wandseite nach oben. Die Bullen gingen am Ge-
länder, dort wo der Lichtschacht war. Erst später
haben wir erfahren, warum das so war, denn einige Gefangene, die die Folterungen nicht mehr
aushalten konnten, stürzten sich in den Schacht
[...] Ein toter Kommunist oder Sozialdemokrat
nützte den Nazis nichts, aus dem konnte man
nichts mehr herausprügeln. Im sechsten Stock an-
gekommen, mußten wir auf einer Bank Platz nehmen, zwischen uns stellte sich ein baumlanger
Mann der Adolf-Hitler-Leibstandarte. Wir durften
nun nicht mehr miteinander reden, nicht einmal
den Kopf durften wir drehen, um uns noch einmal
anzuschauen. Als erste wurde meine Hilde geholt
[...] Dann kam ich dran. Ich mußte mich mit dem
Rücken zum Schreibtisch setzen, neben mir nahm
eine Gestapotippse Platz, die jedes Wort, jeden
Satz, den ich sagte, sofort in die Maschine tippte
[...] Und dann prasselten die Fragen auf mich ein,
immer wieder Fragen – vier Mann im Kreuzverhör, und dann geknufft, mit der Faust gestoßen,
aber alles immer noch harmlos [...] Aber ohne Erfolg [...] Zum Schluß des Verhörs sagte der Schütt-
auf: ‚Wenn ich einen Kommunisten vor mir habe,
dann schlage ich ihm in die Fresse, aber bei euch
Sozialdemokraten, ihr seid ja keine Gegner, ihr
seid weder Fisch noch Fleisch!' Dann wurde ich in
den Keller abgeführt. Hier lagen die Zellen, 36 an
der Zahl, darunter auch eine größere Gemeinschaftszelle. Alle Türen waren von außen mit Dek-
ken zugehangen, trotzdem hörte ich Stöhnen und
Wimmern.*

Heinz Schröder

Text 16

*Meine erste Reise ging zum Kellergefängnis der
Geheimen Staatspolizei Prinz-Albrecht-Straße.
Als sich hinter mir die Tore schlossen und ich in das*

122   **Werner Peuke** (1905–49), während des Krieges.
Mitglied der KPD; seit 1933 Angehöriger der sozialistischen Widerstandsgruppe „Neu Beginnen".
Peuke wurde Ostern 1936 verhaftet und am 14. April 1936 in die Prinz-Albrecht-Straße 8 eingeliefert. Dort blieb er vier Tage im „Hausgefängnis", bevor er in das Konzentrationslager Columbiahaus verlegt wurde. Von dort wurde er vier Monate lang fast täglich zu weiteren Verhören in die Prinz-Albrecht-Straße 8 gebracht. Von Herbst 1936 bis 1939 war er im Konzentrationslager Sachsenhausen inhaftiert.
Nach dem Krieg beteiligte sich Peuke am Aufbau der Berliner Stadtverwaltung im sowjetischen Sektor; nach einem Konflikt mit der SED zog er 1948 in den Westteil der Stadt.

123   **Eberhard Hesse** (1911–86), um 1935.
Aktiv in der Sozialistischen Arbeiterjugend (SAJ). Seit 1930 Mitglied der SPD. Seit 1933 Widerstandsarbeit im Umkreis der Gruppe „Neu Beginnen".
Am 23. April 1936 wurde er in der Prinz-Albrecht-Straße 8 eingeliefert; er wurde zu eineinhalb Jahren Gefängnis verurteilt.
1947–74 Leiter des August-Bebel-Instituts. 1951–61 Leiter der Pressestelle und 1961–71 Landesgeschäftsführer der Berliner SPD. 1956–75 Mitglied des Abgeordnetenhauses.

hell erleuchtete Aufnahmezimmer geführt wurde, hatte ich wieder jenes beklemmende Gefühl. Diesmal währte es jedoch nicht Stunden, sondern nur wenige Minuten. Komischerweise brauchte ich gar keine Namen anzugeben. Der Mann schien alles zu wissen. „Wertsachen her, Schnürsenkel raus, Schlips ab." Alles wurde in meinen Hut gesteckt. Plötzlich gab er mir noch eine Aktentasche, und beim Öffnen entdeckte ich einige Waschmittel und die Handtasche meiner Braut. Jetzt war mir klar, daß wohl auch sie verhaftet worden war. In der Zelle, in die ich gestoßen wurde, befand sich nur ein kleines Fenster von wenigen Quadratzentimetern, mehr eine Luftklappe, ein Tisch, ein Stuhl, eine Holzpritsche ohne Decken. An den Wänden entdeckte ich einige Inschriften. „Das ist der Mörderkeller", „Nieder mit Hitler". In der Zelle brannte die ganze Nacht Licht.

Werner Peuke

124   **Karl (Carlo) Mierendorff** (1897–1943), um 1930.

Dr. phil.; SPD-Mitglied seit 1920. 1926—28 Sekretär der SPD-Reichstagsfraktion. 1928—30 Pressereferent beim hessischen Minister des Innern, Wilhelm Leuschner (SPD).
Von 1933 bis zum Januar 1938 Haft in Darmstadt und in den Konzentrationslagern Osthofen, Papenburg, Börgermoor, Torgau, Lichtenburg und Buchenwald. Am 16. Dezember 1937 wurde er in das „Hausgefängnis" in der Prinz-Albrecht-Straße 8 eingeliefert. Seine Entlassung erfolgte wahrscheinlich am 10. 2. 1938. 1938—40 Kontaktaufnahme zu Freunden im sozialdemokratischen Widerstand, unter anderem zu Haubach, Leuschner, Maaß und Leber. 1941—43 Mitarbeit im „Kreisauer Kreis". Am 4. Dezember 1943 kam Mierendorff bei einem Bombenangriff auf Leipzig ums Leben.

Dr. phil.; seit 1918 Mitglied der SPD. 1924—31 Abgeordneter des württembergischen Landtages. 1930—33 Reichstagsabgeordneter. 1932—33 Mitglied des SPD-Fraktionsvorstandes.
Von Juli 1933 an zehn Jahre ununterbrochen in verschiedenen Konzentrationslagern inhaftiert. Im Sommer 1939 aus dem Konzentrationslager Dachau zum Verhör in die Prinz-Albrecht-Straße 8 gebracht. Blieb vier Monate in der Gemeinschaftszelle des „Hausgefängnisses", in der vorübergehend auch Fritz Erler gefangen gehalten wurde. Nach dem 20. Juli 1944 erneut inhaftiert und in das Konzentrationslager Neuengamme eingeliefert.
Von 1946 bis zu seinem Tode am 20. August 1952 war Schumacher Vorsitzender der SPD. Seit 1949 Mitglied des Bundestages und Vorsitzender der SPD-Bundestagsfraktion.

125   **Franz Künstler** (1888—1942), als Häftling im Konzentrationslager Oranienburg am 3. November 1933.
Seit 1906 Mitglied der SPD. 1917—22 USPD. 1924—33 Vorsitzender der Berliner SPD; 1920—33 Reichstagsabgeordneter.
Von Juli 1933 bis September 1934 war er in Gefängnis- und Konzentrationslager-Haft. Unter dem Verdacht der „Vorbereitung zum Hochverrat" vom 1. August bis 28. November 1938 im „Hausgefängnis" in der Prinz-Albrecht-Straße 8 inhaftiert. Am 10. September 1942 starb Künstler an den Folgen der in der Haft erlittenen gesundheitlichen Schäden.

127   **Fritz Erler** (1913—67), um 1947.
Seit 1928 Mitglied der Sozialistischen Arbeiterjugend (SAJ), seit 1931 der SPD. Bis 1933 Werbebezirksleiter der SAJ Berlin/Prenzlauer Berg und Vorsitzender der Sozialistischen Schülergemeinschaft Groß-Berlin. Seit 1933 Mitglied der Widerstandsgruppe „Neu Beginnen", seit 1936 in deren politischer Leitung.
Er wurde am 3. November 1938 verhaftet. Im August des folgenden Jahres kam er in die Gemeinschaftszelle des „Hausgefängnisses" in der Prinz-Albrecht-Straße 8. Nach zehnmonatiger Untersuchungshaft wurde er am 15. September 1938 wegen illegaler Parteiarbeit zu zehn Jahren Zuchthaus verurteilt. Im April 1945 gelang ihm die Flucht während eines Gefangenentransportes.
Nach Kriegsende war Erler Landrat in Biberach/Riß. Seit 1946 Mitglied der Beratenden Landesversammlung und des Landtages von Württemberg-Hohenzollern. 1949—67 Mitglied des Bundestages. 1957—64 stellvertretender Fraktionsvorsitzender, 1964—67 Fraktionsvorsitzender der SPD im Bundestag und stellvertretender Vorsitzender der SPD.

126   **Kurt Schumacher** (1895—1952), um 1930.

3.7. „Schutzhaft"

Die Verhängung der „Schutzhaft" war eine der schärfsten Waffen des nationalsozialistischen Staates gegen alle Personen, die zum „Staats- und Volksfeind" erklärt worden waren. In der Regel wurde sie von den einzelnen Staatspolizeidienststellen beantragt, im Schutzhaftreferat des Geheimen Staatspolizeiamtes bearbeitet und von diesem mit Genehmigung des Chefs der Gestapo, Heinrich Müller, beziehungsweise von Heydrich oder in wichtigen Fällen von Himmler selbst angeordnet. Die Vollstreckung der Schutzhaft erfolgte in den Konzentrationslagern.

Bereits im Oktober 1939 wurde bestimmt, daß Entlassungen aus der Schutzhaft während des Krieges im allgemeinen nicht stattzufinden hätten. Ab Mai 1943 konnten die örtlichen Gestapostellen für polnische Häftlinge Schutzhaft und Einweisung in ein Konzentrationslager in eigener Zuständigkeit anordnen. Das RSHA war über den Vorgang nur noch zu informieren.

Die genaue Zahl der Schutzhaftbefehle läßt sich nicht mehr ermitteln. Seit dem Amtsantritt Heydrichs als Leiter des Geheimen Staatspolizeiamtes (1934) wurden die Schutzhaftbefehle mit dem Anfangsbuchstaben des Nachnamens des Verhafteten und einer fortlaufenden Nummer versehen. Einer der letzten erhaltenen Schutzhaftbefehle trägt die Nummer „M 34 591", das heißt bis 1945 sind mindestens 34.591 Menschen, deren Nachname mit M begann, inhaftiert worden.

Die Aufhebung der Grundrechte durch die Reichstagsbrand-Verordnung vom 28. Februar 1933 und die Beseitigung gerichtlicher Nachprüfung der Handlungsweisen der Geheimen Staatspolizei, die Schutzhaftverhängung durch die Gestapo und die Vollstreckung der Schutzhaft in den Konzentrationslagern ebneten den Weg zu jeder von der nationalsozialistischen Staatsführung gewünschten „Sonderbehandlung", das heißt der Exekution des einzelnen Häftlings.

Der Leiter des Schutzhaftreferats im Reichssicherheitshauptamt erklärte nach dem Krieg: „Ich konnte mir als Beamter, der an Gehorsam gewöhnt war, nicht denken, daß die von allen ausländischen Mächten anerkannte Reichsführung ungesetzliche Anweisungen ergehen lassen würde. Soweit etwa schärfere Anweisungen ergangen waren, hielt ich sie für die Notwendigkeiten des Krieges für berechtigt."

Text 17

Erlaß des Geheimen Staatspolizeiamtes vom 26. April 1935, die Kontrolle der Gerichtsurteile gegen „Staatsfeinde" betreffend

Frankfurt/M., am 16. November 1935.

STAATSPOLIZEISTELLE
f. d. Reg-Bez. Wiesbaden
in Frankfurt/M.
II L 3623/35.

Nachstehende Abschrift des Geheimen Staatspolizeiamtes Berlin überreiche ich allen Beamten und Angestellten des II L zu Kenntnisnahme und Verbleib.
I. A.
gez. Wüst
Begl.: Schäfer
Kanzlei-Angestellter

Abschrift.
Berlin, den 26. 4. 1935.
Geheimes Staatspolizeiamt
B. Nr. 64479/35 222 II/1

Es werden immer wieder Klagen an mich herangetragen, dass Staatsfeinde von einzelnen Gerichten nicht mit der notwendig erscheinenden Schärfe behandelt oder bestraft werden, wie ihr Tun erwarten liess. Strafverfahren sollen ohne ausreichende Begründung eingestellt worden sein. In anderen Fällen erscheint die Strafe nach normalem Volksempfinden zu niedrig. Ebenso sollen Freisprechungen erfolgen, obwohl die Oeffentlichkeit eine Bestrafung mit Bestimmtheit erwartet und erhofft. Die Polizeibehörden klagen ausserdem vielfach darüber, dass Personen, welche zur Haftfragelösung überstellt wurden, entlassen worden sind, obgleich die Voraussetzungen zur Erlassung eines Haftbefehls durchaus gegeben waren. So wurden bei Kommunisten, die überführt und geständig waren, illegal für die K.P.D. sich betätigt zu haben schon mehrfach Haftbefehle abgelehnt. (Siehe jüngster Fall bei Stapo II L in der Hochverratssache Apel und Gen., bei der ein Amtsgerichtsrat trotz des Nachweises einer illegalen Betätigung keinen Haftbefehl erlassen wollte.)
Die politische Polizei hat begreiflicherweise ein grosses Interesse daran, dass die politischen Verbrecher durch die Deutschen Gerichte der ihrem Tun angemessenen Bestrafung zugeführt werden. Sie hat keine eigene Strafbefugnis und ist daher auf die Entscheidung der Gerichte weitgehendst angewiesen. Da aber die Aufgabe der Bekämpfung der staatsfeindlichen Elemente in ihrer Hand liegt und ihr die Verantwortung, die Staatsfeinde niederzuhalten, zugeschoben ist, hat sie auch von sich aus darauf zu achten, ob die von den Gerichten getroffenen Massnahmen auch tatsächlich zur Niederkämpfung der Staatsfeinde geeignet sind. Die Staatspolizeistelle hat daher jede ungenügende Arbeit der Gerichte mitzuteilen. Dabei ist eine kurze Uebersicht über den jeweiligen Fall unter Hervorhebung jener Gesichtspunkte einzureichen, welche ein mangelhaftes Arbeiten des B[G]erichtes erkennen lassen.

Text 18

Erlaß des Geheimen Staatspolizeiamtes vom 3. Mai 1935, die Überwachung entlassener Häftlinge betreffend

Abschrift!
Berlin, den 3. Mai 1935.
Geheimes Staatspolizeiamt
B. Nr. 64594/35 – 228 – II 1.

An alle Staatspolizeistellen in Preußen.
Es erscheint notwendig, daß entlassene Schutzhaftgefangene oder sonstige Staatsfeinde, welche als besonders gefährlich zu betrachten sind, einer dauernden Kontrolle unterstellt werden. Um diese Beobachtung bei einem Wechsel des Wohnsitzes nicht zu unterbrechen, haben die Ortspolizeibehörden einen beabsichtigten Wohnsitzwechsel rechtzeitig der für sie zuständigen Staatspolizeistelle zu melden. Die Staatspolizeistelle verständigt hierauf die Ortspolizeibehörde des neuen Wohnsitzes. Verlegt nun diese Person ihren neuen Wohnsitz in den Bereich einer anderen Stapostelle, so ist das dieser Stelle von der Staatspolizeistelle, in welcher die Person bisher ihren Wohnsitz hatte, mitzuteilen. Die Polizeibehörde des neuen Wohnsitzes ist jeweils zu ersuchen, die Beaufsichtigung weiterzuführen und zweckdienliche Mitteilungen der Staatspolizeistelle zuzuleiten.
Ist eine dieser Personen an dem von ihr bei der Abmeldung mitgeteilten neuen Wohnsitz nicht eingetroffen, so hat die Staatspolizeistelle des vorgesehenen neuen Wohnsitzes Rückfrage bei der Polizeibehörde oder der Staatspolizeistelle des bisherigen Wohnsitzes zu halten, ob die Person ihren früheren Wohnsitz aufgegeben hat, oder von dem beabsichtigten Wohnsitzwechsel nachträglich Abstand genommen hat. Im ersten Falle hat die Staatspolizeistelle des bisherigen Wohnsitzes die Person im deutschen Kriminalblatt zur Aufenthaltsermittlung ausschreiben zu lassen. Zur Durchführung dieser Anordnung ist es zweck-

mäßig, die Meldekarten dieser Personen mit dem Vermerk versehen zu lassen „Bei Wohnsitzwechsel Mitteilung an Staatspolizeistellen zu geben." Die Ortspolizeibehörden sind geeignet in Kenntnis zu setzen. Sie haben dafür Sorge zu tragen, daß die Vermerke nicht auf irgend eine Weise den betroffenen Personen zur Kenntnis gelangen.

I. A.
gez. Unterschrift

Text 19

Weisung des politischen Polizeikommandeurs der Länder an den Inspekteur der Konzentrationslager vom 23. März 1936, Haftverschärfungen für Häftlinge, die zum zweiten Mal in ein KZ eingeliefert werden, betreffend

Abschrift!
Der Politische Polizeikommandeur der Länder
Berlin SW 11, den 23. III. 1936
Prinz-Albrechtstr. 8.
B. Nr. [...]. 55/36 Ads.
Verschlossen!

An den
Inspekteur der Konzentrationslager
– SS-Gruppenführer Eicke –

In allen Konzentrationslagern sind besondere Abteilungen zu bilden von den Häftlingen, die das zweite Mal in einem Konzentrationslager einsitzen. Grundsätzlich sind die Schutzhaftakten all derer, die das zweite Mal in ein Konzentrationslager kommen, erst nach drei Jahren wieder vorzulegen.
Die üblichen Vierteljahres-Haftprüfungs-Termine entfallen für diese Häftlinge.
Brieferlaubnis genehmige ich für diese Häftlinge viermal im Jahre – zum Schreiben und zum Empfang eines Briefes.
Arbeitszeit 10 Stunden täglich.
Rauchen nicht gestattet.
Geldempfang von zu Hause nicht mehr als 10,00 RM im Vierteljahr.
Empfang von Paketen überhaupt nicht.
Diese Häftlinge sind kenntlich zu machen durch irgendein besonderes Zeichen am Anzug.

gez. H. Himmler.

Text 20

Erlaß des Reichsministers des Innern an das Geheime Staatspolizeiamt vom 25. Januar 1938, die „Schutzhaft" betreffend

Abschrift

Berlin, den 25. Januar 1938.
Reichsminister des Innern
1. S-V 1 Nr. 70/37-179-g

An
das Geheime Staatspolizeiamt.
...
Betrifft: Schutzhaft.
Die nachfolgenden Bestimmungen über Schutzhaft treten am 1. Februar 1938 in Kraft. [...]

§ 1.
Zulässigkeit.
Die Schutzhaft kann als Zwangsmaßnahme der Geheimen Staatspolizei zur Abwehr aller volks- und staatsfeindlichen Bestrebungen gegen Personen angeordnet werden, die durch ihr Verhalten den Bestand und die Sicherheit des Volkes und Staates gefährden.
Die Schutzhaft darf nicht zu Strafzwecken oder als Ersatz für Strafhaft angeordnet werden. Strafbare Handlungen sind durch die Gerichte abzuurteilen.

§ 2.
Zuständigkeit.
(1) Zur Anordnung der Schutzhaft ist ausschließlich das Geheime Staatspolizeiamt zuständig.
(2) Anträge auf Anordnung der Schutzhaft sind durch die Staatspolizeileit- bzw. Staatspolizeistellen an das Geheime Staatspolizeiamt zu richten. Jeder Antrag ist eingehend zu begründen; auf die Einlassungen des Festgenommenen ist dabei einzugehen. Eine Abschrift der Vernehmungen des vorläufig Festgenommenen ist unverzüglich nachzusenden.
(3) Schutzhaft darf nur angeordnet werden, wenn der Beschuldigte vorher über das ihm zur Last Gelegte gehört worden ist.

§ 3.
Vorläufige Festnahme.
(1) Das Geheime Staatspolizeiamt, die Staatspolizei[leit]- und Staatspolizeistellen sind befugt, unter den Voraussetzungen des § 1 die vorläufige Festnahme einer Person anzuordnen,
a) wenn zu besorgen ist, daß die Freiheit zu staatsfeindlicher Betätigung mißbraucht wird,
b) wenn Verdunkelungsgefahr,
c) wenn Fluchtverdacht
vorliegt.

(2) Die vorläufige Festnahme ist dem Beschuldigten spätestens innerhalb 24 Stunden nach der Festnahme zu Protokoll zu eröffnen. Dabei ist er zu Protokoll zu den Gründen für die Anordnung der vorläufigen Festnahme zu hören.

(3) Eine vorläufig festgenommene Person ist spätestens nach Ablauf von 10 Tagen nach dem Tage der Festnahme zu entlassen, wenn nicht inzwischen durch das Geheime Staatspolizeiamt Schutzhaft (5) angeordnet worden ist.

[...]

§ 6.

Vollstreckung.

Die Schutzhaft ist grundsätzlich in staatlichen Konzentrationslagern zu vollstrecken.

[...]

§ 9.

Ausführungsbestimmungen.

Die erforderlichen Ausführungsbestimmungen erläßt der Chef der Sicherheitspolizei.

gez. Frick.

Text 21

Erlaß des Reichssicherheitshauptamtes, Amt IV (Gestapo) vom 26. Oktober 1939, die „Schutzhaftvollstreckung" betreffend

Berlin, den 26. Oktober 1939
Geheime Reichssache!
Reichssicherheitshauptamt
Amt IV
B. Nr. 409 39 g. Rs.

a) An alle Staatspolizei(leit)stellen,
b) An das Geheime Staatspolizeiamt (nach kleinem Verteiler C),
nachrichtlich
a) An alle Inspekteure der Sicherheitspolizei und des SD,
b) An den Generalinspekteur der verstärkten SS-Totenkopfstandarten (mit 8 Abdrucken für die Lager).
Betrifft: Schutzhaftvollstreckung.

Auf Befehl des Reichsführers SS und Chef der Deutschen Polizei werden alle während der Kriegszeit in ein Konzentrationslager zu überweisenden Schutzhaftgefangenen einer besonderen Strafabteilung zugeteilt. Ausgenommen hiervon sind nur solche Schutzhaftgefangene, die aus präventivpolizeilichen Gründen (insbesondere A-Kartei) in ein Lager eingewiesen werden, oder welche ausdrücklich im Überstellungsschreiben ausgenommen sind.

Diese Ausnahmen bedürfen jedoch der Genehmigung des Geheimen Staatspolizeiamts und sind

gegebenenfalls dort beim Referat II D zu beantragen.

Um eine weitergehende abschreckende Wirkung zu erzielen, ist in jedem Einzelfall in Zukunft folgendes zu beachten:

1) Stand der in ein Konzentrationslager überstellte Schutzhaftgefangene in einem Betrieb und sind das staatsfeindliche oder gemeinschaftsfremde Verhalten geeignet, die Disziplin bzw. den Arbeitswillen der Gefolgschaft zu beeinflussen usw., so ist Sorge zu tragen, daß durch Anschlag die Einweisung in ein Konzentrationslager bekannt gegeben wird.

2. In schwereren Fällen kann dieser Verlautbarung hinzugefügt werden, daß der Eingewiesene in Ansehung seines Verhaltens einer Strafabteilung des Lagers zugeteilt worden ist.

3. In keinem Falle darf, auch wenn z. B. der Reichsführer SS und Chef der Deutschen Polizei bzw. der Chef der Sicherheitspolizei und des SD die Dauer der Einweisung bereits bestimmt hat, diese Zeitdauer erwähnt werden. Nach außen ist die Dauer der Einweisung in ein Konzentrationslager stets mit „bis auf weiteres" anzugeben.

Hingegen bestehen keine Bedenken, wenn in schweren Fällen durch die Auslösung einer geschickt einsetzenden Flüsterpropaganda die abschreckende Wirkung erhöht wird etwa in dem Sinne, man habe gehört, daß der Eingewiesene im Hinblick auf die Schwere des Falles vor Ablauf von 2–3 Jahren nicht entlassen wird.

4. In Einzelfällen wird der Reichsführer SS und Chef der Deutschen Polizei neben der Einweisung in ein Konzentrationslager auch die Verabreichung von Stockhieben anordnen. Solche Anordnungen werden in Zukunft der zuständigen Staatspolizei(leit)stelle ebenfalls mitgeteilt.

Auch in diesem Falle bestehen keine Bedenken, wenn diese Verschärfung wie zu Ziffer 3 Absatz 3 in Umlauf gesetzt wird, sofern dies geeignet erscheint, die abschreckende Wirkung zu erhöhen.

5) Für die Verbreitung solcher Mitteilungen sind selbstverständlich besonders geeignete und zuverlässige Personen auszuwählen.

6) Zum 1. II. 1940 legen mir die Staatspolizei(leit)stellen einen kurzen Erfahrungsbericht vor.

In Vertretung:
gez. Müller.
Beglaubigt:
Kanzleiangestellte.

Text 22

Erlaß des Reichsführers-SS und Chefs der Deutschen Polizei vom 31. Januar 1940, den Umgang deutscher Frauen mit Kriegsgefangenen betreffend

Berlin, den 31. Januar 1940.
Der Reichsführer SS
und Chef der Deutschen Polizei
im Reichsministerium des Innern
S I V 1 Nr. 861 VI/39-176-7-Sdb. StGB.

An
a) die Staatspolizei(leit)stellen,
b) die Kommandeure der Sicherheitspolizei und des SD,
Nachrichtlich
[...]

Betrifft: Umgang mit Kriegsgefangenen.

I. Deutsche Frauen und Mädchen, die mit Kriegsgefangenen in einer Weise Umgang pflegen, die das gesunde Volksempfinden gröblich verletzt, sind bis auf weiteres in Schutzhaft zu nehmen und für mindestens ein Jahr einem Konzentrationslager zuzuführen.
Als gröbliche Verletzung des gesunden Volksempfindens ist jeglicher gesellschaftliche (z. B. bei Festen, Tanz), insbesondere jeder geschlechtliche Verkehr anzusehen.
II. Beabsichtigen die Frauen und Mädchen eines Ortes, die betreffende Frau vor ihrer Überführung in ein Konzentrationslager öffentlich anzuprangern oder ihr die Haare abzuschneiden, so ist dies polizeilich nicht zu verhindern.

gez. Himmler.
Beglaubigt:
Verw.-Sekretär.

Text 23

Erlaß des Chefs der Sicherheitspolizei und des SD vom 27. August 1941, die Festnahme „staatsfeindlicher Elemente" nach Beginn des Krieges gegen die Sowjetunion betreffend

Berlin, den 27. August 1941.
Der Chef der Sicherheitspolizei
und des SD
IV C 2 Allg. Nr. 41 334.
Vertraulich!

An
a) die Staatspolizei(leit)stellen,
b) die Kommandeure der SichPoludSD,
c) die Referate des Amtes IV des RSHA,
d) das Amt V.
Nachrichtlich
An
e) die Inspekteure der SichPoludSD,
f) die Befehlshaber der   "
g) IV GSt. zur Erlaßsammlung (2 Abdrucke),
h) Gruppe I B (12 Abdrucke).

Betrifft: Grundsätzliche Anordnung des Reichsführers-SS und Chefs der Deutschen Polizei über Festnahme staatsfeindlicher Elemente nach Beginn des Feldzuges gegen die Sowjetunion.

Auf die Meldungen wichtiger staatspolizeilicher Ereignisse hat der Reichsführer-SS und Chef der Deutschen Polizei in Einzelfällen längere Schutzhaft und Überführung in ein Konzentrationslager angeordnet. Von der jeweiligen Entscheidung wurde den in Frage kommenden Stellen bisher zwecks entsprechender weiterer Veranlassung Kenntnis gegeben.
Der Reichsführer-SS und Chef der Deutschen Polizei hat nunmehr angesichts der Häufung staatsfeindlicher Betätigungen und Äußerungen nach Beginn des Feldzuges gegen die Sowjetunion die grundsätzliche Entscheidung getroffen, daß „sämtliche hetzerischen Pfaffen, deutschfeindliche Tschechen und Polen, sowie Kommunisten und ähnliches Gesindel grundsätzlich auf längere Zeit einem Konzentrationslager zugeführt werden sollen."
Damit diese Anordnung nicht nur auf die im üblichen Verfahren eingereichten Schutzhaftanträge beschränkt bleibt, sondern schon vor Einreichung von Anträgen berücksichtigt werden kann, gebe ich von dieser Anordnung Kenntnis.
Soweit die Einleitung eines Strafverfahrens in Betracht kommt, ist Antrag auf Rücksistierung zu stellen. Die Staatsanwaltschaften bitte ich dabei zu ersuchen, in Fällen von Gnadenerlassen, Strafaussetzungen usw. die Staatspolizei zu beteiligen.
Dieser Erlaß ist vertraulich zu behandeln und darf weder den Häftlingen noch irgendwelchen anderen Personen bekanntgegeben werden.
Der Erlaß ist für die Orts- und Kreispolizeibehörden nicht bestimmt.

In Vertretung:
gez. Müller.
Beglaubigt:
Kanzleiangestellte.

„Schutzhaft" und „Vorbeugungshaft" für Homosexuelle

Neben der „Schutzhaft" wurde gegen Homosexuelle, die im „Dritten Reich" über die ohnehin bestehenden strafrechtlichen Bestimmungen hinaus mit besonderem Haß verfolgt wurden, auch die „Vorbeugungshaft" verhängt. Beides bedeutete die Einlieferung in ein Konzentrationslager. Männliche Homosexualität galt als eine Gefährdung der nationalsozialistischen „Volksgemeinschaft", sie war unvereinbar mit den Grundsätzen der rassistischen Bevölkerungspolitik. Die verbreiteten Vorurteile gegen die Homosexualität wurden von der nationalsozialistischen Führung auch propagandistisch eingesetzt: 1934 bei der Ermordung Röhms, 1936/37 bei den inszenierten „Sittlichkeitsprozessen" gegen katholische Priester und Ordensangehörige, 1938 bei der Ausschaltung des Oberbefehlshabers des Heeres, Generaloberst von Fritsch.

1936 wurde beim Preußischen Landeskriminalpolizeiamt die „Reichszentrale zur Bekämpfung der Homosexualität und der Abtreibung" eingerichtet; schon seit 1934 bestand ein „Sonderdezernat Homosexualität" im Geheimen Staatspolizeiamt. Beide Einrichtungen gehörten seit 1939 zum Reichssicherheitshauptamt. 1935 wurde der § 175 des Strafgesetzbuches erheblich erweitert und verschärft.

Viele Tausende von Homosexuellen — ihre genaue Zahl ist nicht bekannt — waren in den Konzentrationslagern inhaftiert. Die „Männer mit dem Rosa Winkel" waren den besonderen Schikanen der Wachmannschaften ausgesetzt; ihre Todesrate lag deutlich über derjenigen anderer Häftlingskategorien.

128   Verhängung der „Schutzhaft" durch die Staatspolizeistelle Düsseldorf vom 29. 6. 1935 gegen einen der Homosexualität verdächtigten Jugendlichen.

129   Einlieferungsanzeige der Politischen Inspektion Essen der Geheimen Staatspolizei vom 8. April 1936, die Inhaftierung eines der Homosexualität Verdächtigen betreffend.

Text 24

Meldung des SS-Obersturmführers Carl Marks vom 11. 3. 1935, eine Razzia von Gestapo und SS gegen Homosexuelle in Berlin betreffend.

Carl Marks
SS Obersturmführer
Leibst. SS Adolf Hitler
11. Sturm

Bln.-Lichterfelde, den 11. 3. 1935

Meldung!

Am 9. 3. 35 stellte der Sturm unter meiner Führung ein Kommando von 20 Mann, das zur Unterstützung von Kriminalbeamten der Gestapo zur Razzia auf Homosexuelle bestimmt war.

Um 21.15 Uhr fuhr das Kommando auf zwei LKW von der Kaserne ab und meldete sich befehlsgemäß um 22 Uhr beim Kriminalkommissar Kanthak. Außer unserem Kommando waren für die geplante Razzia 10–12 Kriminalbeamte bestimmt, die zum Teil zur Sicherung der Durchführung vorher eingesetzt wurden. Einige von diesen kamen vor unserem Einsatz wieder zurück. Während dieser Zeit unterrichtete Kriminalkommissar K. mich über das Vorhaben.

Um 22.45 Uhr fuhren wir vom Gestapa ab und begaben uns mit mehreren Transportwagen nach dem Lokal „Weinmeister Klause" in der Weinmeisterstraße, in dem sich viele homosexuell veranlagte Menschen aufhalten sollten. Gemäß der vorherigen Besprechung besetzten je zwei Mann von uns die beiden Ausgänge des Lokals mit dem Auftrag, keinen raus, aber jeden Einlaßbegehrenden reinzulassen. Acht Mann, die vorher bestimmt waren, riegelten den Raum vor dem Schanktisch nach dem anderen Teil des Lokals ab. Zwei Mann durchsuchten die Toiletten. Krimko. K. holte mit seinen Beamten all die Personen von den Tischen weg, die ihm verdächtig erschienen. Diese mußten sich auch zu denen vor dem Schanktisch stellen, und von hier aus wurden sie dann auf die Transportwagen verladen und unter Bewachung durch unsere Männer in das Gestapa gebracht. Unter diesen Festgenommenen befand sich auch eine Frau, die sowjetrussische Hetzschriften bei sich getragen haben soll. Vom Hof des Gestapa wurden die Festgenommenen wieder unter Bewachung auf den Korridor der sich im vierten Stock befindlichen und für diese Fälle in Frage kommenden Abteilungen gebracht. Hier wurden sie alphabetisch geordnet aufgestellt und mußten mit dem Gesicht zur Wand unter Bewachung durch unsere Männer auf ihre Vernehmung warten, die

sofort durch den größten Teil der vorhin erwähnten Kriminalbeamten einsetzte. Nach diesen Vernehmungen kamen diese Leute bis zur Entscheidung ihrer Schuld in einen anderen Teil des Korridors, wo sie auch wieder durch einen Teil unserer Leute bewacht wurden.

Nachdem die Vernehmungen der zuerst Festgenommenen begonnen hatten setzte Krimko. K. mit einigen seiner Leute, die für die Vernehmungen nicht gleich benötigt wurden und dem Rest unserer Männer die Razzia fort.

[...]

130   **Josef Meisinger** (1899–1947), um 1940
Josef Meisinger, bayerischer Kriminalbeamter, seit 1934 im Geheimen Staatspolizeiamt in Berlin für Vorgänge in der NSDAP und ihren Gliederungen zuständig (z. B. Korruption). Daneben leitete er das für Homosexualität zuständige Referat II S sowie ab 1936 die „Reichszentrale zur Bekämpfung der Homosexualität und Abtreibung". 1939 stellvertretender Kommandeur der Einsatzgruppe IV und ab April 1940 Kommandeur der Sicherheitspolizei und des SD in Warschau. Im Oktober 1940 zum Polizeiattaché in Tokio ernannt. Dort 1945 von den Amerikanern verhaftet, 1946 an Polen ausgeliefert und 1947 wegen seiner Verbrechen als KdS in Warschau hingerichtet.

3.8. Konzentrationslager

Neben der Vereinheitlichung der Politischen Polizei war es Himmlers zweites Ziel, die Konzentrationslager zu zentralisieren. 1933–34 wurden nach und nach die „wilden" Lager der SA aufgelöst oder in staatliche Regie übernommen. Am 7. Juli 1934 ernannte der Reichsführer-SS Theodor Eicke, der seit Sommer 1933 das Lager Dachau leitete, zum Inspekteur der Konzentrationslager. Neben der Reorganisation der Lager systematisierte Eicke mit den ihm unterstellten Wachverbänden, die später die Bezeichnung „Totenkopfverbände" erhielten, die terroristische Behandlung der Häftlinge. 1939 gab es sechs Lager mit rund 21.000 Häftlingen: Dachau, Sachsenhausen, Buchenwald, Flossenbürg, Mauthausen und Ravensbrück.

Obwohl die Lager zunächst dem SS-Hauptamt unterstellt waren, wahrte Eicke immer seine eigenständige Position. 1942 unterstellte Himmler unter Eickes Nachfolger, Richard Glücks, die Lager als Amtsgruppe D dem Wirtschaftsverwaltungshauptamt der SS. Die riesige Zunahme der Zahl der Häftlinge nach Kriegsbeginn hatte die bereits bestehende Entwicklung verstärkt, die Lagerinsassen systematisch zu Arbeitszwecken auszubeuten. Von diesem Zeitpunkt an war es nur ein kleiner Schritt zu jener mörderischen Behandlung der Häftlinge, die „Vernichtung durch Arbeit" genannt wurde und die vor allem die jüdischen Häftlinge traf.

Die Zusammensetzung der Häftlinge änderte sich während des Krieges, 1945 waren rund 90% von ihnen Nichtdeutsche. 1944 gab es 20 Konzentrationslager mit 165 angeschlossenen Arbeitslagern. Die verheerenden Verhältnisse in den Lagern, in denen die Häftlinge schutzlos der Willkür der Wachmannschaften ausgesetzt waren, zeigen zwei Zahlen: in der zweiten Jahreshälfte 1942 starben von 95.000 Häftlingen 57.503, in den ersten acht Monaten des Jahres 1943 über 60.000. Im Januar 1945 waren in den Lagern über 700.000 Menschen inhaftiert, davon über 200.000 Frauen. 40.000 Wachleute sicherten am Ende des Krieges diesen Teil des SS-Staates.

132   Ansprache des Leiters des Geheimen Staatspolizeiamtes, Rudolf Diels, an Häftlinge des Konzentrationslagers Oranienburg vor ihrer Entlassung, Dezember 1933.

131   Eingangstor des Konzentrationslagers Oranienburg, 1933.

133   Besichtigung eines Wegschildes zum Konzentrationslager Dachau, 8. Mai 1936. Von links: Karl Wolff (Chef des Persönlichen Stabes des Reichsführers-SS), Himmler und Rudolf
Heß.

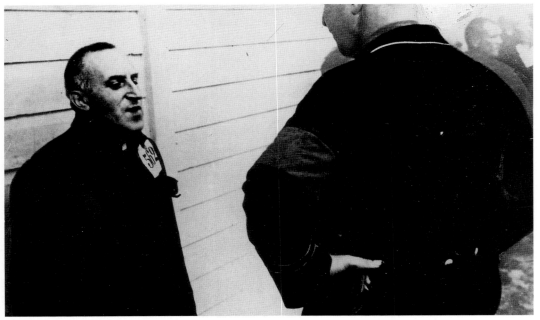

134   Carl von Ossietzky im Konzentrationslager
Papenburg-Esterwegen.

Die wichtigsten
Konzentrationslager
im Dritten Reich

135 Karte der Konzentrationslager.

136 Zwangsarbeit von Häftlingen des Konzentrationslagers Neuengamme, um 1941/42.

137   Appell im Konzentrationslager Sachsenhausen, um
1940/41.

138   Häftling im elektrischen Zaun eines Konzentrationslagers.

4. Verfolgung, Vernichtung, Widerstand

4.1. Das Schicksal der deutschen Juden 1933–38

Über die Bekämpfung und Ausschaltung politischer Gegner hinaus richtete sich der Terror des NS-Staates vor allem gegen die jüdische Bevölkerung, den „rassenpolitischen Hauptfeind". Seit Beginn der Herrschaft Hitlers waren Diffamierung, Isolierung und Vertreibung der deutschen Juden ein zentrales Ziel des nationalsozialistischen Deutschlands. Ausgerichtet an den jeweiligen politischen Möglichkeiten, wurde die jüdische Bevölkerung zwischen 1933 und 1939 Schritt für Schritt ihrer beruflichen Möglichkeiten beraubt, im gesamten öffentlichen Leben zur Zielscheibe antisemitischer Haß- und Verleumdungskampagnen gemacht und mit allen Mitteln zur Auswanderung gedrängt.

Durch den Erlaß der „Nürnberger Gesetze" immer stärker von der übrigen Bevölkerung isoliert, durch die einsetzende „Arisierung" und systematische Berufsverbote jeder Zukunftsperspektive beraubt, wurden der jüdischen Bevölkerung nach und nach die Lebensmöglichkeiten in ihrer Heimat genommen. Der Novemberpogrom 1938 diente dem Ziel, die deutschen Juden aus dem Wirtschaftsleben endgültig auszuschalten und durch Massenverhaftungen den Auswanderungsdruck zu verschärfen.

Waren bis 1938 in erster Linie staatliche und Parteidienststellen die wesentlichen Initiatoren der judenfeindlichen Kampagnen, so markierte das Jahr 1938 den Übergang der Initiative auf die Geheime Staatspolizei. Seit Januar 1939 war Reinhard Heydrich bei der „Lösung der Judenfrage" federführend.

Chronologie der gegen die Juden gerichteten Verfolgungs- und Entrechtungsmaßnahmen bis Dezember 1938

1. April 1933
„Boykott" aller jüdischen Geschäfte durch SA und SS im gesamten Reichsgebiet.

7. April 1933
Gesetz zur „Wiederherstellung des Berufsbeamtentums" bewirkt die Entlassung „nichtarischer" Beamter.

14. Juli 1933
Gesetz über den Widerruf von Einbürgerungen und über die Aberkennung der deutschen Staatsangehörigkeit, das sich in erster Linie gegen die nach 1918 eingebürgerten Juden aus den ehemaligen deutschen Ostgebieten richtet.

22. September 1933
Reichskulturkammergesetz: Ausschaltung der jüdischen Künstler und der im Kulturbereich Tätigen.

4. Oktober 1933
Schriftleiter-Gesetz: Ausschaltung der jüdischen Redakteure/Schriftleiter.

21. Mai 1935
Wehrgesetz: „arische Abstammung" wird zur Voraussetzung für den Wehrdienst.

Sommer 1935
„Juden unerwünscht!" – Schilder an Ortseingängen, vor Geschäften und Restaurants finden zunehmend Verbreitung.

15. September 1935
Auf einer Sondersitzung im Rahmen des „Reichsparteitags" der NSDAP beschließt der Reichstag die antisemitischen „Nürnberger Gesetze": das „Reichsbürgergesetz" und das „Gesetz zum Schutze des deutschen Blutes und der deutschen Ehre" („Blutschutzgesetz").

14. November 1935
Die 1. Verordnung zum „Reichsbürgergesetz" definiert den Begriff „Jude" und führt zur Aberkennung des Wahlrechts und der öffentlichen Ämter, zur Entlassung aller jüdischen Beamten einschließlich der ehemaligen Frontkämpfer und zur Definition des „Mischlings"-Status.

14. November 1935
1. Verordnung zum „Blutschutzgesetz" führt zum Verbot von Eheschließungen zwischen Juden und „Mischlingen II. Grades".

12. Juni 1937
Geheimerlaß Heydrichs ordnet „Schutzhaft" für sogenannte „Rassenschänder" nach Abschluß des ordentlichen Gerichtsverfahrens an.

28. März 1938
Das Gesetz über die Rechtsverhältnisse der jüdischen Kultusvereinigungen entzieht den jüdischen Gemeinden die Stellung als Körperschaften öffentlichen Rechts.

22. April 1938
Verordnung gegen „Tarnung jüdischer Gewerbebetriebe".

26. April 1938
Verordnung über die Anmeldung aller jüdischen Vermögen über 5000,— Reichsmark bereitet die Ausschaltung aus der Wirtschaft vor.

Juni 1938
Bei Finanzämtern und Polizeirevieren werden Listen vermögender Juden angelegt.

9. Juni 1938
Die Münchener Synagoge wird zerstört.

14. Juni 1938
Die 3. Verordnung zum „Reichsbürgergesetz" hat die Registrierung und Kennzeichnung jüdischer Gewerbebetriebe zur Folge.

15. Juni 1938
In der sogenannten „Juni-Aktion" werden circa 1.500 jüdische Bürger, die vorbestraft sind, einschließlich der zum Beispiel wegen Verkehrsvergehen Belangten, verhaftet und in Konzentrationslager überwiesen.

23. Juli 1938
Einführung einer Kennkarte für Juden ab 1. Januar 1939.

25. Juli 1938
Die 4. Verordnung zum „Reichsbürgergesetz" enthält die Streichung der Approbationen aller jüdischen Ärzte ab 30. September 1938 und erlaubt die weitere ärztliche Tätigkeit in Ausnahmefällen als sogenannte „Krankenbehandler" nur für Juden.

10. August 1938
Zerstörung der Nürnberger Synagoge.

17. August 1938
Die 2. Verordnung zur Durchführung des Gesetzes über die Änderung der Familien- und Vornamen zwingt jüdische Bürger dazu, ab 1. Januar 1939 die Zwangsvornamen „Israel" beziehungsweise „Sara" zu führen.

27. September 1938
Die 5. Verordnung zum „Reichsbürgergesetz" enthält die Streichung der Zulassungen aller jüdischen Rechtsanwälte zum 30. November 1938 und erlaubt deren weitere Tätigkeit als sogenannte „jüdische Konsulenten" ausschließlich für Juden.

5. Oktober 1938
Reisepässe von Juden werden mit einem „J" gekennzeichnet.

28. Oktober 1938
Ausweisung von 15.000—17.000 sogenannten „staatenlosen", zum Teil schon seit Jahrzehnten in Deutschland lebenden früheren polnischen Juden nach Polen.

7. November 1938
Attentat Herschel Grynszpans, dessen Eltern von dieser Aktion betroffen sind, auf den deutschen Gesandtschaftsrat vom Rath in Paris.

9./10. November 1938
Staatlich organisierter Pogrom in ganz Deutschland gegen die jüdische Bevölkerung, die sogenannte „Reichskristallnacht". Zerstört werden Synagogen, Geschäfte, Wohnhäuser. Fast hundert Menschen werden ermordet, viele schwer mißhandelt. Über 26.000 männliche Juden werden in Konzentrationslager verschleppt.

12. November 1938
Verordnung über „Sühneleistung der Juden" in Höhe von einer Milliarde Reichsmark.

12. November 1938
Die Verordnung zur Ausschaltung der Juden aus dem deutschen Wirtschaftsleben führt zur Schließung aller jüdischen Geschäfte und zu weiteren Maßnahmen gleicher Stoßrichtung.

12. November 1938
Die Verordnung zur „Wiederherstellung des Straßenbildes" bei jüdischen Gewerbebetrieben zwingt die Juden, die am 9. und 10. November angerichteten Schäden selbst zu bezahlen.

12. November 1938
Verbot aller kulturellen Veranstaltungen wie Theater, Kino, Konzerte, Variétés, Ausstellungen, Zirkus für die jüdische Bevölkerung.

15. November 1938
Jüdische Kinder werden vom allgemeinen Schulbesuch ausgeschlossen.

28. November 1938
Eine Polizeiverordnung über das Auftreten der Juden in der Öffentlichkeit führt zur Einschränkung der Bewegungsfreiheit und zu Wohnbeschränkungen für jüdische Bürger.

3. Dezember 1938
Einziehung der Führerscheine jüdischer Bürger und Schaffung eines „Judenbanns" in Berlin.

13. Dezember 1938
Verordnung über die Zwangsveräußerung jüdischer Gewerbebetriebe, Geschäfte usw., sogenannte „Arisierung". Jüdisches Eigentum muß zu einem Spottpreis verkauft werden, der Erlös auf ein Sperrkonto eingezahlt werden. Diese Vermögen werden im Krieg durch das Deutsche Reich konfisziert.

139   Berliner Litfaß-Säule mit dem Aufruf zum antijüdischen „Boykott" am 1. April 1933.

140   SA-Posten vor dem Geschäft eines jüdischen Inhabers
in Berlin am 1. April 1933.

141   Berliner Schaufenster mit antisemitischen Schmierereien
und „Boykott"-Parolen am 1. April 1933.

Text 25

„Gesetz zum Schutze des deutschen Blutes und der deutschen Ehre" vom 15. September 1935.

Durchdrungen von der Erkenntnis, daß die Reinheit des deutschen Blutes die Voraussetzung für den Fortbestand des Deutschen Volkes ist, und beseelt von dem unbeugsamen Willen, die Deutsche Nation für alle Zukunft zu sichern, hat der Reichstag einstimmig das folgende Gesetz beschlossen, das hiermit verkündet wird:

§ 1
(1) Eheschließungen zwischen Juden und Staatsangehörigen deutschen oder artverwandten Blutes sind verboten. Trotzdem geschlossene Ehen sind nichtig, auch wenn sie zur Umgehung dieses Gesetzes im Ausland geschlossen sind.
(2) Die Nichtigkeitsklage kann nur der Staatsanwalt erheben.

§ 2
Außerehelicher Verkehr zwischen Juden und Staatsangehörigen deutschen oder artverwandten Blutes ist verboten.

142 Antisemitische Hetzpropaganda in einer Sondernummer des Wochenblatts „Der Stürmer", herausgegeben von Julius Streicher, Mai 1934.

143   Deutscher Ortseingang, 1935.

§ 3
Juden dürfen weibliche Staatsangehörige deutschen oder artverwandten Blutes unter 45 Jahren in ihrem Haushalt nicht beschäftigen.

§ 4
(1) Juden ist das Hissen der Reichs- und Nationalflagge und das Zeigen der Reichsfarben verboten.
(2) Dagegen ist ihnen das Zeigen der jüdischen Farben gestattet. Die Ausübung dieser Befugnis steht unter staatlichem Schutz.

§ 5
(1) Wer dem Verbot des § 1 zuwiderhandelt, wird mit Zuchthaus bestraft.
(2) Der Mann, der dem Verbot des § 2 zuwiderhandelt, wird mit Gefängnis oder mit Zuchthaus bestraft.
(3) Wer den Bestimmungen der §§ 3 oder 4 zuwiderhandelt, wird mit Gefängnis bis zu einem Jahr und mit Geldstrafe oder mit einer dieser Strafen bestraft.

§ 6
Der Reichsminister des Innern erläßt im Einvernehmen mit dem Stellvertreter des Führers und dem Reichsminister der Justiz die zur Durchführung und Ergänzung des Gesetzes erforderlichen Rechts- und Verwaltungsvorschriften.

§ 7
Das Gesetz tritt am Tage nach der Verkündung, § 3 jedoch erst am 1. Januar 1936 in Kraft.

Nürnberg, den 15. September 1935, am Reichsparteitag der Freiheit.

Der Führer und Reichskanzler
Adolf Hitler

Der Reichsminister des Innern
Frick

Der Reichsminister der Justiz
Dr. Gürtner

Der Stellvertreter des Führers
R. Heß
Reichsminister ohne Geschäftsbereich

Text 26

Fernschreiben des Geheimen Staatspolizeiamtes, Amt II, vom 9. November 1938 an alle Stapo(leit)stellen, die Vorbereitung des Pogroms gegen Juden betreffend

Berlin Nr. 234 404 9. 11. 1938
An alle Stapo-Stellen und Stapoleitstellen — An Leiter oder Stellvertreter
Dieses FS ist sofort auf dem schnellsten Wege vorzulegen.

1. Es werden in kürzester Frist in ganz Deutschland Aktionen gegen Juden insbesonders gegen deren Synagogen stattfinden. Sie sind nicht zu stören. Jedoch ist im Benehmen mit der Ordnungspolizei sicherzustellen, daß Plünderungen und

Jüdisches Geschäft!   Wer hier kauft wird photographiert

144   „April-Boykott", 1933.

sonstige besondere Ausschreitungen unterbunden werden können.

2. Sofern sich in Synagogen wichtiges Archivmaterial befindet, ist dieses durch eine sofortige Maßnahme sicherzustellen.

3. Es ist vorzubereiten die Festnahme von etwa 20—30 000 Juden im Reiche. Es sind auszuwählen vor allem vermögende Juden. Nähere Anordnungen ergehen noch im Laufe dieser Nacht.

4. Sollten bei den kommenden Aktionen Juden im Besitz von Waffen angetroffen werden, so sind die schärfsten Maßnahmen durchzuführen.
Zu den Gesamtaktionen können herangezogen werden Verfügungstruppen der SS sowie Allgemeine SS. Durch entsprechende Maßnahmen ist die Führung der Aktionen durch die Stapo auf jeden Fall sicherzustellen.

Zusatz für Stapo Köln:
In der Synagoge Köln befindet sich besonders wichtiges Material. Dies ist durch schnellste Maßnahmen im Benehmen mit SD sofort sicherzustellen.

Gestapo II Müller
Dieses FS ist geheim

Text 27

„Verordnung über eine Sühneleistung der Juden deutscher Staatsangehörigkeit" vom 12. November 1938.

Die feindliche Haltung des Judentums gegenüber dem deutschen Volk und Reich, die auch vor feigen Mordtaten nicht zurückschreckt, erfordert entschiedene Abwehr und harte Sühne.
Ich bestimme daher auf Grund der Verordnung zur Durchführung des Vierjahresplans vom 18. Oktober 1936 (Reichsgesetzbl. I S. 887) das Folgende:

§ 1
Den Juden deutscher Staatsangehörigkeit in ihrer Gesamtheit wird die Zahlung einer Kontribution von 1 000 000 000 Reichsmark an das Deutsche Reich auferlegt.

§ 2
Die Durchführungsbestimmungen erläßt der Reichsminister der Finanzen im Benehmen mit den beteiligten Reichsministern.

Berlin, den 12. November 1938.
Der Beauftragte für den Vierjahresplan
Göring
Generalfeldmarschall

145   Zerstörte Geschäfte in Berlin am Morgen nach dem Pogrom, 10. November 1938.

4.2. Das Schicksal der deutschen Juden 1939–45

Bei Beginn der Deportation der deutschen Juden im Oktober 1941 wohnten von den rund 500.000 im Jahre 1933 in Deutschland lebenden Juden nur noch 163.969 im sogenannten „Altreich". Unter der Leitung des „Judenreferats" (IV B 4) im Reichssicherheitshauptamt wurden sie unter Beteiligung aller polizeilichen und, soweit zuständig, anderen staatlichen Dienststellen ihres verbliebenen persönlichen Eigentums beraubt und nach dem Osten deportiert. Zielorte der Deportationszüge waren zuerst die Ghettos von Lodz (Litzmannstadt), Kowno, Riga, Warschau, Minsk und verschiedene Orte im Distrikt Lublin. Dort fielen sie den Erschießungsaktionen der SS- und Polizeieinheiten zum Opfer oder wurden in Polen in die Vernichtungslager verschleppt. Seit Mitte 1942 war zunehmend Auschwitz-Birkenau das Ziel der Todeszüge. Über 65 Jahre alte Menschen deportierte die Sicherheitspolizei in das sogenannte Altersghetto Theresienstadt, wo sie zu großen Teilen den verheerenden Lebensbedingungen zum Opfer fielen oder zu den Vernichtungsstätten und -lagern im Osten weitertransportiert wurden.

In einem bürokratischen Ausplünderungsprozeß ohne Beispiel sorgten die Geheime Staatspolizei und die beteiligten staatlichen Ämter im Reichsgebiet für den „bürgerlichen Tod" der jüdischen Bevölkerung, ehe man sie auch physisch ermordete.

Chronologie der Entrechtung, Verfolgung und Vernichtung der Juden 1939–45

17.1.1939
8. Verordnung zum Reichsbürgergesetz (Erlöschen der Zulassungen jüdischer Zahn- und Tierärzte sowie Apotheker).

24.1.1939
Gründung der „Reichszentrale für jüdische Auswanderung".

30.4.1939
Gesetz über Mietverhältnisse mit Juden; die Zusammenlegung jüdischer Familien in „Judenhäusern" wird vorbereitet.

4.7.1939
10. Verordnung zum Reichsbürgergesetz (Schaffung der „Reichsvereinigung der Juden in Deutschland").

1.9.1939
Ausgangsbeschränkungen; im Sommer Ausgangssperre ab 21 Uhr, im Winter ab 20 Uhr.

23.9.1939
Beschlagnahme der Rundfunkgeräte.

12.10.1939
Erste Deportationen aus der „Ostmark" (Österreich) und dem „Protektorat Böhmen und Mähren" nach Polen.

23.11.1939
Kennzeichnungspflicht für Juden im Generalgouvernement.

12./13.2.1940
Deportation der Stettiner Juden nach Polen (Distrikt Lublin).

20.4.1940
Geheimerlaß des Oberkommandos der Wehrmacht (Entlassung der „Mischlinge" und der Ehemänner von Jüdinnen).

22.10.1940
Deportation der Juden aus Elsaß-Lothringen, Saarland und Baden nach Südfrankreich.

1.9.1941
Polizeiverordnung über die Kennzeichnung der Juden (Einführung des „Judensterns" im Reich ab 19.9.1941).

17.10.1941
Beginn der Deportation der deutschen Juden („Altreich"), zunächst nach Lodz, Kowno, Minsk, Riga und in den Distrikt Lublin, später nach Auschwitz.

23.10.1941
Auswanderungsverbot für Juden.

25.11.1941
11. Verordnung zum Reichsbürgergesetz (Einziehung jüdischen Vermögens bei Deportation).

20.1.1942
Wannsee-Besprechung („Wannsee-Konferenz") über die Deportation und Ausrottung des europäischen Judentums („Endlösung").

26.3.1942
Bekanntmachung über die Kennzeichnung jüdischer Wohnungen im Reich.

24.4.1942
Verbot der Benutzung öffentlicher Verkehrsmittel.

2.6.1942
Beginn der Deportationen nach Theresienstadt.

30.6.1942
Schließung der jüdischen Schulen im Reich.

27.2.1943
Deportation der in der Berliner Rüstungsindustrie beschäftigten deutschen Juden („Fabrik-Aktion").

1.7.1943
13. Verordnung zum Reichsbürgergesetz (Unterstellung der Juden im Reich unter Polizeirecht).

Text 28

Erlaß des Reichssicherheitshauptamtes vom 23. Oktober 1941, das Auswanderungsverbot für Juden betreffend.

Berlin, den 23. Oktober 1941
Reichssicherheitshauptamt
IV B 4 b (Rz) 2920/41 g (984)
An den Beauftragten des Chefs der
Sicherheitspolizei
und des SD für Belgien und Frankreich
z. Hd. SS-Brif. Thomas, Brüssel

Betrifft: Auswanderung von Juden   Geheim!
Bezug: ohne

Reichsführer-SS und Chef der Deutschen Polizei hat angeordnet, daß die Auswanderung von Juden mit sofortiger Wirkung zu verhindern ist. (Die Evakuierungsaktionen bleiben hiervon unberührt). Ich bitte, die in Frage kommenden innerdeutschen Behörden des dortigen Dienstbereiches von dieser Anordnung zu unterrichten. Lediglich in ganz besonders gelagerten Einzelfällen, z.B. bei Vorliegen eines positiven Reichsinteresses, kann nach vorheriger Herbeiführung der

Entscheidung des Reichssicherheitshauptamtes der Auswanderung einzelner Juden stattgegeben werden.

In Vertretung gez.: Müller

Text 29

Schnellbrief des Chefs der Ordnungspolizei vom 24. Oktober 1941, die Deportation von Juden aus dem „Altreich" und dem „Protektorat Böhmen und Mähren" betreffend

Berlin, den 24. Oktober 1941
NW 7, Unter den Linden 74
Der Chef der Ordnungspolizei
K d o. g2 (01) Nr. 514 II/41 (g)
Geheim!

Schnellbrief
Betr.: Evakuierungen von Juden aus dem Altreich und dem Protektorat.

1.) In der Zeit vom 1. November—4. Dezember 1941 werden durch die Sicherheitspolizei aus dem Altreich, der Ostmark und dem Protektorat Boehmen und Maehren 50 000 Juden nach dem Osten in die Gegend um Riga und um Minsk abgeschoben. Die Aussiedlungen erfolgen in Transportzuegen der Reichsbahn zu je 1000 Personen. Die Transportzuege werden in Berlin, Hamburg, Hannover, Dortmund, Muenster, Duesseldorf, Koeln, Frankfurt/M, Kassel, Stuttgart, Nuernberg, Muenchen, Wien, Breslau, Prag und Bruenn zusammengestellt.

2.) Auf Grund der Vereinbarungen mit dem Chef der Sicherheitspolizei und des SD uebernimmt die Ordnungspolizei die Bewachung der Transportzuege durch Gestellung von Begleitkommandos in Staerke von je 1/12. Einzelheiten sind mit den zustaendigen Dienststellen des SD zu besprechen. Die Aufgabe der Begleitkommandos ist nach der ordnungsmaessigen Uebergabe der Transporte an die zustaendigen Stellen der Sicherheitspolizei in den Bestimmungsorten erledigt. Sie kehren dann unverzueglich zu ihren Heimatdienststellen zurueck.

3.) Die durch die Gestellung der Begleitkommandos entstehenden Kosten traegt der Chef der Sicherheitspolizei. Die Kostenaufstellungen der Polizeiverwaltungen sind nach Beendigung der Transporte zur Abrechnung an den Chef der Sicherheitspolizei einzureichen.

gez. Daluege.

Text 30

Bericht der Abschnittskommandantur Nord, Litzmannstadt (Lodz), vom 13. November 1941, die Ankunft von Transporten mit deportierten Juden betreffend

Litzmannstadt, den 13. 11. 1941.

Ak. Nord.
— 1 a (J) —

Erfahrungsbericht

Betrifft: Einweisungen von 20 000 Juden und 5000 Zigeunern in das Getto Litzmannstadt.
Bezug: Sonderbefehle — S 1 a (J) — vom 14. 10. 41 und 5. 11. 41.

I. Juden:
In der Zeit vom 16. 10. 41 bis einschliesslich 4. 11. 41 wurden auf dem Bahnhof Radegast 19 827 Juden aus dem Altreich in Empfang genommen und in das Getto eingewiesen. Die Juden (in der Mehrzahl ältere Frauen und Männer) trafen in 20 Transporten mit durchschnittlich 1000 Personen mit Sonderzügen der Reichsbahn (Personenwagen) in der vorgenannten Zeit täglich hier ein.

Es kamen an:

5 Transporte aus Wien	.... mit	5000	Juden
5 " " Prag	.... mit	5000	Juden
4 " " Berlin	.... mit	4187	Juden
2 " " Köln	.... mit	2007	Juden
1 Transport aus Luxemburg	... mit	512	Juden
1 " " Frankfurt/M.	. mit	1113	Juden
1 " " Hamburg	.... mit	1034	Juden
1 " " Düsseldorf	... mit	984	Juden

20 Transporte	.... insgesamt	19837	Juden

[...]

[Unterschrift unleserlich]
Hauptmann der Schutzpolizei
u. stellv. Abschnittskommandeur

Text 31

Elfte Verordnung zum Reichsbürgergesetz vom 25. November 1941.

[...]
§ 2
Ein Jude verliert die deutsche Staatsangehörigkeit
a) wenn er beim Inkrafttreten dieser Verordnung seinen gewöhnlichen Aufenthalt im Ausland hat, mit dem Inkrafttreten der Verordnung,
b) wenn er seinen gewöhnlichen Aufenthalt später im Ausland nimmt, mit der Verlegung des gewöhnlichen Aufenthalts ins Ausland.

§ 3
(1) Das Vermögen des Juden, der die deutsche Staatsangehörigkeit auf Grund dieser Verordnung verliert, verfällt mit dem Verlust der Staatsangehörigkeit dem Reich. [...]

§ 4
(1) Personen, deren Vermögen gemäß § 3 dem Reich verfallen ist, können von einem deutschen Staatsangehörigen nichts von Todes wegen erwerben.
(2) Schenkungen von deutschen Staatsangehörigen an Personen, deren Vermögen gemäß § 3 dem Reich verfallen ist, sind verboten. [...]

§ 7
(1) Alle Personen, die eine zu dem verfallenen Vermögen gehörige Sache im Besitz haben oder zu der Vermögensmasse etwas schuldig sind, haben den Besitz der Sache oder das Bestehen der Schuld dem Oberfinanzpräsidenten Berlin innerhalb von sechs Monaten nach Eintritt des Vermögensverfalls (§ 3) anzuzeigen. [...]

§ 10
(1) Verfolgungsansprüche von solchen Juden, die gemäß § 2 die deutsche Staatsangehörigkeit verlieren, erlöschen mit dem Ablauf des Monats, in dem der Verlust der Staatsangehörigkeit eintritt. [...]

Berlin, den 25. November 1941.

Der Reichsminister des Innern
Frick

Der Leiter der Partei-Kanzlei
M. Bormann

Der Reichsminister der Finanzen
In Vertretung
Reinhardt

Der Reichsminister der Justiz
Mit der Führung der Geschäfte beauftragt:
Dr. Schlegelberger

Text 32

Bericht über eine Besprechung im Reichssicherheitshauptamt am 6. März 1942, die „technische Durchführung" der Deportation von Juden betreffend

Düsseldorf, den 9. März 1942

Bericht
über die am 6. 3. 1942 im Reichssicherheitshauptamt — Amt IV B 4 stattgefundene Besprechung.

SS-O'Stuf. Eichmann sprach zunächst einleitend

über die weitere Evakuierung von 55 000 Juden aus dem Altreich sowie der Ostmark und dem Protektorat.

U. a. werden hierbei Prag mit 20 000 und Wien mit 18 000 zu evakuierenden Juden am stärksten beteiligt. Die Stärke der übrigen Transporte richtet sich anteilmäßig je nach der Höhe der in jedem Stapo(leit)stellenbezirk noch vorhandenen Juden. Düsseldorf ist hierbei wieder ein Transport von 1000 Juden zugewiesen.

[...]

Der weitere Vortrag behandelte die technische Durchführung der Transporte. — Hier ist zunächst wichtig, daß die Transporte nicht zeitlich genau festgelegt werden können. Es stehen nur leere Russenzüge/Arbeitertransporte in das Altreich zur Verfügung, die leer in das Generalgouvernement zurückrollen sollen und nun vom RSHA im Einvernehmen mit dem OKH ausgenutzt werden.

Der Abfahrtstag wird 6 Tage vorher den Stapostellen, der schnelleren Übermittlung und Geheimhaltung wegen fernmündlich, unter dem Kennwort DA bekanntgegeben. Das Gespräch ist durch Fernschreiben an das Ref. IV B 4 sofort zu bestätigen.

Die Abfahrtsstunden sind dem genau einzuhaltenden Fahrplan zu entnehmen.

Die Züge fassen nur 700 Personen, jedoch sind 1000 Juden darin unterzubringen. Es empfiehlt sich daher, rechtzeitig Güterwagen für Gepäck in ausreichender Zahl bei der Reichsbahn zu bestellen. Ebenfalls ein Personenwagen für das Begleitkdo. Im Notfall müßte dieses aber mit einem Wagen des Russenzuges vorlieb nehmen.

Der Führer des Begleitkdos. ist zu instruieren, daß er dafür sorgt, daß die Gepäckwagen aus dem Altreich nach Ankunft am Bestimmungsort umgehend zurückrollen.

Es folgte ein Erfahrungsaustausch zwischen solchen Stapostellen, die bereits Evakuierungen durchführten und anderen, die vor dieser für sie neuen Aufgabe stehen.

Gegen 16.30 Uhr war die Besprechung beendet.

[Unterschrift unleserlich]
Polizei-Inspektor.

Text 33

Bekanntmachung der Reichsvereinigung der Juden in Deutschland vom 30. Juni 1942, den Abschluß von „Heimeinkaufsverträgen" betreffend

Reichsvereinigung der Juden in Deutschland

Berlin-Charlottenburg 2, den 30. Juni 1942
Kantstr. 158   91 91 41

An die
Jüdischen Kultusvereinigungen
Bezirksstellen der Reichsvereinigung
der Juden in Deutschland

Betrifft: Abschluß von Heimverträgen
für eine Gemeinschaftsunterbringung
V Dr. E./My   42/198/334

Auf Weisung der Aufsichtsbehörde geben wir folgendes bekannt:

1. Für diejenigen Personen, die für eine Gemeinschaftsunterbringung bestimmt werden, sind durch die zuständigen Bezirksstellen bzw. Jüdischen Kultusvereinigungen Heimeinkauf-Verträge nach den hierfür geltenden Richtlinien der Reichsvereinigung [...] abzuschließen.

2. Für die Gemeinschaftsunterbringung kommen in Frage
a) Heiminsassen, mit denen Heimeinkaufverträge (Heimaufnahmeverträge), keinerlei Heimverträge abgeschlossen worden sind,
b) Personen, die bis zu ihrer Gemeinschaftsunterbringung privat gewohnt haben.

3. a) Heimaufnahmeverträge sind grundsätzlich sofort auf Heimeinkaufverträge umzustellen.
b) Für Personen, mit denen bisher noch keine Heimverträge abgeschlossen worden sind, sind sofort Heimeinkaufverträge unter Berücksichtigung folgender Richtlinien (4) abzuschließen.

4. a) Heimeinkaufverträge sind (unter Erweiterung der bisherigen Regelung) immer dann abzuschließen, wenn liquide Vermögenswerte vorhanden sind, die mindestens RM 1000,— betragen. Zum liquiden Vermögen sind auch Wertpapiere zu rechnen, deren Übertragung in das Depot der Reichsvereinigung nach entsprechender Genehmigung erfolgen kann, von einem Antrag auf Veräußerung der Wertpapiere zwecks Überweisung des Bargegenwerts ist grundsätzlich Abstand zu nehmen. Ferner sind zu liquidierbaren Vermögenswerten Ansprüche gegen Lebensversicherungsgesellschaften zu rechnen, soweit sie beleihbar sind.
b) Die im Rahmen der Heimeinkaufverträge auf die Reichsvereinigung zu übertragenden Vermö-

genswerte sollen sich auf Barmittel (einschließlich Wertpapiere) sowie auf sofort realisierbare Forderungen beschränken, die Einbeziehung von Vermögenswerten, deren Realisierung nach der Abwanderung eine Anmeldung gemäß § 7 Absatz 2 der Elften Verordnung zum Reichsbürgergesetz vom 26. 11. 1941 (RGBl. 1. S. 722) bzw. gemäß § 39 des Gesetzes über die Gewährung von Entschädigungen bei der Einziehung oder dem Übergang von Vermögen vom 9. 12. 1937 (RGBl. 1. S. 1333) bedingen würde, soll grundsätzlich unterbleiben.
[...]

5. a) Die Übertragung von Vermögenswerten auf die Reichsvereinigung im Vollzuge von Heimeinkaufverträgen ist mit größter Beschleunigung durchzuführen.
b) Die abfallenden Beträge sind zunächst wie bisher zu verbuchen, jedoch zu dem Zeitpunkt der Gemeinschaftsunterbringung auf das bei der Zentrale der Reichsvereinigung geführte Sonderkonto H bei dem Bankhaus von Heinz, Tecklenburg & Co., Berlin W 8, Wilhelmsplatz 7, zu überweisen.

Reichsvereinigung der Juden in Deutschland
Abteilung Fürsorge
Dr. Paul Israel Eppstein   Johanna Sara Karminski

Text 34

Richtlinien des Reichssicherheitshauptamtes vom 20. Februar 1943, die „technische Durchführung" der Deportation von Juden nach Auschwitz betreffend

Berlin, den 20. Februar 1943.
Reichssicherheitshauptamt
IV B 4 a 2093/42 g (391)

Richtlinien
zur technischen Durchführung
der Evakuierung von Juden nach dem Osten
(KL Auschwitz)

Für die Evakuierung von Juden aus dem Reichsgebiet und Böhmen und Mähren nach dem Osten werden unter Aufhebung der bisher ergangenen Erlasse folgende Richtlinien, die in allen Punkten genau einzuhalten sind, aufgestellt:

I. Zuständige Dienststellen.
Die Durchführung obliegt den Staatspolizei(leit)stellen (in Wien wie bisher der Abwicklungsstelle der Zentralstelle für jüdische Auswanderung Wien in Zusammenarbeit mit der Staatspolizeileitstelle Wien, im Protektorat dem Befehlshaber der Sicherheitspolizei und des SD, Zentralamt für
die Regelung der Judenfrage in Böhmen und Mähren, Prag).
Aufgabe dieser Dienststellen ist neben der Konzentrierung und der personellen Erfassung des zu evakuierenden Personenkreises der Abtransport dieser Juden mit Sonderzügen der Deutschen Reichsbahn gemäß dem vom Reichssicherheitshauptamt im Benehmen mit dem Reichsverkehrsministerium aufgestellten Fahrplan und die Regelung der vermögensrechtlichen Angelegenheiten.
[...]

III. Transport.
Es empfiehlt sich, die zu evakuierenden Juden vor dem Abtransport zu konzentrieren. Transporte werden jeweils in Stärke von mindestens je 1.000 Juden nach dem im Einvernehmen mit dem Reichsverkehrsministerium erstellten Fahrplan, der den beteiligten Dienststellen zugeht, durchgeführt.
Es muß pro Person mitgenommen werden:
Marschverpflegung für etwa 5 Tage,
1 Koffer oder Rucksack mit Ausrüstungsgegenständen und zwar:
1 Paar derbe Arbeitsstiefel,
2 Paar Socken,
2 Hemden,
2 Unterhosen,
1 Arbeitsanzug,
2 Wolldecken,
2 Garnituren Bettzeug (Bezüge mit Laken)
1 Essnapf
1 Trinkbecher
1 Löffel und
1 Pullover.

Nicht mitgenommen werden dürfen:
Wertpapiere, Devisen, Sparkassenbücher usw.,
Wertsachen jeder Art (Gold, Silber) Platin – mit Ausnahme des Eheringes),
Lebendes Inventar,
Lebensmittelmarken (vorher abnehmen und den örtlichen Wirtschaftsämtern übergeben).

Vor Abgang der Transporte ist eine Durchsuchung nach Waffen, Munition, Sprengstoffen, Gift, Devisen, Schmuck, usw. vorzunehmen.
Für die Aufrechterhaltung von Ruhe und Ordnung während der Fahrt und die Reinigung der Wagen nach Verlassen des Zuges sind jüdische Ordner einzuteilen.
Bei Abmeldung der Juden ist in den Melderegistern der Meldeämter nicht der Zielort, sondern lediglich „unbekannt verzogen" anzuführen.

IV. Transportbegleitung.
Für die Sicherung der Transporte ist jedem Transportzug eine entsprechend ausgerüstete Begleitmannschaft (in der Regel Ordnungspolizei in

Stärke von 1 Führer und 15 Mann) zuzuteilen, die unter Hinweis auf die ständigen Fluchtversuche eingehend über ihre Aufgaben und die bei Fluchtversuchen zu treffenden Maßnahmen zu belehren sind.

Dem Führer der Begleitmannschaft muß eine für die den Transport empfangende Dienststelle bestimmte namentliche Liste der mitgeführten Personen in Zweifacher Ausfertigung ausgehändigt werden. In der Transportliste sind außer Personaldaten auch die Berufe anzuführen.

[...]

Im Auftrage:
gez.: Günthers.
Beglaubigt:
Kanzleiangestellte.

Text 35

Mitteilung an das Wirtschafts-Verwaltungshauptamt vom 8. März 1943, das Schicksal jüdischer Deportierter aus Berlin und Breslau („Fabrik-Aktion") in Auschwitz betreffend

W. V.-Hauptamt   Fernspruch 8. März 1943
Amt D II
Oranienburg.

Betr. Abtransport von jüdischen Rüstungsarb.

Am 5. und 7. März trafen folgende jüdische Häftlingstransporte ein.

Transport aus Berlin, Eingang 5. März 43, Gesamtstärke 1128 Juden. Zum Arbeitseinsatz gelangten 389 Männer (Buna) und 96 Frauen. Sonderbehandelt wurden 151 Männer und 492 Frauen und Kinder. Transport aus Breslau, Eingang 5. März 43, Gesamtstärke 1405 Juden. Zum Arbeitseinsatz gelangten 406 Männer (Buna) und 190 Frauen. Sonderbehandelt wurden 125 Männer und 684 Frauen und Kinder.

Transport aus Berlin, Eingang 7. März 43, Gesamtstärke 690 einschließlich 25 Schutzhäftlingen. Zum Arbeitseinsatz gelangten 153 Männer und 25 Schutzhäftlinge (Buna) und 65 Frauen. Sonderbehandelt wurden 30 Männer und 417 Frauen und Kinder.

gez. Schwarz
Obersturmführer

146   Deportation von Juden, Bahnhof Hanau, 18. Mai 1942.

4.3. Das Schicksal der Zigeuner

Neben den Juden waren auch die Zigeuner (Sinti und Roma) im „Dritten Reich" einer rassistischen Verfolgung ausgesetzt. Während des Zweiten Weltkrieges wurde an den Zigeunern fast aller von den Nationalsozialisten beherrschten europäischen Staaten ein Völkermord verübt, dem Hunderttausende zum Opfer fielen.

Zuständig für die Verfolgung der Zigeuner war das Reichskriminalpolizeiamt (ab September 1939: Amt V des Reichssicherheitshauptamtes), seit ihm im Oktober 1938 die Münchener zentrale „Zigeunerpolizeistelle" als „Reichszentrale zur Bekämpfung des Zigeunerunwesens" eingegliedert wurde. Schon 1936 wurden die Zigeuner zum Gegenstand zentraler „rassenhygienischer" und „kriminalbiologischer" Untersuchungen. Im sogenannten „Zigeuner-Grunderlaß" vom Dezember 1938 ordnete Himmler an, „die Regelung der Zigeunerfrage aus dem Wesen dieser Rasse heraus in Angriff zu nehmen". Vom Mai 1940 an wurden Zigeuner aus dem Reichsgebiet deportiert; im Frühjahr 1942 begann die systematische Verschleppung aus den besetzten europäischen Ländern. Deportierte und einheimische Zigeuner wurden vor allem in Polen und in der Sowjetunion durch die Einsatzgruppen und in den Vernichtungslagern ermordet. Allein am 2. August 1944 starben in Auschwitz-Birkenau 2.897 Zigeuner in den Gaskammern.

Chronologie der Verfolgung und Vernichtung der Zigeuner unter nationalsozialistischer Herrschaft

1936
Kommentar von Stuckart/Globke zu den „Nürnberger Gesetzen" vom September 1935: „Artfremden Blutes sind in Europa regelmäßig nur die Juden und die Zigeuner."

November 1936
Dr. Dr. Robert Ritter beginnt in der „Rassenhygienischen und bevölkerungsbiologischen Forschungsstelle" des Reichsgesundheitsamtes mit Untersuchungen über „Zigeuner und Zigeunermischlinge", die für die rassistische Verfolgung grundlegende Bedeutung erhalten.

1. 10. 1938
Die Zigeunerpolizeistelle beim Polizeipräsidium in München wird dem Reichskriminalpolizeiamt (ab 27. 9. 1939: Amt V des Reichssicherheitshauptamtes) als „Reichszentrale zur Bekämpfung des Zigeunerunwesens" angegliedert.

8. 12. 1938
Runderlaß Himmlers zur „Bekämpfung der Zigeunerplage" (sogenannter „Zigeuner-Grunderlaß").

21. 9. 1939
In einer Besprechung der Amtschefs der Sicherheitspolizei und der Leiter der Einsatzgruppen unter dem Vorsitz Heydrichs wird die Deportation der „restlichen 30.000 Zigeuner" aus dem Reichsgebiet nach Polen angeordnet.

17. 10. 1939
Sogenannter „Festsetzungserlaß" des Reichssicherheitshauptamtes: Zigeuner und „Zigeunermischlinge" dürfen ihren Wohnort beziehungsweise gegenwärtigen Aufenthaltsort nicht mehr verlassen.

27. 4. 1940
Himmler ordnet die Deportation von 2.500 Zigeunern aus verschiedenen Teilen des Reichsgebietes in das Generalgouvernement an. Die Deportationen werden im Mai 1940 durchgeführt.

7. 8. 1941
Runderlaß Himmlers über die „Auswertung der rassenbiologischen Gutachten über zigeunerische Personen"; es werden „stammesechte Zigeuner" und verschiedene Gruppen von „Zigeunermischlingen" unterschieden.

Januar 1942
Im Vernichtungslager Chelmno werden etwa 5.000 Zigeuner, die aus dem Ghetto Lodz nach Chelmno gebracht worden sind, in Vergasungswagen ermordet.

13. 3. 1942
Anordnung des Reichsarbeitsministeriums über die Beschäftigung von Zigeunern: Die für Juden erlassenen Sondervorschriften auf dem Gebiet des Sozialrechts sollen auch auf Zigeuner angewendet werden.

29. 8. 1942
Aufzeichnung des Chefs des Verwaltungsstabes

der deutschen Militärverwaltung in Serbien: in Serbien sei die „Judenfrage und Zigeunerfrage gelöst", so daß der dort eingesetzte Vergasungswagen nach Berlin zurückgeschickt werden könne.

18. 9. 1942

Vereinbarung zwischen Reichsjustizminister Thierack und Himmler über die Auslieferung „asozialer Elemente" aus dem Strafvollzug an den Reichsführer-SS zur „Vernichtung durch Arbeit". Betroffen sind neben Juden, Russen, Ukrainern und anderen auch Zigeuner.

29. 1. 1943

Ausführungsbestimmungen des Reichssicherheitshauptamtes zum sogenannten „Auschwitz-Erlaß" Himmlers vom 16. 12. 1942: „Zigeunermischlinge, Röm-Zigeuner und balkanische Zigeuner" sind in das Konzentrationslager Auschwitz einzuweisen. – In das in Auschwitz-Birkenau eingerichtete „Zigeunerlager" werden Zigeuner aus ganz Europa deportiert.

Mai 1945

Die Zahl der durch die Nationalsozialisten ermordeten europäischen Zigeuner wird auf mindestens 220.000 geschätzt; andere Schätzungen sprechen von einer halben Million oder mehr.

Text 36

Runderlaß des Reichsführers-SS und Chefs der Deutschen Polizei vom 8. Dezember 1938, die „Regelung der Zigeunerfrage" betreffend

Bekämpfung der Zigeunerplage
RdErl. des RFSSuChdDtPol. im RMdI.
vom 8. 12. 1938
S-Kr. 1 Nr. 557 VIII/38-2026-6

A. Allgemeine Bestimmungen
I. Inländische Zigeuner

1. (1) Die bisher bei der Bekämpfung der Zigeunerplage gesammelten Erfahrungen und die durch die rassenbiologischen Forschungen gewonnenen Erkenntnisse lassen es angezeigt erscheinen, die Regelung der Zigeunerfrage aus dem Wesen dieser Rasse heraus in Angriff zu nehmen. Erfahrungsgemäß haben die Mischlinge den größten Anteil an der Kriminalität der Zigeuner. Andererseits hat es sich gezeigt, daß die Versuche, die Zigeuner seßhaft zu machen, gerade bei den rassereinen Zigeunern infolge ihres starken Wandertriebes mißlungen sind. Es erweist sich deshalb als notwendig, bei der endgültigen Lösung der Zigeunerfrage die rassereinen Zigeuner und die Mischlinge gesondert zu behandeln.
[...]
(3) Ich ordne deshalb an, daß alle seßhaften und nicht seßhaften Zigeuner sowie alle nach Zigeunerart umherziehenden Personen beim Reichskriminalpolizeiamt — Reichszentrale zur Bekämpfung des Zigeunerunwesens — zu erfassen sind.
[...]

2. (1) Vor Erstattung der Meldung sind alle Zigeuner, Zigeunermischlinge und nach Zigeunerart umherziehenden Personen, die das 6. Lebensjahr vollendet haben, erkennungsdienstlich zu behandeln.

147   Deportation von Zigeunern, Köln, Messehallen, Mai 1940.

148   Überlebender Sinto mit eintätowierter KZ-Nummer; Name unbekannt.

(2) Ferner ist vor der Meldung das Personenfeststellungsverfahren durchzuführen. Zu diesem Zwecke kann [...] über vorbeugende Verbrechensbekämpfung durch die Polizei die polizeiliche Vorbeugungshaft verhängt werden.
[...]

3. (1) Die endgültige Feststellung, ob es sich um einen Zigeuner, Zigeunermischling oder eine sonstige nach Zigeunerart umherziehende Person handelt, trifft das Reichskriminalpolizeiamt auf Grund eines Sachverständigengutachtens.
(2) Ich ordne deshalb [...] an, daß alle Zigeuner, Zigeunermischlinge und nach Zigeunerart umherziehenden Personen verpflichtet sind, sich der zur Erstattung des Sachverständigengutachtens erforderlichen rassenbiologischen Untersuchung zu unterziehen und die notwendigen Angaben über ihre Abstammung beizubringen. Die Durchführung dieser Anordnung ist mit Mitteln polizeilichen Zwanges sicherzustellen.
[...]

[4.] (3) In den Ausweispapieren ist ausdrücklich zu vermerken, daß es sich bei dem Antragsteller um einen Zigeuner, Zigeunermischling oder eine nach Zigeunerart umherziehende Person handelt.
[...]

8. (1) Zigeuner, Zigeunermischlinge und nach Zigeunerart umherziehende Personen, die in Horden reisen oder rasten, sind zu trennen.
[...]

9. (1) Bei allen Zigeunern und nach Zigeunerart umherziehenden Personen ist zu prüfen, ob die

Voraussetzung der Bestimmung [...] über vorbeugende Verbrechensbekämpfung durch die Polizei gegeben ist. (Gefährdung der Allgemeinheit durch asoziales Verhalten.) Hierbei ist ein besonders strenger Maßstab anzulegen.
[...]

II. Ausländische Zigeuner
1. Ausländische Zigeuner sind am Übertritt auf deutsches Gebiet zu hindern. Die Zurückweisung und Zurückschiebung hat auch dann zu erfolgen, wenn die ausländischen Zigeuner im Besitz der zur Einreise berechtigenden Pässe, Paßersatzpapiere und Sichtvermerke sind.

2. Gegen im Deutschen Reich angetroffene ausländische Zigeuner sind auf Grund der Ausländerpolizei-VO. vom 22. 8. 1938 (RGBl. I S. 1053) Aufenthaltsverbote für das Reichsgebiet zu erlassen. Sie sind über die Reichsgrenze abzuschieben.
[...]

Text 37

Schnellbrief des Reichssicherheitshauptamtes vom 17. Oktober 1939, die „Erfassung" der Zigeuner betreffend

Berlin, am 17. 10. 1939
Reichssicherheitshauptamt
Tgb. Nr. RKPA. 149/1939 – g –

Schnellbrief

An die Staatliche Kriminalpolizei – Kriminalpolizei(leit)stelle [...]

Betrifft: Zigeunererfassung

Auf Anordnung des Reichsführers-SS und Chefs der Deutschen Polizei wird binnen kurzem im gesamten Reichsgebiet die Zigeunerfrage im Reichsmaßstab grundsätzlich geregelt. Ich ersuche daher, sofort folgende Maßnahmen einzuleiten:
1. Die Ortspolizeibehörden und die Gendarmerie sind umgehend anzuweisen, sämtlichen in ihrem Bereich befindlichen Zigeunern und Zigeunermischlingen die Auflage zu erteilen, von sofort ab bis auf weiteres ihren Wohnsitz oder jetzigen Aufenthalt nicht zu verlassen. Für den Nichtbefolgungsfall ist Einweisung in ein Konzentrationslager anzudrohen [...].

Zusatz für die Leitstellen:
Die später festzunehmenden Zigeuner sind bis zu ihrem endgültigen Abtransport in besonderen Sammellagern unterzubringen. Die Kriminalpoli-

zeileitstellen haben schon jetzt über die Art der Unterbringung oder die Einrichtung solcher Sammellager Sorge zu tragen. Die Zahl der einzurichtenden Sammellager wird sich nach den örtlichen Verhältnissen und nach der Anzahl der erfaßten Zigeuner zu richten haben. Davon wird es also abhängen, ob im Bezirk einer Kriminalpolizeileitstelle nur ein solches Lager bereitgestellt werden muß, oder ob auch im Bereich der unterstellten Kriminalpolizeistellen die Einrichtung von Lagern in Frage kommt. Die erforderliche Entscheidung ist Sache der Kriminalpolizeileitstellen.
[...]

Text 38

Richtlinien des Reichsführers-SS und Chefs der Deutschen Polizei vom 27. April 1940, die Deportation der Zigeuner betreffend

Berlin, den 27. 4. 1940
Der Reichsführer-SS
und Chef der Deutschen Polizei
im Reichsministerium des Innern
Zu V B Nr. 95/40.

Richtlinien
für die Umsiedlung von Zigeunern
(Erster Transport aus der westlichen und nordwestlichen Grenzzone)

I. Bestimmung des Personenkreises
1. Abgeschoben werden:
a) Die Zigeuner und Zigeunermischlinge, die auf Grund des Schnellbriefes des Reichssicherheitshauptamtes vom 17. 10. 1939 erfaßt und gemeldet werden.
b) Die Zahl von 2500 darf auf keinen Fall überschritten werden.
[...]

III. Behandlung in den Sammellagern
1. Zunächst sind die Zigeuner nach Ortspolizeibehörden getrennt abc-lich zu ordnen. Den Zigeunern über 14 Jahren ist eine laufende Nummer auf den linken Unterarm mittels Farbe anzubringen.
[...]

Text 39

Schnellbrief des Reichssicherheitshauptamtes an die Leiter der Kriminalpolizeileitstellen vom 29. Januar 1943, die Einweisung von „Zigeunermischlingen", „Rom-Zigeunern" und „balkanischen Zigeunern" in ein Konzentrationslager betreffend

Berlin, am 29. Januar 1943
Reichssicherheitshauptamt
V A 2 Nr. 59/43 g

Schnellbrief
[...]
Betrifft: Einweisung von Zigeunermischlingen, Ròm-Zigeunern und balkanischen Zigeunern in ein Konzentrationslager
[...]
I. Auf Befehl des Reichsführers-SS vom 16. 12. 1942 [...] sind Zigeunermischlinge, Ròm-Zigeuner und nicht deutschblütige Angehörige zigeunerischer Sippen balkanischer Herkunft nach bestimmten Richtlinien auszuwählen und in einer Aktion von wenigen Wochen in ein Konzentrationslager einzuweisen. Dieser Personenkreis wird im Nachstehenden kurz als „zigeunerische Personen" bezeichnet.
Die Einweisung erfolgt ohne Rücksicht auf den Mischlingsgrad familienweise in das Konzentrationslager (Zigeunerlager) Auschwitz.
[...]

[III] 1. Die Einwilligung zur Unfruchtbarmachung der über 12 Jahre alten aber noch nicht sterilen zigeunerischen Personen ist anzustreben;
[...]
4. Im Falle der Weigerung entscheidet nach Darlegung der Gründe das Reichskriminalpolizeiamt über das zu Veranlassende.
[...]

Text 40

Feststellung des Reichsministers des Innern über die Einziehung von Zigeuner-Vermögen in einer beglaubigten Abschrift des Reichssicherheitshauptamtes vom 26. Januar 1943

Beglaubigte Abschrift
Der Reichsminister des Innern
Pol. S II A 5 Nr. 38/43 – 212 –

Berlin SW 11, den 26. Januar 1943
Prinz-Albrecht-Straße 8
Fernsprecher: 12 00 40

Feststellung

Nach dem Gesetz über die Einziehung volks- und staatsfeindlichen Vermögens vom 14. 7. 1933 – RGBl. I S. 479 – wird festgestellt, daß die Bestrebungen der auf Befehl des Reichsführers-SS vom 16. 12. 1942 in ein Konzentrationslager einzuweisenden zigeunerischen Personen volks- und staatsfeindlich bzw. reichsfeindlich gewesen sind.

4.4. NS-Herrschaft in Europa – Polen

Unter deutscher Herrschaft wurde das besetzte Polen zum Experimentierfeld der nationalsozialistischen Rassen- und Bevölkerungspolitik. Juden und Nichtjuden, vor allem Angehörige der polnischen Führungs- und Intelligenzschicht, wurden von Kriegsbeginn an Opfer der Einsatzgruppen der Sicherheitspolizei und des SD, die später als stationäre Dienststellen der Sicherheitspolizei und des SD ihre Unterdrückungstätigkeit fortsetzten. Das Generalgouvernement Polen sollte zum Arbeitskräftereservoir für die deutsche Kriegswirtschaft werden, während das Land selbst als Ausplünderungsobjekt für militärische und zivile Zwecke diente. Gauleiter Greiser versuchte in Zusammenarbeit mit den Dienststellen des Reichsführers-SS aus dem „Warthegau" einen deutschen Mustergau zu machen. Hunderttausende von Polen wurden unter Verlust ihres Eigentums 1939–41 in das Generalgouvernement „umgesiedelt". Auch im Lubliner Distrikt brachten ähnliche Vertreibungen Not und Elend für die Bevölkerung. „Eindeutschung" und die Suche nach „deutschem Blut" waren Kennzeichen deutscher Bevölkerungspolitik. Polen sollte „rassisch erdrückt" werden.

Parallel dazu verlief die Entrechtung und Ghettoisierung der jüdischen Bevölkerung. Polen wurde zum Zentrum der Massenvernichtung der Juden Europas. In den Vernichtungslagern Chelmno (Warthegau), Belzec, Sobibor, Treblinka und Auschwitz-Birkenau wurden Millionen Juden aus ganz Europa ermordet. Die Vernichtungsaktionen in den polnischen Ghettos und der Abtransport der jüdischen Bevölkerung waren Vorgänge, die sich nicht verheimlichen ließen. Nicht nur die Sicherheitspolizei und der SD, sondern auch die Polizeibataillone der Ordnungspolizei hinterließen ihre blutigen Spuren im ganzen Land. Die Konzentrationslager Auschwitz, Majdanek und Stuthof waren gleichzeitig auch Orte des Schreckens und des Todes für nichtjüdische Polen, die zu Tausenden dorthin verschleppt wurden.

Außer in der Sowjetunion fielen in keinem anderen Lande Europas so viele Menschen wie in Polen dem nationalsozialistischen Terror zum Opfer.

Text 41

Schnellbrief Heydrichs an die Chefs der Einsatzgruppen der Sicherheitspolizei vom 21. September 1939, die „Judenfrage" in den besetzten Gebieten Polens betreffend

Berlin, 21. 9. 1939
An die Chefs aller Einsatzgruppen der Sicherheitspolizei

Betrifft: Judenfrage im besetzten Gebiet.

Ich nehme Bezug auf die heute in Berlin stattgefundene Besprechung und weise noch einmal darauf hin, daß die geplanten Gesamtmaßnahmen (also das Endziel) streng geheim zu halten sind.
Es ist zu unterscheiden zwischen
1. dem Endziel (welches längere Fristen beansprucht) und

2. den Abschnitten der Erfüllung des Endzieles (welche kurzfristig durchgeführt werden).
Die geplanten Maßnahmen erfordern gründlichste Vorbereitung sowohl in technischer als auch in wirtschaftlicher Hinsicht.
Es ist selbstverständlich, dass die heranstehenden Aufgaben von hier in allen Einzelheiten nicht festgelegt werden können. Die nachstehenden Anweisungen und Richtlinien dienen gleichzeitig dem Zwecke, die Chefs der Einsatzgruppen zu praktischen Ueberlegungen anzuhalten.

I.
Als erste Vorausnahme für das Endziel gilt zunächst die Konzentrierung der Juden vom Lande in die größeren Städte.
Sie ist mit Beschleunigung durchzuführen...
Dabei ist zu beachten, dass nur solche Städte als

Konzentrierungspunkte bestimmt werden, die entweder Eisenbahnknotenpunkte sind oder zum mindesten an Eisenbahnstrecken liegen.

Es gilt grundsätzlich, dass jüdische Gemeinden mit unter 500 Köpfen aufzulösen und der nächstliegenden Konzentrierungsstadt zuzuführen sind ...

II.

Jüdische Ältestenräte.

1. In jeder jüdischen Gemeinde ist ein jüdischer Ältestenrat aufzustellen...

Er ist im Sinne des Wortes vollverantwortlich zu machen für die exakte und termingemäße Durchführung aller ergangenen oder noch ergehenden Weisungen.

2. Im Falle der Sabotage solcher Weisungen sind den Räten die schärfsten Maßnahmen anzukündigen.

3. Die Judenräte haben eine behelfsmässige Zählung der Juden – möglichst gegliedert nach Geschlecht (Altersklassen), a) bis 16 Jahren, b) von 16 bis 20 Jahren und c) darüber, und nach den hauptsächlichsten Berufsschichten in ihren örtlichen Bereichen vorzunehmen und das Ergebnis in kürzester Frist zu melden.

4. Den Ältestenräten sind Termine und Fristen des Abzuges, die Abzugsmöglichkeiten und schließlich die Abzugsstraßen bekanntzugeben. Sie sind sodann persönlich verantwortlich zu machen für den Abzug der Juden vom Lande.

Als Begründung für die Konzentrierung der Juden in die Städte hat zu gelten, daß sich Juden maßgeblichst an den Franktireurüberfällen und Plünderungsaktionen beteiligt haben. [...]

III.

Alle erforderlichen Maßnahmen sind grundsätzlich stets im engsten Benehmen und Zusammenwirken mit den deutschen Zivilverwaltungs- und örtlich zuständigen Militärbehörden zu treffen...

IV.

Die Chefs der Einsatzgruppen berichten mir laufend über die folgenden Sachverhalte:

1. Zahlenmässige Übersicht über die in ihren Bereichen befindlichen Juden (möglichst in der obenangegebenen Gliederung)...

2. Namen der Städte, welche als Konzentrierungspunkte bestimmt worden sind.

3. Die den Juden zur Abwanderung in die Städte gesetzten Termine.

4. Übersicht über alle jüdischen Lebens- und Kriegs- oder für den Vierjahresplan wichtigen Industriezweige und Betriebe ihres Bereiches...

V.

Zur Erreichung der gesteckten Ziele erwarte ich restlosen Einsatz aller Kräfte der Sicherheitspolizei und des Sicherheitsdienstes.

Die benachbarten Chefs der Einsatzgruppen haben miteinander sofort Fühlung aufzunehmen, damit die in Betracht kommenden Gebiete restlos erfaßt werden.

VI.

Das OKH, der Beauftragte für den Vierjahresplan (z. Hd. des Herrn Staatssekretärs Neumann), das Reichsministerium des Innern (z. Hd. des Herrn Staatssekretärs Stuckart), für Ernährung und Wirtschaft (z. Hd. des Herrn Staatssekretärs Landfried) sowie die Chefs der Zivilverwaltung des besetzten Gebietes haben Abzug dieses Erlasses erhalten.

Text 42

„Führererlaß" vom 7. Oktober 1939, die „Festigung deutschen Volkstums" und die Ernennung des Reichsführers-SS zum „Reichskommissar für die Festigung des deutschen Volkstums" betreffend

Erlaß
des Führers und Reichskanzlers zur Festigung deutschen Volkstums
vom 7. Oktober 1939

Die Folgen von Versailles in Europa sind beseitigt. Damit hat das Großdeutsche Reich die Möglichkeit, deutsche Menschen, die bisher in der Fremde leben mußten, in seinem Raum aufzunehmen und anzusiedeln und innerhalb seiner Interessengrenzen die Siedlung der Volksgruppen so zu gestalten, daß bessere Trennungslinien zwischen ihnen erreicht werden. Die Durchführung dieser Aufgabe übertrage ich dem Reichsführer-SS nach folgenden Bestimmungen.

I

Dem Reichsführer-SS obliegt nach meinen Richtlinien:

1. Die Zurückführung der für die endgültige Heimkehr in das Reich in Betracht kommenden Reichs- und Volksdeutschen im Ausland,

2. Die Ausschaltung des schädigenden Einflusses von solchen volksfremden Bevölkerungsteilen, die eine Gefahr für das Reich und die deutsche Volksgemeinschaft bedeuten,

3. die Gestaltung neuer deutscher Siedlungsgebiete durch Umsiedlung, im besonderen durch Seßhaftmachung der aus dem Ausland heimkehrenden Reichs- und Volksdeutschen.

[...]

Zur Erfüllung der ihm in Absatz 1 Nr. 2 gestellten Aufgaben kann der Reichsführer-SS den in Frage

A b s c h r i f t.

Der Chef der Sicherheitspolizei   Berlin, den 21. Dezember 1939.
    und des SD.
C.d.S. B.Nr. 12743/39. IV/R Ech/Br.

26

1.) An
      den Befehlshaber der Sicherheitspolizei und des SD.
                          in K r a k a u,
      an
      die Inspekteure der Sicherheitspolizei und des SD
                          in B r e s l a u,
                              P o s e n,
                              D a n z i g,
                              Königsberg.

2.) Nachrichtlich
      an die
      Höheren ∰- und Polizeiführer

                          in Krakau,
                              Posen,
                              Breslau,
                              Danzig,
                              Königsberg.

Betr.: Räumung in den Ostprovinzen.
Vorg.: Dienstbesprechung v. 19.12.1939.

      Sachdienliche Gründe machen die zentrale Bearbei-
tung der sicherheitspolizeilichen Angelegenheiten bei
der Durchführung der Räumung im Ostraum notwendig.

Zu meinem Sonderreferenten im Reichssicherheitshauptamt, Amt IV, habe ich den ∰-Hauptsturmführer E i c h -
m a n n (Vertreter ∰-Hauptsturmführer G ü n t h e r)
bestellt. Der Dienstsitz dieses Sonderreferates befindet sich in Berlin W 62, Kurfürstenstrasse 115-116,
Tel. Nr. 25 92 51.
Der Schriftverkehr ist über das Reichssicherheitshauptamt, Amt IV, Berlin SW 11, Prinz-Albrecht-Str. 8 zu
leiten.

      Der Chef der Sicherheitspolizei und des SD.
            gez. H e y d r i c h
            ∰-Gruppenführer.

- - - - - - - - - - - - - - - - - -

149   Schreiben des Chefs der Sicherheitspolizei und des SD
vom 21. Dezember 1939, die Ernennung von Adolf Eichmann
zum „Sonderreferenten" für die „sicherheitspolizeilichen Angelegenheiten bei der Durchführung der Räumung im Ostraum" betreffend.

stehenden Bevölkerungsteilen bestimmte Wohn-
gebiete zuweisen.
[...]

Berlin, den 7. Oktober 1939

Der Führer und Reichskanzler
gez. Adolf Hitler

Der Vorsitzende des Ministerrats
für die Reichsverteidigung
gez. Göring
Generalfeldmarschall

Der Reichsminister und Chef der Reichskanzlei
gez. Dr. Lammers

Der Chef des Oberkommandos der Wehrmacht
gez. Keitel.

Text 43

**Befehl des Reichsführers-SS vom 30. Okto-
ber 1939, die Deportation von Juden und
Polen aus den annektierten polnischen Gebieten betreffend**

Anordnung I/II

*In den Monaten November und Dezember 1939
sowie in den Monaten Januar und Februar 1940
sind folgende Umsiedlungen vorzunehmen:*

150   **Adolf Eichmann** (1906–62).
Geboren in Solingen, aufgewachsen in Linz. Über die Be-
kanntschaft mit Ernst Kaltenbrunner 1932 Eintritt in die (öster-
reichische) NSDAP und die SS. 1934 Mitarbeiter des SD-
Hauptamtes in Berlin, wo er sich im Referat II 112 mit „Judenangelegenheiten" befaßte. 1938 Aufbau einer „Zentralstelle
für jüdische Auswanderung" in Wien, dann in Prag, schließlich
in Berlin. Nachdem mit Kriegsbeginn die Auswanderung von
Juden verboten wurde, übernahm Eichmann im Rahmen des
Referates IV B 4 des RSHA, dem er seit 1939 angehörte, die
Organisation der „Endlösung der Judenfrage". 1961 von einem israelischen Gericht zum Tode verurteilt und 1962 hingerichtet.

*1) Aus den ehemals polnischen, jetzt reichsdeut-
schen Provinzen und Gebieten alle Juden.
2) Aus der Provinz Danzig-Westpreußen alle
Kongreßpolen.
3) Aus den Provinzen Posen, Süd- und Ostpreußen
und Ostoberschlesien eine noch vorzuschlagende
Anzahl besonders feindlicher polnischer Bevölkerung.
4) Der Höhere SS- und Polizeiführer Ost gibt die
Aufnahmemöglichkeiten des Gouvernements für
die Umzusiedelnden bekannt und zwar getrennt
nach Kreishauptmannschaften und größeren
Städten.
5) Die Höheren SS- und Polizeiführer Weichsel,
Warthe, Nordost, Südost und Ost (Generalgouvernement) bzw. die Inspekteure und Befehlshaber der Sicherheitspolizei legen gemeinsam den
Umsiedlungsplan fest. Für jede Provinz ist ein besonderer Distrikt des Generalgouvernements, für
jede Stadt der deutschen Provinzen eine besondere Stadt bzw. ein besonderer Landkreis der
Distrikte als Umsiedlungsraum festzulegen.
6) Verantwortlich für den Abmarsch und für den
Transport ist der Höhere SS- und Polizeiführer innerhalb seines Gebietes; verantwortlich für die
Unterbringung im neuen Wohngebiet die polnische Verwaltung bzw. Selbstverwaltung.*

*Der Reichsführer-SS
Himmler*

Text 44

**Übersicht des Reichskommissars für die Fe-
stigung des Deutschen Volkstums über die
bis zum 15. November 1940 durchgeführten
Deportationen in das „Generalgouvernement" und in das unbesetzte Frankreich, Dezember 1940**

*Übersicht über die durchgeführten Evakuierungen
(Zusammengestellt vom Chef der Sicherheitspolizei und des SD.)*

*Bis zum 15. November 1940 wurden nach dem
Generalgouvernement evakuiert:*

Aus dem Reichsgau Wartheland .	234 620	Polen,
„	Ostpreußen .	14 636	„
„ Ost = Oberschlesien .	14 322	„
„	Westpreußen .	30 758	„
	294 336	Polen.

*Die Evakuierungen wurden in 303 Sonderzügen
durchgeführt.*

*Vom 14. Mai 1940 ab wurden den Polen auf Ver-
anlassung des Generalgouvernements 1 401 774
kg Lebensmittel als Verpflegung für 14 Tage mit-*

151   Das Gebäude des (jüdischen) „Brüdervereins" in der Kurfürstenstraße 115–116; seit 1939 Sitz des Referats IV B 4 des Reichssicherheitshauptamtes unter Eichmann.

gegeben; außerdem erhielt jeder Pole 20 Zloty (insgesamt 5 947 780 Zloty = 2 973 890 RM).
Aus Prag, Wien und
Mährisch = Ostrau wurden . . . . . 5 035 Juden,
aus Stettin . . . . 1 000 Juden,
aus der Westzone des Reiches . . 2 800 Zigeuner bis zum 15. November 1940 in das Generalgouvernement evakuiert.
Im Westen wurden bis zum 15. November 1940 aus Baden und der Pfalz 6504 Juden in das unbesetzte Frankreich abgeschoben; aus Lothringen 47 187 französisch Sprechende (Zielstation Lyon).
Gesamtzahl der Evakuierten bis 15. November 1940

in das Generalgouvernement 303 171,
in das unbesetzte Frankreich 53 691,
_____
insgesamt . . . 356 862.

Text 45

Grundsatzerklärung des Reichskommissars für die Festigung deutschen Volkstums vom Dezember 1940, die „Wiedereindeutschung verlorengegangenen deutschen Blutes" betreffend

1. Einsatz von eindeutschungsfähigen Polen

Die Säuberung der eingegliederten Ostgebiete von fremdrassigen Personen ist mit das wesentlichste Ziel, das im deutschen Osten erreicht werden muß. Es ist dies die kardinale volkspolizeiliche Aufgabe, die der Reichsführer SS, Reichskommissar für die Festigung deutschen Volkstums, in den angegliederten Ostgebieten zu bewältigen haben wird. Bei der Lösung dieser Aufgabe, die aufs engste mit dem Problem der Volkszugehörigkeit in den Ostgebieten zusammenhängt, kommt neben den Gesichtspunkten der Sprache, der Erziehung und des Bekenntnisses der rassischen Auslese die übergeordnete und schlechthin entscheidende Bedeutung zu. So notwendig es für eine dauernde Vereinigung der deutschen Ostgebiete ist, die dort wohnenden fremdstämmigen Elemente nicht seßhaft sein oder werden zu lassen, so unerläßlich ist es auch, das in diesen Gebieten vorhandene deutsche Blut auch dann für das Deutschtum zurückzugewinnen, wenn der Blutsträger in seinem Bekenntnis und in seiner Sprache polonisiert ist. Gerade aus diesen germanischen Blutsträgern erwuchsen dem früheren polnischen Staat jene Führernaturen, die sich letztlich gegen ihr eigenes deutsches Volkstum – sei es in Verblendung, sei es in gewollter oder unbewußter Verkennung ihrer blutlichen Verbundenheit – in schärfste Kampfstellung begaben.
Es ist daher ein absolutes volkspolitisches Erfordernis, die angegliederten Ostgebiete und später auch das Generalgouvernement nach solchen germanischen Blutsträgern „durchzukämmen", um dieses verlorengegangene deutsche Blut wieder dem eigenen deutschen Volk zuzuführen. Es mag von nebengeordneter Bedeutung sein, welche Maßnahmen gegen Renegaten zu ergreifen sind. Entscheidend ist, daß zumindest deren Kinder nicht mehr dem Polentum anheimfallen, sondern inmitten einer deutschen Umgebung erzogen werden. Eine Wiedereindeutschung kann jedoch keinesfalls in der bisherigen polnischen Umgebung, sondern nur im Altreich bzw. in der Ostmark erfolgen.

Es sind also hauptsächlich folgende zwei Gründe, die die Rückgewinnung dieses verlorengegangenen deutschen Blutes zu einem zwingenden Gebot machen:

152   Karte der „eingegliederten Ostgebiete" und des „Generalgouvernements", 1939–1945.

1. Verhinderung eines weiteren Zuwachses zur polnischen Intellektuellenschicht aus germanisch bestimmten, wenn auch polonisierten Sippen,
2. Vermehrung des rassisch erwünschten Bevölkerungszuwachses für das deutsche Volk und Beschaffung von volksbiologisch unbedenklichen Kräften für den deutschen Aufbau für Landwirtschaft und Industrie.

Diese Aufgabe der Wiedereindeutschung verlorengegangenen deutschen Blutes ist zunächst im Rahmen der Evakuierung derjenigen Polen im Warthegau, die für die Zwecke der Ansiedlung von Balten und Wolhyniendeutschen Platz machen mußten, in Angriff genommen worden. [...]

Text 46

Bericht des Kommissars des jüdischen Wohnbezirks in Warschau, Heinz Auerswald, vom 26. September 1941, die Todesfälle im Warschauer Ghetto vom Januar bis August 1941 betreffend

Die geschilderte Erhöhung der Lebensmittelzufuhr konnte das Anwachsen der Sterbefälle, beruhend auf der allgemeinen, seit Kriegsbeginn bestehenden Verelendung der Juden, nicht verhindern. Folgende Zahlen ergeben ein eindrucksvolles Bild der Todesfälle:

Januar 41 . . . . *898*
Februar 41 . . . . *1023*
März 41 . . . . *1608*
April 41 . . . . *2061*
Mai 41 . . . . *3821*
Juni 41 . . . . *4290*
Juli 41 . . . . *5550*
August 41 . . . . *5560*

Ein zweiter Grund für dieses Ansteigen der Sterblichkeitsziffer ist die Entwicklung des Fleckfiebers

153   An der Mauer des Warschauer Ghettos.

154   Deportation polnischer Juden durch die SS, 1942.

im jüdischen Wohnbezirk. Trotz energischer Anstrengungen zur Bekämpfung des Fleckfiebers ist die Kurve ständig angestiegen. Etwa seit Juli dieses Jahres bewegen sich die Wochenmeldungen der Fleckfieberfälle auf ziemlich gleichbleibender Höhe. Sie schwanken zwischen 320 und 450 Neuerkrankungen. Die letzte Monatszahl (August) liegt mit 1788 Personen nur unwesentlich über der Zahl des Vormonats mit 1736 Erkrankungen.

Text 47

Auszug aus dem Leitartikel der SS-Wochenzeitung „Das Schwarze Korps" vom 20. August 1942, die „Germanisierung" des „Ostens" betreffend

„Unsere Aufgabe ist es, den Osten nicht im alten Sinne zu germanisieren, das heißt den dort wohnenden Menschen deutsche Sprache und deutsche Gesetze beizubringen, sondern dafür zu sorgen, daß im Osten nur Menschen wirklich deutschen, germanischen Blutes wohnen."

Text 48

Befehl Himmlers vom 19. Juli 1942, den Abschluß der Deportation der jüdischen Bevölkerung aus dem „Generalgouvernement" bis zum 31. Dezember 1942 betreffend

Ich ordne an, daß die Umsiedlung der gesamten jüdischen Bevölkerung des Generalgouvernements bis 31. Dezember 1942 durchgeführt und beendet ist. Mit dem 31. Dezember 1942 dürfen sich keinerlei Personen jüdischer Herkunft mehr im Generalgouvernement aufhalten. Es sei denn, daß sie sich in den Sammellagern Warschau, Krakau, Tschenstochau, Radom, Lublin aufhalten. Alle anderen Arbeitsvorkommen, die jüdische Arbeitskräfte beschäftigen, haben bis dorthin beendet zu sein, oder, falls ihre Beendigung nicht möglich ist, in eines der Sammellager verlegt zu sein.

Diese Maßnahmen sind zu der im Sinne der Neuordnung Europas notwendigen ethnischen Scheidung von Rassen und Völkern sowie im Interesse der Sicherheit und Sauberkeit des deutschen Reiches und seiner Interessengebiete erforderlich. Jede Durchbrechung dieser Regelung bedeutet

155   Warschauer Ghettoaufstand, Mai 1943. Überlebende werden von der SS abgeführt.

eine Gefahr für die Ruhe und Ordnung des deutschen Gesamtinteressengebietes, einen Ansatzpunkt für die Widerstandsbewegung und einen moralischen und physischen Seuchenherd.

Aus all diesen Gründen ist die totale Bereinigung notwendig und daher durchzuführen. Voraussichtliche Terminüberschreitungen sind mir rechtzeitig zu melden, so daß ich früh genug für Abhilfe sorgen kann. Alle Gesuche anderer Dienststellen um Abänderung sowie Ausnahmegenehmigung sind mir persönlich vorzulegen.

H. Himmler

Text 49

Kassen-Abschlußbericht der „Aktion Reinhard" vom 15. Dezember 1943, die „Geld- und Sachwerte" vom 1. April 1942 bis zum 15. Dezember 1943 betreffend

Vorläufiger Abschlussbericht der Kasse Aktion „Reinhard" Lublin per 15. Dezember 1943

Dem Grossdeutschen Reich wurden im Zuge der Aktion „Reinhard" Lublin in der Zeit vom 1. April 1942 bis einschliesslich 15. Dezember 1943 nachstehende Geld- und Sachwerte zugeführt:

156   Bekanntmachung von Vergeltungsmaßnahmen in Polen, 1942.

Bargeld:

		Einnahmen
Barbestände an Reichsbank Berlin RM-Noten u. Hartgeld	RM	17.470.796,66
an Reichsbank Berlin Zloty-Noten u. Hartgeld	"	3.979.523,50
SS-Wirtschafter, Krakau	"	5.000.461,00
Darlehen für SS-Wirtschaftsbetriebe	"	50.416.181,37
Einnahmen aus Titel 21/E	"	8.218.878,35
	"	.656.062,40
	"	85.741.903,28

		Ausgaben
Persönliche Gebührnisse, Titel 21/7a	RM	. 96.207,28
Sachausgaben (davon ca. 40% für J-Transporte Titel 21/7b)	"	11.756.552,62
Falschgeld (Zlotynoten)	"	. 28.062,64
	"	11.889.822,54

Zusammenstellung:

Einnahmen	RM 85.741.903,28	
Ausgaben		RM 11.889.822,54
Reineinnahme		" 73.852.080,74
	RM 85.741.903,28	
		RM 85.714.903,28

Edelmetalle:

236 Stück Goldbarren = 2.909,68 kg à RM 2800,–	RM 8.147.104,00
2143 Stück Silberbarren = 18.733,69 kg à RM 40,–	" 749.347,60
Platin = 15,44 kg à RM 5000,–	" 77.200,00
	RM 8.973.651,60

Spinnstoffe:

1901 Waggons mit Bekleidung, Wäsche, Bettfedern und Lumpen im Durchschnittswert von	RM 26.000.000,00
Lagerbestände im Durchschnittswert von	" 20.000.000,00
	RM 46.000.000,00

Gesamtzusammenstellung:

Abgelieferte Geldmittel Zl – und RM-Noten	RM	73.852.080,74
Edelmetalle	"	8.973.651,60
Devisen in Noten	"	4.521.224,13
Devisen in gemünztem Gold	"	1.736.554,12
Juwelen und sonstige Werte	"	43.662.450,00
Spinnstoffe	"	46.000.000,00
	RM	178.745.960,59

Rzepa	Wippern
SS-Oberscharführer	SS-Sturmbannführer
und Kassenleiter	und Leiter der Verwaltung

Globocnik

4.5. NS-Herrschaft in Europa – Sowjetunion

Auch im besetzten sowjetischen Gebiet erhielt der Reichsführer-SS und Chef der Deutschen Polizei die Sicherung der „polizeilichen Ordnung" übertragen. Vier nach den Plänen des Reichssicherheitshauptamtes zusammengestellte Einsatzgruppen der Sicherheitspolizei und des SD führten hier den ersten Teil der „Endlösung der Judenfrage" durch. Hunderttausende sowjetischer Juden fielen ihren Massenexekutionen zum Opfer. Die „Erfolgsmeldungen" der Einsatzgruppen an das Reichssicherheitshauptamt bildeten die Grundlage für die im Amt IV des RSHA zusammengestellten „Einsatzgruppenberichte". Kommandos der Sicherheitspolizei und des SD durchsuchten die Kriegsgefangenenlager nach Kommissaren, kommunistischen Funktionären und Juden. Diese wurden in der Nähe der Lager oder in den Genickschußanlagen deutscher Konzentrationslager erschossen. Millionen sowjetischer Kriegsgefangener starben unter unsäglichen Bedingungen vornehmlich im Winter 1941/42 in den Kriegsgefangenenlagern. Als man im Frühjahr 1942 damit begann, Kriegsgefangene zur Zwangsarbeit in der deutschen Kriegswirtschaft einzusetzen, waren nur noch wenige hunderttausend arbeitsfähige Gefangene vorhanden. Der Partisanenbewegung versuchten die unter der Leitung der Höheren SS- und Polizeiführer stehenden Verbände der Polizei und der Waffen-SS durch groß angelegte „Bandenbekämpfungsunternehmen" Herr zu werden. Diese Unternehmungen waren im Grunde Ausrottungsoperationen, denen Zehntausende von Zivilisten zum Opfer fielen. Die Herrschaft von SS und Polizei in den sowjetischen Gebieten war einer der blutigsten Abschnitte in der Geschichte des Zweiten Weltkrieges.

Text 50

„Führererlaß" vom 17. Juli 1941, die „polizeiliche Sicherung" der neu besetzten Ostgebiete betreffend

Abschrift.
Erlass des Führers über die polizeiliche Sicherung der neu besetzten Ostgebiete.
Vom 17. Juli 1941.

I.
Die polizeiliche Sicherung der neu besetzten Ostgebiete ist Sache des Reichsführers-SS und Chefs der Deutschen Polizei.

II.
Nach Einführung der Zivilverwaltung in diesen Gebieten ist der Reichsführer-SS und Chef der Deutschen Polizei berechtigt, den Reichskommissaren im Rahmen seiner unter I bezeichneten Aufgabe Weisungen zu erteilen. Sofern diese Weisungen allgemeiner Art oder von politisch grundlegender Bedeutung sind, sind sie über den

Reichsminister für die besetzten Ostgebiete zu leiten, es sei denn, dass es sich um die Abwendung einer unmittelbar drohenden Gefahr handelt.

III.
Zur Durchführung der polizeilichen Sicherung tritt zu jedem Reichskommissar ein Höherer SS- und Polizeiführer, der dem Reichskommissar unmittelbar und persönlich unterstellt ist.
Den Generalkommissaren, den Haupt- und Gebietskommissaren werden Führer der SS und der Polizei zugeteilt, die ihnen unmittelbar und persönlich unterstehen.

Führer-Hauptquartier, den 17. Juli 1941
Der Führer
gez. Adolf Hitler

Der Chef des Oberkommandos der Wehrmacht
gez. Keitel

Der Reichsminister und Chef der Reichskanzlei
gez. Dr. Lammers

157   Von Angehörigen der „Einsatzgruppe A" inszenierter
Pogrom in Kaunas (Kowno), 25.–29. Juni 1941.

Text 51

Richtlinien des Reichssicherheitshauptamtes vom 17. Juli 1941, die „politische Überprüfung", „Aussonderung" und „weitere Behandlung" von Kriegsgefangenen durch die Kommandos der Sicherheitspolizei und des SD betreffend

Geheime Reichssache!
Berlin, den 17. Juli 1941
Amt IV

Richtlinien
für die in die Stalags [Kriegsgefangenenlager] abzustellenden Kommandos des Chefs der Sicherheitspolizei und des SD.
[...]
Die Kommandos arbeiten aufgrund besonderer Ermächtigung und gemäß der ihnen erteilten allgemeinen Richtlinien im Rahmen der Lagerordnung selbständig. Es ist selbstverständlich, daß die Kommandos mit dem Lagerkommandanten und dem ihm zugeteilten Abwehroffizier engste Fühlung halten.
Aufgabe der Kommandos ist die politische Überprüfung aller Lagerinsassen und die Aussonderung und weitere Behandlung
a) der in politischer, krimineller oder in sonstiger Hinsicht untragbaren Elemente unter diesen,

b) jener Personen, die für den Wiederaufbau der besetzten Gebiete verwendet werden können.
[...]
Vor allem gilt es ausfindig zu machen:
alle bedeutenden Funktionäre des Staates und der Partei, insbesondere
Berufsrevolutionäre,
die Funktionäre der Komintern,
alle maßgebenden Parteifunktionäre der KPdSU. und ihrer Nebenorganisationen in den Zentralkomitees, den Gau- und Gebietskomitees,
alle Volkskommissare und ihre Stellvertreter,
alle ehemaligen Polit-Kommissare in der Roten Armee,
die leitenden Persönlichkeiten der Zentral- und Mittelinstanzen bei den staatlichen Behörden,
die führenden Persönlichkeiten des Wirtschaftslebens,
die sowjetrussischen Intelligenzler,
alle Juden,
alle Personen, die als Aufwiegler oder fanatische Kommunisten festgestellt werden.
Nicht minder wichtig sind, wie bereits erwähnt, die Feststellungen jener Personen, die für den Neuaufbau, die Verwaltung und Bewirtschaftung der eroberten russischen Gebiete Verwendung finden können.
[...]
Exekutionen dürfen nicht im Lager oder in unmittelbarer Umgebung des Lagers durchgeführt werden. Befinden sich die Lager im Generalgouver-

nement in unmittelbarer Nähe der Grenze, so sind die Gefangenen zur Sonderbehandlung möglichst auf ehemals sowjetrussisches Gebiet zu verbringen.

Sollten aus Gründen der Lagerdisziplin Exekutionen erforderlich sein, so hat sich dieserhalb der Leiter des EK an den Lagerkommandanten zu wenden.

Text 52

Bericht des Einsatzkommandos 3 der Einsatzgruppe A vom 1. Dezember 1941, die Massenmorde in Litauen betreffend

Der Befehlshaber der Sicherheitspolizei und des SD

Kauen, am 1. Dezember 1941

Einsatzkommando 3
Geheime Reichssache!

5 Ausfertigungen:
4. Ausfertigung

Gesamtaufstellung der im Bereich des EK. 3 bis zum 1. Dez. 1941 durchgeführten Exekutionen.

Übernahme der sicherheitspolizeilichen Aufgabe in Litauen durch das Einsatzkommando 3 am 2. Juli 1941.
(Das Gebiet Wilna wurde am 9. Aug. 41, das Gebiet Schaulen am 2. Okt. 41 vom EK. 3 übernommen. Wilna wurde bis zu diesem Zeitpunkt vom EK. 9 und Schaulen vom EK. 2 bearbeitet.)

Auf meine Anordnung und meinen Befehl durch die lit. Partisanen durchgeführten Exekutionen:

4.7.41	Kauen – Fort VII –	416 Juden, 47 Jüdinnen	463
6.7.41	Kauen – Fort VII –	Juden	2514

Nach Aufstellung eines Rollkommandos unter Führung von SS-Ostuf. Hamann und 8–10 bewährten Männern des EK. 3 wurden nachfolgende Aktionen in Zusammenarbeit mit den lit. Partisanen durchgeführt:

7.7.41	Mariampole	Juden	32
8.7.41	"	14 " und 5 komm. Funktionäre	19
8.7.41	Cirkalinei	komm. Funktionäre	6
9.7.41	Wendziogals	32 Juden, 2 Jüdinnen, 1 Litauerin, 2 lit. Komm., 1 russ. Kommunist	38
9.7.41	Kauen – Fort VII –	21 Juden, 3 Jüdinnen	24
14.7.41	Mariampole	21 " , 1 russ., 9 lit. Komm.	31
17.7.41	Babtei	8 komm. Funktionäre (6 davon Juden)	8
18.7.41	Mariampole	39 Juden, 14 Jüdinnen	53
19.7.41	Kauen – Fort VII –	17 " , 2 " , 4 lit. komm., 2 komm. Litauerinnen, 1 deutsch. K.	26
21.7.41	Panevezys	59 Juden, 11 Jüdinnen, 1 Litauerin, 1 Pole, 22 lit. Komm., 9 russ. Komm.	103
22.7.41	"	1 Jude	1
23.7.41	Kedsiniai	83 Juden, 12 Jüdinnen, 14 russ. Komm., 15 lit. Komm., 1 russ. O-Politruk.	125
25.7.41	Mariampole	90 Juden, 13 Jüdinnen	103
28.7.41	Panevezys	234 " , 15 " 19 russ. Komm., 20 lit. Kommunisten	288
		Übertrag:	3834

[...]

Blatt 5.

– Übertrag: 66159

Monat Oktober:

2.10.41	Zagare	*633 Juden, 1107 Jüdinn., 496 J.-Ki.*	*2236*
		(beim Abführen dieser Juden entstand eine Meuterei, die jedoch sofort niedergeschlagen wurde. Dabei wurden 150 Juden sofort erschossen. 7 Partisanen wurd. verletzt)	
4.10.41	Kauen – F.IX –	*315 Juden, 712 Jüdinn., 818 J.-Kind.*	
		(Strafaktion weil im Ghetto auf einen deutsch. Polizisten geschossen wurde)	*1845*
29.10.41	Kauen – F.IX –	*2007 Juden, 2920 Jüdinnen, 4273 Judenkinder*	
		(Säuberung des Ghettos von überflüssigen Juden)	*9200*

Monat November:

3.11.41	Lazdijai	*485 Juden, 511 Jüdinn., 539 J.-Kind.*	*1535*
15.11.41	Wilkowiski	*36 " , 48 " , 31 "*	*115*
25.11.41	Kauen – F.IX –	*1159 " , 1600 " , 175 "*	*2934*
		(Umsiedler aus Berlin, München u. Frankfurt a. M.)	
29.11.41	Kauen – F.IX –	*693 Juden, 1155 Jüdinn., 152 J.-Kind.*	*2000*
		(Umsiedler aus Wien u. Breslau)	
29.11.41	Kauen – F.IX –	*17 Juden, 1 Jüdin, die gegen die Ghettogesetze verstossen hatten, 1 R.-Deutscher, der zum jüdischen Glauben übergetreten war und eine Rabinerschule besucht hatte, dann 15 Terroristen der Kalinin-Gruppe*	*34*

Teilkommando des EK. 3 in Dünaburg in der Zeit
vom 13.7.–21.8.41:   *9012 Juden, Jüdinnen und Judenkinder,*
573 aktive Kommunisten   *9585*

Teilkommando des EK. 3 in Wilna:
12.8. bis

1.9.41	Wilna-Stadt	*425 Juden, 19 Jüdinnen, 8 Kommunist., 9 Kommunistinnen*	*461*
2.9.41	"	*864 Juden, 2019 Jüdinnen, 817 Judenkinder*	
		(Sonderaktion, weil von Juden auf deutsche Soldaten geschossen wurde)	*3700*
		– Übertrag:	*99804*

[...]

Ich kann heute feststellen, dass das Ziel, das Judenproblem für Litauen zu lösen, vom EK. 3 erreicht worden ist. In Litauen gibt es keine Juden mehr, ausser den Arbeitsjuden incl. ihrer Familien.
Das sind
in Schaulen   ca. 4500
in Kauen   ca. 15000
in Wilna   ca. 15000.
Diese Arbeitsjuden incl. ihrer Familien wollte ich ebenfalls umlegen, was mir jedoch scharfe Kampfansage der Zivilverwaltung (dem Reichskommissar) und der Wehrmacht eintrug und das Verbot auslöste:
Diese Juden und ihre Familien dürfen nicht erschossen werden!
Das Ziel, Litauen judenfrei zu machen, konnte nur erreicht werden, durch die Aufstellung eines Rollkommandos mit ausgesuchten Männern unter Führung des SS-Obersturmführers Hamann, der sich meine Ziele voll und ganz aneignete und es verstand, die Zusammenarbeit mit den litauischen Partisanen und den zuständigen zivilen Stellen zu gewährleisten.
Die Durchführung solcher Aktionen ist in erster Linie eine Organisationsfrage. Der Entschluss, jeden Kreis systematisch judenfrei zu machen, erforderte eine gründliche Vorbereitung jeder einzelnen Aktion und Erkundung der herrschenden Verhältnisse in dem betreffenden Kreis. Die Juden mussten an einem Ort oder an mehreren Orten gesammelt werden. An Hand der Anzahl musste der Platz für die erforderlichen Gruben ausgesucht und ausgehoben werden. Der Anmarschweg von der Sammelstelle zu den Gruben betrug durchschnittlich 4 bis 5 km. Die Juden wurden in Abteilungen zu 500, in Abständen von mindestens 2 km, an den Exekutionsplatz transportiert. [...]

Nur durch geschickte Ausnutzung der Zeit ist es gelungen, bis zu 5 Aktionen in einer Woche durchzuführen und dabei doch die in Kauen anfallende Arbeit so zu bewältigen, dass keine Stockung im Dienstbereich eingetreten ist.

Die Aktionen in Kauen selbst, wo genügend einigermassen ausgebildete Partisanen zur Verfügung stehen, kann als Paradeschiessen betrachtet werden, gegenüber den oft ungeheuren Schwierigkeiten die ausserhalb zu bewältigen waren. [...]

Ich bin der Ansicht, dass sofort mit der Sterilisation der männlichen Arbeitsjuden begonnen wird, um eine Fortpflanzung zu verhindern. Wird trotzdem eine Jüdin schwanger, so ist sie zu liquidieren.

Eine der wichtigsten Aufgaben sah das EK. 3, neben den Judenaktionen, in der Überprüfung der meist überfüllten Gefängnisse in den einzelnen Orten und Städten. Durchschnittlich sassen in jeder Kreisstadt an 600 Personen lit. Volkszugehörigkeit im Gefängnis ein, obwohl ein eigentlicher Haftgrund nicht vorlag. [...] Kein Mensch hat sich um sie gekümmert. Man muss in den Gefängnissen gewesen sein und sich mal einen Moment in den überfüllten Zellen aufgehalten haben, die in hygienischer Beziehung oft jeder Beschreibung spotten. In Jonava [...] sassen in einem düsteren Kellerraum von 3 m Breite und 1,65 m Höhe, 5 Wochen lang 16 Männer ein, die alle entlassen werden konnten, weil gegen sie nichts vorzubringen war. [...] Die Freizulassenden wurden im Zuge nach dem Marktplatz gebracht und dort nach einer kurzen Ansprache, in Gegenwart vieler Einwohner, freigelassen. Die Ansprache hatte folgenden Inhalt:

„Wenn wir Bolschewisten wären, hätten wir Euch erschossen, da wir Deutsche sind, geben wir Euch die Freiheit." [...]

Man kann sich keine Vorstellung machen, welche Freude, Dankbarkeit und Begeisterung diese unsere Massnahme jeweils bei den Freigelassenen und der Bevölkerung auslöste. Mit scharfen Worten musste man sich oft der Begeisterung erwehren, wenn Frauen, Kinder und Männer mit tränenden Augen versuchten, uns die Hände und Füsse zu küssen.

*(Stempel) Jäger
SS-Standartenführer*

Text 53

Aufstellung der von Mai bis Oktober 1942 in Minsk eingetroffenen Deportationstransporte und der sofort nach der Ankunft ermordeten Personen

Von den in dem Zeitraum von Mai bis Oktober 1942 in Minsk eingetroffenen Judentransporten fielen den Vernichtungsmaßnahmen zum Opfer:

Lfd. Nr.	Zug-Nr.		Herkunft	Zahl der Insassen	Ankunftstag- und Ort		Hiervon getötet	
1.	Da	201	Wien	1000	11.5.1942	Minsk	mindestens	900
2.	Da	203	Wien	1000	26.5.1942	Minsk	mindestens	900
3.	Da	204	Wien	998	1.6.1942	Minsk	mindestens	900
4.	Da	205	Wien	999	5.–9.6.1942	Minsk	mindestens	900
5.	Da	206	Wien	1000	15.6.1942	Minsk	mindestens	900
6.	Da	40	Königsberg	465	26.6.1942	Minsk	mindestens	400
7.	Da	220	Theresienstadt	1000	18.7.1942	Minsk	mindestens	900
8.	Da	219	Köln	1000	24.7.1942	Minsk	mindestens	900
9.	Da	222	Theresienstadt	993	10.8.1942	Trostinez	mindestens	900
10.	Da	223	Wien	1000	21.8.1942	Trostinez	mindestens	900
11.	Da	224	Theresienstadt	1000	28.8.1942	Trostinez	mindestens	900
12.	Da	225	Wien	1000	4.9.1942	Trostinez	mindestens	900
13.	Da	226	Theresienstadt	1000	12.9.1942	Trostinez	mindestens	900
14.	Da	227	Wien	1000	18.9.1942	Trostinez	mindestens	900
15.	Da	228	Theresienstadt	1000	25.9.1942	Trostinez	mindestens	900
16.	Da	230	Wien	547	9.10.1942	Trostinez	mindestens	500

Deportierte Personen:	15.002	davon sofort nach Ankunft getötet:	13.500

Zu dieser Aufstellung ist zu bemerken, dass die zunächst für Minsk vorgesehenen Transporte die Kennziffern Da 201–Da 218 trugen. Die Züge Da 202 und Da 207–Da 218 fielen jedoch aus. An ihre Stelle traten die Züge Da 40 und Da 219–Da 230, von denen der Da 221 in Baranowitsche entladen wurde, während der Da 229 ausfiel.

Text 54

Bericht eines mit der Erfassung von Vieh und landwirtschaftlichen Erzeugnissen in den besetzten Gebieten beauftragten Kreislandwirtes vom Frühsommer 1942, die Verwüstung von Dörfern und die Ermordung ihrer Bewohner in Weißruthenien betreffend

Bericht über die Aktion im Kreise Begomel

Während der Aktion war es meine Aufgabe, Vieh und sonstige landwirtschaftliche Erzeugnisse zu erfassen. Ich kam bei dieser Gelegenheit durch viele Dörfer. Es ist jedem klar, daß es da, wo Kämpfe stattfinden, Verwüstungen und Zerstörungen gibt, aber unverständlich ist es, wenn man Dörfer erobert hat und die Bevölkerung voll Vertrauen nach und nach aus den Wäldern zurückkommen und den Einheiten ihren Dienst anbieten, diese Menschen nach einigen Tagen erschossen und verbrannt werden.
Im Dorfe Osiniwik war ich am 25. und 26. Mai. Dort war ein SD-Stab einquartiert. Die Bevölkerung war teils bei der Arbeit, teils sassen sie vor ihren Häusern. Als ich am 2. Juni wieder dort war, fand ich an Stelle des Dorfes einen grossen Scheiterhaufen. Das Dorf war verbrannt. Nach Aussagen anderer Kameraden, seien Männer Frauen und Kinder erschossen. In einem Haus fand ich eine halbverkohlte Leiche, die mir die Aussagen der Kameraden bestätigte. Folgende Dörfer sind auf diese Art und Weise zerstört, die ich gesehen habe: Nowosiolki, Osinowikkna Pijany-Sas. Andere, nach amtlichen Aussagen, wie Witunitze, Budilowka, Beresniewka und Begomel.
Am 24. Mai fand ich in dem Dorf Niebyzyno am Dorfende eine verbrannte Scheune mit 6 verkohlten Leichen. Das war gleich nach der Einnahme des Dorfes. Die Bevölkerung muss doch nun zu der Annahme kommen, dass diese Menschen bei lebendigen Leib verbrannt sind.

Ich habe mit den Kreislandwirten Wortmann und Hartmann
727 Stück Rindvieh
575 Stück Schafe
und über 1 Waggon mit Häuten und Fellen erfasst.

Bölt Kreislandwirt

Text 55

Befehl des Kommandeurs der Sicherheitspolizei und des SD in Minsk vom 5. Februar 1943, die „Umsiedlung" der Juden in Sluzk betreffend

Der Kommandeur   Minsk, den 5. Februar 1943
der Sicherheitspolizei und d. SD.
Weißruthenien

Kommandobefehl

Am 8. und 9. Februar 1943 wird in der Stadt Sluzk von dem hiesigen Kommando eine Umsiedlung der dortigen Juden vorgenommen. An der Aktion nehmen die unten namentlich aufgeführten Angehörigen des Kommandos sowie rund 110 Angehörige der lettischen Freiwilligenkomp. teil. Die Leitung der Aktion liegt in den Händen von SS-Obersturmführer Müller.
Die Teilnehmer treten am 7. Februar 1943 um 11,15 Uhr im unteren Korridor des Dienstgebäudes zur Abfahrt an, die um 11,30 Uhr stattfindet. Einnahme des Mittagessens 10,30 Uhr. Die Leitung der Kraftwagenkolonne übernimmt SS-Sturmbannführer Br. [...]

Durchführung der Aktion in Sluzk:

Ghetto
Die Sicherung und Bewachung des Ghettos übernimmt die Ordnungspolizei.
Die Auswertung des anfallenden Judeneigentums liegt in den Händen von SS-Hauptstuf. Mad., dem für diese Aufgabe ein Kommando von 2 Beamten (Kru., Buch.), 2 Dolmetschern (Michelsen, Natarow) und 10 Letten zur Verfügung stehen.
Die Aufbringung der Juden im Ghetto steht unter der Leitung des SS-Sturmbannführers Gra., dem hierzu 6 Kommandos in Stärke von je einem Beamten und je 9 Letten zur Verfügung stehen. Für diese Kommandos sind folgende Unterführer vorgesehen:
Krause, Nikol, Gen., Ehrig, Wel., Ze. Der Abtransport der Juden zum Umsiedlungsplatz geschieht mittels 6 Lkw's, die von je 4 Letten begleitet werden.

Umsiedlungsgelände:
Auf dem Umsiedlungsgelände befinden sich 2 Gruben. An jeder Grube arbeitet je eine Gruppe von 10 Führern und Männern, die sich alle 2 Stunden ablösen. Zeiten 8–10 Uhr, 10–12 Uhr, 12–14 Uhr, 14–16 Uhr.

Grube I:
1. Gruppe:
SS-Sturmbannführer Br. (Leitung)

SS-Oberstuf. Kaul, Merbach, SS-Hauptstuf. Schneider, SS-Unterstuf. Wertholz, SS-Unterstuf. Müller, SS-Unterstuf. Ju., SS-Sturmscharführer Fritz, SS-Rottenführer Gei. und Gröner.
2. Gruppe:
SS-Hauptstuf. Schlegel, SS-Oberscharführer Bur., Seckinger, Brandlmeier, SS-Hauptscharführer Hüttner, SS-Hauptscharführer Wel., SS-Unterscharf. v. Toll, SS-Scharführer Rex., Zugwachtmstr. Exner und SS-Unterscharführer Hör.

Grube II:
1. Gruppe:
SS-Obersturmführer Müller, SS-Unterstuf. Müller, SS-Unterstuf. Eck, SS-Hauptstuf. Fr., Wachtmstr. Krahnke, SS-Hauptscharführer v. d. Go., SS-Rottenführer Schr., Str., Egger, Zehmann, Fi.
2. Gruppe:
SS-Oberstuf. Oswald, SS-Hauptscharführer Rü., SS-Unterstuf. Schmidt, SS-Hauptscharführer Kreimann, SS-Oberscharführer Schu., Gersberger, Fockler, die SS-Unterscharf. Strathmann und SS-Oberscharf. Kramer, SS-Unterscharf. Get.
Die Sicherung auf dem Umsiedlungsgelände übernimmt SS-Untersturmführer Pierre mit 10 Letten.

gez. Strauch
SS-Obersturmführer

Text 56
Urteil des Schwurgerichts beim Landgericht in Koblenz vom 21. Mai 1963 gegen Angehörige des Kommandos, von dem am 8./9. Februar 1943 die Juden der Stadt Sluzk ermordet wurden

Im Namen des Volkes

In der Strafsache gegen

1. Kriminaloberrat Georg Albert Wilhelm Heuser, geb. am 27. Februar 1913 in Berlin, wohnhaft in Koblenz, z. Zt. in Untersuchungshaft in der Haftanstalt Koblenz, verheiratet;
2. den Buchhalter und früheren Polizeiinspektor Karl Robert Dalheimer, geb. am 5. November 1907 in Geestemünde, wohnhaft in Bremen, verheiratet;
3. den Kriminalmeister Johannes Hugo Otto Feder, geb. am 21. Mai 1911 in Liegnitz/Schlesien, wohnhaft in Köln-Braunsfeld, verheiratet;
4. den kaufmännischen Angestellten Arthur Alexander Harder, geb. am 19. September 1910 in Frankfurt/Main, verheiratet;
5. den Zolloberinspektor Wilhelm Kaul, geb. am

10. Mai 1906 in Lippstadt, wohnhaft in Münster/Westfalen, verheiratet;
6. den Büroarbeiter Friedrich Merbach, geb. am 27. April 1912 in Gotha/Thüringen, wohnhaft in Ludwigshafen-Mundenheim, z. Zt. in Untersuchungshaft in der Haftanstalt Koblenz, verheiratet;
7. den Elektrotechniker Jakob Herbert Oswald, geb. am 1. März 1900 in Marburg/Lahn, wohnhaft in Lübeck, verheiratet;
8. den kaufmännischen Angestellten Rudolf Schlegel, geb. am 11. Juli 1913 in Chemnitz, wohnhaft in Stuttgart-Bad Cannstatt, z. Zt. in Untersuchungshaft in der Haftanstalt Koblenz, verheiratet;
9. den Hilfsarbeiter Franz Stark, geb. am 7. Oktober 1901 in St. Louis/USA, wohnhaft in München, verwitwet, z. Zt. in Untersuchungshaft in der Haftanstalt Koblenz;
10. den Angestellten Eberhard Richard Ernst von Toll, geb. am 15. Januar 1906 in Piddul/Estland, wohnhaft in Stadthagen, verheiratet;
11. den früheren Lehrer Artur Fritz Wilke, geb. am 1. Februar 1910 in Hohensalza/Bezirk Posen, wohnhaft in Stederdorf, Kreis Peine, z. Zt. in Untersuchungshaft in der Haftanstalt Koblenz, verheiratet;

wegen Mordes
hat das Schwurgericht bei dem Landgericht in Koblenz in der Sitzung vom 21. Mai 1963 für Recht erkannt:

I.
1. Der Angeklagte Heuser wird wegen 9 Verbrechen der gemeinschaftlichen Beihilfe zum Mord sowie wegen eines Verbrechens der Beihilfe zum Totschlag zu einer Gesamtstrafe von 15 Jahren Zuchthaus verurteilt.
Ihm werden die bürgerlichen Ehrenrechte auf die Dauer von 5 Jahren aberkannt.
2. Der Angeklagte Dalheimer wird wegen eines Verbrechens der gemeinschaftlichen Beihilfe zum Mord zu einer Zuchthausstrafe von 4 Jahren verurteilt.
3. Der Angeklagte Feder wird wegen 2 Verbrechen der gemeinschaftlichen Beihilfe zum Mord zu einer Gesamtstrafe von 4 Jahren und 6 Monaten verurteilt.
4. Der Angeklagte Harder wird wegen eines Verbrechens der gemeinschaftlichen Beihilfe zum Mord zu einer Zuchthausstrafe von 3 Jahren und 6 Monaten verurteilt.
5. Der Angeklagte Kaul wird wegen 2 Verbrechen der gemeinschaftlichen Beihilfe zum Mord zu einer Gesamtstrafe von 4 Jahren und 6 Monaten Zuchthaus verurteilt.

6. Der Angeklagte Merbach wird wegen 5 Verbrechen der gemeinschaftlichen Beihilfe zum Mord zu einer Gesamtstrafe von 7 Jahren Zuchthaus verurteilt.
Ihm werden die bürgerlichen Ehrenrechte auf die Dauer von 3 Jahren aberkannt.
7. Der Angeklagte Oswald wird wegen eines Verbrechens der gemeinschaftlichen Beihilfe zum Mord zu einer Zuchthausstrafe von 4 Jahren verurteilt.
8. Der Angeklagte Schlegel wird wegen 5 Verbrechen der gemeinschaftlichen Beihilfe zum Mord zu einer Gesamtstrafe von 8 Jahren verurteilt.
Ihm werden die bürgerlichen Ehrenrechte auf die Dauer von 3 Jahren aberkannt.
9. Der Angeklagte Stark wird wegen 3 Verbrechen des Mordes je zu lebenslangem Zuchthaus verurteilt. Ausserdem wird er wegen 5 Verbrechen der gemeinschaftlichen Beihilfe zum Mord zu einer Gesamtstrafe von 8 Jahren Zuchthaus verurteilt.
Dem Angeklagten Stark werden die bürgerlichen Ehrenrechte auf Lebenszeit aberkannt.

10. Der Angeklagte von Toll wird wegen 4 Verbrechen der gemeinschaftlichen Beihilfe zum Mord zu einer Gesamtstrafe von 4 Jahren und 6 Monaten verurteilt.
11. Der Angeklagte Wilke wird wegen 6 Verbrechen der gemeinschaftlichen Beihilfe zum Mord zu einer Gesamtstrafe von 10 Jahren Zuchthaus verurteilt.
Ihm werden die bürgerlichen Ehrenrechte auf die Dauer von 3 Jahren aberkannt.

II.
Soweit keine Verurteilung erfolgt ist, werden die Angeklagten freigesprochen.

III.
Allen Angeklagten wird die erlittene Untersuchungshaft angerechnet, bei dem Angeklagten Stark auf die zeitige Zuchthausstrafe.

IV.
Die Kosten des Verfahrens fallen, soweit Verurteilung erfolgt ist, den Angeklagten, im übrigen der Staatskasse zur Last.

158   Himmler (dritter von rechts) und der Höhere SS- und Polizeiführer (HSSPF) Rußland-Mitte Erich von dem Bach-Zelewski (sechster von rechts, halb verdeckt) besichtigen ein Kriegsgefangenenlager bei Minsk, Juli/August 1941.

159   Ermordung von Zivilisten, wahrscheinlich in Litauen, 1941.

Text 57

Internes Schreiben des Generalkommissars für Weißruthenien vom 1. Juni 1943, die Durchführung einer „Bandenaktion" im Gebiet Borisow betreffend

*Der Generalkommissar   Minsk, am 1. 6. 1943
in Minsk
Abteilung I Politik*

*An den
Herrn Hauptabteilungsleiter I
im Hause*

*Betr.: Bandenaktion im Gebiet Borissow
Bezug: ohne*

*Der zunächst mündliche Bericht des politischen Referenten von Borissow über Vorkommnisse während der laufenden Aktion ist wenig erfreulich. In der Gemeinde Witonitsch im Rayon Borisow wurden die Einwohner in eine Scheune getrieben, zusammengeschossen und das Gebäude abgebrannt. Da die Leichen nicht völlig verbrannt sind, schleppen die herrenlosen Schweine Leichenteile im Ort heru[m]. Die Erschossenen werden also einfach liegen gelassen.
Es wird als Beispiel angeführt, daß sich Leute nach Tagen im Krankenhaus melden, die nach Ansicht der Akteure erschossen waren, aber nur verwundet wurden und ohnmächtig geworden sind. Sie erhoben sich dann aus der Reihe der Erschossenen und suchten Hilfe.
Ein ausführlicher dienstlicher Bericht folgt von Borissow.
Im Auftrage:
gez. Lange*

4.6. NS-Herrschaft in Europa – andere Länder

Wie in Polen und den sowjetischen Gebieten erhielt der Reichsführer-SS mit den ihm unterstellten SS- und Polizeikräften auch in allen anderen von Deutschland besetzten Ländern polizeiliche Sicherungsaufgaben übertragen. In Übereinstimmung mit den militärischen und zivilen Dienststellen wurden überall antijüdische Maßnahmen durchgeführt, wurde die jüdische Bevölkerung zum Teil mit der Hilfe einheimischer Kollaborateure in die Vernichtungslager abtransportiert. Auf der „Wannsee-Konferenz" hatte Reinhard Heydrich am 20. Januar 1942 in Berlin den beteiligten Vertretern der Ministerien und Ämter das Ausrottungsprogramm verkündet.

Das organisatorische Zentrum aller Deportationsmaßnahmen war das „Judenreferat" IV B 4 des Reichssicherheitshauptamtes mit seinem Leiter Adolf Eichmann. Seine Vertreter saßen nicht nur in den Dienststellen der Sicherheitspolizei in den besetzten Ländern; sogenannte „Judenberater" verhandelten auch mit allen verbündeten Staaten über die Auslieferung ihrer jüdischen Bevölkerung. Trotz aller kriegsbedingten Schwierigkeiten gingen die Deportationszüge bis in den Herbst 1944 nach Auschwitz.

Die Vertreter der Ämter des Reichssicherheitshauptamtes, Gestapo, Kripo und SD, führten in ganz Europa einen blutigen Kampf gegen die einheimischen Widerstandsbewegungen. Tausende von Zivilisten fielen ihm zum Opfer. Lidice, Marzabotto, die Ardeatinischen Höhlen und Oradour sind Symbole dieser Geschehnisse. Häftlinge aus ganz Europa litten und starben unter der Folter der Gestapo und in den deutschen Konzentrationslagern. Mit Hilfe des „Nacht und Nebel-Erlasses" versuchte die Sicherheitspolizei die Ordnung unter deutscher Herrschaft aufrecht zu erhalten.

Text 58

Protokoll der Besprechung in Berlin-Wannsee am 20. Januar 1942, bei der die organisatorische Durchführung der „Endlösung der Judenfrage" planerisch abgestimmt wurde („Wannsee-Konferenz")

Geheime Reichssache

30 Ausfertigungen
16. Ausfertigung

Besprechungsprotokoll.

I.
An der am 20. 1. 1942 in Berlin, Am Großen Wannsee Nr. 56/58, stattgefundenen Besprechung über die Endlösung der Judenfrage nahmen teil:

Gauleiter Dr. Meyer und Reichsamtsleiter Dr. Leibbrandt	*Reichsministerium für die besetzten Ostgebiete*
Staatssekretär Dr. Stuckart	*Reichsministerium des Innern*
Staatssekretär Neumann	*Beauftragter für den Vierjahresplan*
Staatssekretär Dr. Freisler	*Reichsjustizministerium*
Staatssekretär Dr. Bühler	*Amt des Generalgouverneurs*
Unterstaatssekretär Luther	*Auswärtiges Amt*
SS-Oberführer Klopfer	*Partei-Kanzlei*
Ministrialdirektor Kritzinger	*Reichskanzlei*
SS-Gruppenführer Hofmann	*Rasse- und Siedlungshauptamt*
SS-Gruppenführer Müller	*Reichssicherheitshauptamt*
SS-Obersturmbannführer Eichmann	

SS-Oberführer Dr. Schöngarth, Befehlshaber der Sicherheitspolizei und des SD im Generalgouvernement

Sicherheitspolizei und SD

SS-Sturmbannführer Dr. Lange, Kommandeur der Sicherheitspolizei und des SD für den Generalbezirk Lettland, als Vertreter des Befehlshabers der Sicherheitspolizei und des SD für das Reichskommissariat Ostland.

Sicherheitspolizei und SD

160   Der Tagungsort der Wannsee-Konferenz am 20. Januar 1942, die Villa Am Großen Wannsee Nr. 56–58.

II.

Chef der Sicherheitspolizei und des SD, SS-Obergruppenführer Heydrich, teilte eingangs seine Bestellung zum Beauftragten für die Vorbereitung der Endlösung der europäischen Judenfrage durch den Reichsmarschall mit und wies darauf hin, daß zu dieser Besprechung geladen wurde, um Klarheit in grundsätzlichen Fragen zu schaffen. Der Wunsch des Reichsmarschalls, ihm einen Entwurf über die organisatorischen, sachlichen und materiellen Belange im Hinblick auf die Endlösung der europäischen Judenfrage zu übersenden, erfordert die vorherige gemeinsame Behandlung aller an diesen Fragen unmittelbar beteiligten Zentralinstanzen im Hinblick auf die Parallelisierung der Linienführung.

Die Federführung bei der Bearbeitung der Endlösung der Judenfrage liege ohne Rücksicht auf geographische Grenzen zentral beim Reichsführer-SS und Chef der Deutschen Polizei (Chef der Sicherheitspolizei und des SD).

Der Chef der Sicherheitspolizei und des SD gab sodann einen kurzen Rückblick über den bisher geführten Kampf gegen diesen Gegner. Die wesentlichsten Momente bilden
a) die Zurückdrängung der Juden aus den einzelnen Lebensgebieten des deutschen Volkes,
b) die Zurückdrängung der Juden aus dem Lebensraum des deutschen Volkes.

Im Vollzug dieser Bestrebungen wurde als einzige vorläufige Lösungsmöglichkeit die Beschleunigung der Auswanderung der Juden aus dem Reichsgebiet verstärkt und planmäßig in Angriff genommen.

Auf Anordnung des Reichsmarschalls wurde im Januar 1939 eine Reichszentrale für jüdische Auswanderung errichtet, mit deren Leitung der Chef der Sicherheitspolizei und des SD betraut wurde. Sie hatte insbesondere die Aufgabe
a) alle Maßnahmen zur Vorbereitung einer verstärkten Auswanderung der Juden zu treffen.
b) den Auswanderungsstrom zu lenken,
c) die Durchführung der Auswanderung im Einzelfall zu beschleunigen.

Das Aufgabenziel war, auf legale Weise den deutschen Lebensraum von Juden zu säubern.
Über die Nachteile, die eine solche Auswanderungsforcierung mit sich brachte, waren sich alle Stellen im klaren. Sie mußten jedoch angesichts des Fehlens anderer Lösungsmöglichkeiten vorerst in Kauf genommen werden.
Die Auswanderungsarbeiten waren in der Folgezeit nicht nur ein deutsches Problem, sondern auch ein Problem, mit dem sich die Behörden der Ziel- bzw. Einwandererländer zu befassen hatten. Die finanziellen Schwierigkeiten, wie Erhöhung der Vorzeige- und Landungsgelder seitens der verschiedenen ausländischen Regierungen, fehlende Schiffsplätze, laufend verschärfte Einwanderungsbeschränkungen oder -sperren, erschwerten die Auswanderungsbestrebungen außerordentlich. Trotz dieser Schwierigkeiten wurden seit der Machtübernahme bis zum Stichtag 31. 10. 1941 insgesamt rund 537.000 Juden zur Auswanderung gebracht. Davon

vom 30. 1. 1933 aus dem Altreich   rd. 360.000
vom 15. 3. 1938 aus der Ostmark   rd. 147.000
vom 15. 3. 1939 aus dem Protektorat Böhmen und Mähren
                                     rd. 30.000.

Die Finanzierung der Auswanderung erfolgte durch die Juden bzw. jüdisch-politischen Organi-

sation selbst. Um den Verbleib der verproletari-
sierten Juden zu vermeiden, wurde nach dem
Grundsatz verfahren, daß die vermögenden Juden die Abwanderung von vermögenslosen Juden
zu finanzieren haben; hier wurde, je nach Vermögen gestaffelt, eine entsprechende Umlage bzw.
Auswandererabgabe vorgeschrieben, die zur Be-
streitung der finanziellen Obliegenheiten im Zuge
der Abwanderung vermögensloser Juden ver-
wandt wurde.

Neben dem Reichsmark-Aufkommen sind Devisen
für Vorzeige- und Landungsgelder erforderlich
gewesen. Um den deutschen Devisenschatz zu
schonen, wurden die jüdischen Finanzinstitutio-
nen des Auslandes durch die jüdischen Organisationen des Inlandes verhalten, für die Beitreibung
entsprechender Devisenaufkommen Sorge zu tragen. Hier wurden durch diese ausländischen Juden im Schenkungswege bis zum 30. 10. 1941
insgesamt rund 9.500.000 Dollar zur Verfügung
gestellt.

Inzwischen hat der Reichsführer-SS und Chef der
Deutschen Polizei im Hinblick auf die Gefahren
einer Auswanderung im Kriege und im Hinblick
auf die Möglichkeiten des Ostens die Auswanderung von Juden verboten.

III.

Anstelle der Auswanderung ist nunmehr als weitere Lösungsmöglichkeit nach entsprechender
vorheriger Genehmigung durch den Führer die
Evakuierung der Juden nach dem Osten getreten.
Diese Aktionen sind jedoch lediglich als Aus-
weichmöglichkeiten anzusprechen, doch werden
hier bereits jene praktische Erfahrungen gesammelt, die im Hinblick auf die kommende Endlösung
der Judenfrage von wichtiger Bedeutung sind.

Im Zuge dieser Endlösung der europäischen Judenfrage kommen rund 11 Millionen Juden in Betracht, die sich wie folgt auf die einzelnen Länder
verteilen:

Land	Zahl
A.	
Altreich	131.800
Ostmark	43.700
Ostgebiete	420.000
Generalgouvernement	2.284.000
Bialystok	400.000
Protektorat Böhmen und Mähren	74.200
Estland	– judenfrei –
Lettland	3.500
Litauen	34.000
Belgien	43.000
Dänemark	5.600
Frankreich / Besetztes Gebiet	165.000
Unbesetztes Gebiet	700.000
Griechenland	69.600
Niederlande	160.800
Norwegen	1.300

B.		
Bulgarien		48.000
England		330.000
Finnland		2.300
Irland		4.000
Italien einschl. Sardinien		58.000
Albanien		200
Kroatien		40.000
Portugal		3.000
Rumänien einschl. Bessarabien		342.000
Schweden		8.000
Schweiz		18.000
Serbien		10.000
Slowakei		88.000
Spanien		6.000
Türkei (europ. Teil)		55.500
Ungarn		742.800
UdSSR		5.000.000
Ukraine	2.994.684	
Weißrußland ausschl. Bialystok	446.484	
Zusammen:	über	11.000.000

Bei den angegebenen Judenzahlen der verschiedenen ausländischen Staaten handelt es sich jedoch nur um Glaubensjuden, da die Begriffsbe-
stimmungen der Juden nach rassischen Grundsätzen teilweise dort noch fehlen. Die Behandlung
des Problems in den einzelnen Ländern wird im
Hinblick auf die allgemeine Haltung und Auffassung auf gewisse Schwierigkeiten stoßen, besonders in Ungarn und Rumänien. So kann sich z.B.
heute noch in Rumänien der Jude gegen Geld entsprechende Dokumente, die ihm eine fremde
Staatsangehörigkeit amtlich bescheinigen, be-
schaffen.

Der Einfluß der Juden auf alle Gebiete in der
UdSSR ist bekannt. Im europäischen Gebiet leben
etwa 5 Millionen, im asiatischen Raum knapp 1/4
Million Juden.

Die berufsständische Aufgliederung der im europäischen Gebiet der UdSSR ansässigen Juden
war etwa folgende:

In der Landwirtschaft	9,1 %
als städtische Arbeiter	14,8 %
im Handel	20,0 %
als Staatsarbeiter angestellt	23,4 %
in den privaten Berufen –	
Heilkunde, Presse, Theater, usw.	32,7 %

Unter entsprechender Leitung sollen nun im Zuge
der Endlösung die Juden in geeigneter Weise im
Osten zum Arbeitseinsatz kommen. In großen Ar-
beitskolonnen, unter Trennung der Geschlechter,
werden die arbeitsfähigen Juden straßenbauend
in diese Gebiete geführt, wobei zweifellos ein
Großteil durch natürliche Verminderung ausfallen
wird.

Der allfällig endlich verbleibende Restbestand
wird, da es sich bei diesem zweifellos um den wi-

derstandsfähigsten Teil handelt, entsprechend behandelt werden müssen, da dieser, eine natürliche Auslese darstellend, bei Freilassung als Keimzelle eines neuen jüdischen Aufbaues anzusprechen ist. (Siehe die Erfahrung der Geschichte.)

Im Zuge der praktischen Durchführung der Endlösung wird Europa vom Westen nach Osten durchgekämmt. Das Reichsgebiet einschließlich Protektorat Böhmen und Mähren wird, allein schon aus Gründen der Wohnungsfrage und sonstigen sozial-politischen Notwendigkeiten, vorweggenommen werden müssen.

Die evakuierten Juden werden zunächst Zug um Zug in sogenannte Durchgangsghettos verbracht, um von dort aus weiter nach dem Osten transportiert zu werden.

Wichtige Voraussetzung, so führte SS-Obergruppenführer Heydrich weiter aus, für die Durchführung der Evakuierung überhaupt, ist die genaue Festlegung des in Betracht kommenden Personenkreises.

Es ist beabsichtigt, Juden im Alter von über 65 Jahren nicht zu evakuieren, sondern sie einem Altersghetto – vorgesehen ist Theresienstadt – zu überstellen.

Neben diesen Altersklassen – von den am 31. 10. 1941 sich im Altreich und der Ostmark befindlichen etwa 280.000 Juden sind etwa 30 % über 65 Jahre alt – finden in den jüdischen Altersghettos weiterhin die schwerkriegsbeschädigten Juden und Juden mit Kriegsauszeichnungen (EK I) Aufnahme. Mit dieser zweckmäßigen Lösung werden mit einem Schlag die vielen Interventionen ausgeschaltet.

Der Beginn der einzelnen größeren Evakuierungsaktionen wird weitgehend von der militärischen Entwicklung abhängig sein. Bezüglich der Behandlung der Endlösung in den von uns besetzten und beeinflußten europäischen Gebieten wurde vorgeschlagen, daß die in Betracht kommenden Sachbearbeiter des Auswärtigen Amtes sich mit dem zuständigen Referenten der Sicherheitspolizei und des SD besprechen.

In der Slowakei und Kroatien ist die Angelegenheit nicht mehr allzu schwer, da die wesentlichsten Kernfragen in dieser Hinsicht dort bereits einer Lösung zugeführt wurden. In Rumänien hat die Regierung inzwischen ebenfalls einen Judenbeauftragten eingesetzt. Zur Regelung der Frage in Ungarn ist es erforderlich, in Zeitkürze einen Berater für Judenfragen der Ungarischen Regierung aufzuoktroyieren.

Hinsichtlich der Aufnahme der Vorbereitungen zur Regelung des Problems in Italien hält SS-Obergruppenführer Heydrich eine Verbindung mit dem Polizei-Chef in diesen Belangen für angebracht.

Im besetzten und unbesetzten Frankreich wird die Erfassung der Juden zur Evakuierung aller Wahrscheinlichkeit nach ohne große Schwierigkeiten vor sich gehen können.

Unterstaatssekretär Luther teilte hierzu mit, daß bei tiefgehender Behandlung dieses Problems in einigen Ländern, so in den nordischen Staaten, Schwierigkeiten auftauchen werden, und es sich daher empfiehlt, diese Länder vorerst noch zurückzustellen. In Anbetracht der hier in Frage kommenden geringen Judenzahlen bildet diese Zurückstellung ohnedies keine wesentliche Einschränkung.

Dafür sieht das Auswärtige Amt für den Südosten und Westen keine großen Schwierigkeiten.

SS-Gruppenführer Hofmann beabsichtigt, einen Sachbearbeiter des Rasse- und Siedlungshauptamtes zur allgemeinen Orientierung dann nach Ungarn mitsenden zu wollen, wenn seitens des Chefs der Sicherheitspolizei und des SD die Angelegenheit dort in Angriff genommen wird. Es wurde festgelegt, diesen Sachbearbeiter des Rasse- und Siedlungshauptamtes, der nicht aktiv werden soll, vorübergehend offiziell als Gehilfen zum Polizei-Attaché abzustellen.

IV. Im Zuge des Endlösungsvorhabens sollen die Nürnberger Gesetze gewissermaßen die Grundlage bilden, wobei Voraussetzung für die restlose Bereinigung des Problems auch die Lösung der Mischehen- und Mischlingsfragen ist. [...]
[...]

Bezüglich der Frage der Auswirkung der Judenevakuierung auf das Wirtschaftsleben erklärte Staatssekretär Neumann, daß die in kriegswichtigen Betrieben im Arbeitseinsatz stehenden Juden derzeit, solange noch kein Ersatz zur Verfügung steht, nicht evakuiert werden könnten.

SS-Obergruppenführer Heydrich wies darauf hin, daß diese Juden nach den von ihm genehmigten Richtlinien zur Durchführung der derzeit laufenden Evakuierungsaktionen ohnedies nicht evakuiert würden.

Staatssekretär Dr. Bühler stellte fest, daß das Generalgouvernement es begrüßen würde, wenn mit der Endlösung dieser Frage im Generalgouvernement begonnen würde, weil einmal hier das Transportproblem keine übergeordnete Rolle spielt und arbeitseinsatzmäßige Gründe den Lauf dieser Aktion nicht behindern würden. Juden müßten so schnell wie möglich aus dem Gebiet des Generalgouvernements entfernt werden, weil gerade hier der Jude als Seuchenträger eine eminente Gefahr bedeutet und er zum anderen durch fortgesetzten Schleichhandel die wirtschaftliche Struktur des Landes dauernd in Unordnung bringt.

Von den in Frage kommenden etwa 2 1/2 Millionen Juden sei überdies die Mehrzahl der Fälle arbeitsunfähig.

Staatssekretär Dr. Bühler stellt weiterhin fest, daß die Lösung der Judenfrage im Generalgouvernement federführend beim Chef der Sicherheitspolizei und des SD liegt und seine Arbeiten durch die Behörden des Generalgouvernements unterstützt würden. Er hätte nur eine Bitte, die Judenfrage in diesem Gebiet so schnell wie möglich zu lösen.

Abschließend wurden die verschiedenen Arten der Lösungsmöglichkeiten besprochen, wobei sowohl seitens des Gauleiters Dr. Meyer als auch seitens des Staatssekretärs Dr. Bühler der Standpunkt vertreten wurde, gewisse vorbereitende Arbeiten im Zuge der Endlösung gleich in den betreffenden Gebieten selbst durchzuführen, wobei jedoch eine Beunruhigung der Bevölkerung vermieden werden müsse.

Mit der Bitte des Chefs der Sicherheitspolizei und des SD an die Besprechungsteilnehmer, ihm bei der Durchführung der Lösungsarbeiten entsprechende Unterstützung zu gewähren, wurde die Besprechung geschlossen.

Text 59

Telegramm des Unterstaatssekretärs im Auswärtigen Amt, Luther, vom 28. Juni 1942, die Deportation belgischer, französischer und holländischer Juden nach Auschwitz betreffend

Der Chef der Sicherheitspolizei und des SD teilt mit:

„Es ist vorgesehen, ab Mitte Juli bezw. Anfang August d. Js. in täglich verkehrenden Sonderzügen zu je 1.000 Personen zunächst etwa 40.000 Juden aus dem besetzten französischen Gebiet, 40.000 Juden aus den Niederlanden und 10.000 Juden aus Belgien zum Arbeitseinsatz in das Lager Auschwitz abzubefördern.

Der zu erfassende Personenkreis erstreckt sich zunächst auf arbeitsfähige Juden, soweit sie nicht in Mischehe leben und nicht die Staatsangehörigkeit des Britischen Empire, der USA, von Mexico, der mittel- und südamerikanischen Feindstaaten sowie der neutralen und verbündeten Staaten besitzen."

Es wird um baldige Stellungnahme gebeten.

Luther

Text 60

Vermerk des Judenreferenten beim Befehlshaber der Sicherheitspolizei und des SD in Paris vom 8. Juli 1942, die Deportation der Juden betreffend

IV J SA 24   Paris, den 8. 7. 1942

Betr.: Weitere Judentransporte aus Frankreich – Erste Sitzung des Aktionsausschusses

1.) Vermerk:
Besprechungsteilnehmer:
A) SS-Hauptsturmführer Dannecker,
   SS-Unterscharführer Heinrichsohn
B) Darquier de Pellepoix,
   Herr Leguay, Vertreter des Polizeichefs,
   Direktor François, Chef der Haftlager,
   Direktor Hennequin, Chef der Straßenpolizei,
   Direktor Tulard, Chef der Judenkartei der Präfektur Paris,
   Direktor Garnier, Verteter des Präfekten Seine,
   Direktor Schweblin, Antijüdische Polizei,
   Herr Gallien, Kabinettschef bei Darquier,
   Herr Guidot, Stabsoffizier der Straßenpolizei.

In einleitenden Worten wies Darquier darauhin, daß die Besatzungsbehörde sich bereit erklärt habe, dem französischen Staat die Juden abzunehmen und daß man zusammengekommen sei, um über die technische Durchführung des Abschubes zu sprechen. [...]

Daraufhin begann die eigentliche Besprechung und SS-Hauptsturmführer Dannecker stellte fest:

1.) Ob alle anwesenden Herren bevollmächtigte Vertreter ihrer Dienststellen wären, so daß die heute gefaßten Beschlüsse bindend seien und irgendwelche Rückfragen und Änderungen nicht mehr in Betracht kämen. Sämtliche Herren erklärten daraufhin, mit den nötigen Vollmachten ausgestattet zu sein.

Im Lauf der Besprechung wurde
2.) über die in Betracht kommende Zahl der Juden in Groß-Paris gesprochen.
Danach sind in Paris rund 28.000 Juden nach den besonderen Richtlinien (staatenlose usw.) zu verhaften. Hinzu kommen russische Juden (weiß oder rot), so daß man nach Abzug der kranken, transportunfähigen und zu alten Juden mit einer Zahl von 22.000 Juden für Paris rechnen kann.

Anschließend wurde als Punkt
3.) die eigentliche Haftmaßnahme durchgesprochen.
Danach werden durch Inspektoren der Präfektur, der antijüdischen Polizei und weibliche Hilfs-

161   Das von der SS am 10. Juni 1944 als Vergeltung für einen Widerstandsakt der Résistance mit seinen Einwohnern vernichtete südfranzösische Dorf Oradour-sur-Glane.

kräfte, die in Betracht kommenden Karteikarten herausgezogen und arrondissementweise sortiert. Dann erhält Direktor Hennequin (Police Municipale) diese Karten und verteilt sie weiter an die Polizeikommissare der Arrondissements. Diese haben nach den Karten die Verhaftungen vorzunehmen und für die nicht angetroffenen Juden die Karten zurückzugeben.

Bis Freitag, 10. 7. 42, ist die Kartensortierung beendet und am Montag früh (13. 7. 42) kann die Aktion in allen Arrondissements gleichzeitig stattfinden.

Die Juden werden dann in den einzelnen Bürgermeistereien gesammelt und anschließend zum Hauptsammelplatz (Vel d'hiver) abtransportiert. Den Abtransport in die einzelnen Lager übernehmen die Franzosen selbst.

Es wurde die Altersgrenze „16–50 Jahre" festgesetzt.

Zurückbleibende Kinder werden gleichfalls an einem gemeinsamen Platz gesammelt und anschließend von der Union der Juden in Frankreich übernommen und in Kinderheime überführt. Es werden sämtliche Juden in den entsprechenden Alters-

grenzen verhaftet, die transportfähig sind. (Nicht in Mischehe lebende!)

In den Départements Seine et Oise und Seine et Marne wird die Aktion im Anschluß an die Pariser unter Mitwirkung der Pariser Polizei durchgeführt.

In diesem Zusammenhang wurde

4.) über die Aufnahmefähigkeit der einzelnen Haftlager gesprochen. Dabei wurden durch Hauptsturmführer Dannecker folgende Zahlen festgelegt:

Drancy:	6000 Juden (Frauen und Männer)
Compiègne:	6000 Juden " " "
Pithiviers:	5000 Juden " " "
Beaune-la-Rolande:	5000 Juden " " "

5.) Eigentlicher Abtransport der Juden nach dem Osten.

Es wurde festgelegt, daß aus jedem Lager pro Woche ein Transport gestartet wird. Man ist zu dieser Lösung gekommen, weil jeder Transport doch einer gründlichen Vorbereitung bedarf. (Durchsuchung der Juden, Verpflegung, Listen usw.).

Somit werden jede Woche vier Züge mit je 1000 Juden das besetzte Gebiet in Richtung Osten verlassen.

Die Bewachung der Züge wird durch französische Gendarmerie gestellt, die durch ein deutsches Fel[d]gendarmeriekommando von einem Leutnant und acht Mann überwacht werden.
[...]

Der Vertreter der Präfektur de la Seine sah hierfür keine Schwierigkeiten.

2.) B.d.S. mit der Bitte um Kenntnisnahme vorgelegt.

3.) SS-Obersturmbannführer Lischka mit der Bitte um Kenntnisnahme vorgelegt. [...]

gez. Dannecker
SS-Hauptsturmführer

Text 61

Niederländisches Protestflugblatt gegen die Deportation der Juden, Juli 1942

VOLKSGENOSSEN!
ES IST SOWEIT!
Nach der langen Reihe unmenschlicher Bestimmungen in den letzten Wochen: der gelbe Stern,
das Einliefern der Fahrräder, das Verbot, Häuser von Nichtjuden zu betreten, das Verbot, Telefon, Strassenbahn und Zug zu benutzen, das Verbot, in nichtjüdischen Geschäften einzukaufen, ausser in den festgesetzten Stunden usw. ist jetzt das Schlusstück gekommen:
DIE ABSCHIEBUNG ALLER JUDEN IM ALTER VON 16 BIS 42 JAHREN!
Am 15.7.42 des Nachts um 1.50 musste die erste Gruppe sich am Zentral-Bahnhof in Amsterdam melden. Hiernach werden täglich 1200 Juden das gleiche tun müssen. Von Westerbork in Drenthe, wo die Unglücklichen gesiebt werden, werden dann jedesmal ca. 4000 Juden zugleich abgeschoben. Die Züge stehen dafür bereit. Prager Spezialisten im Henkerwerk sind dorthin gekommen, um die Abschiebung so schnell wie möglich durchzuführen. Insgesamt werden auf diese Art und Weise ca. 120.000 jüdische Niederländer entfernt werden.
Dies sind nüchterne Tatsachen, in Hartheit und Sachlichkeit nur den Aufträgen des ägyptischen Pharao gleichkommend, der alle jüdischen männlichen Kinder umbringen liess und des Herodes, dem Antisemiten, der, um Jesus zu töten, alle Säuglinge von Bethlehem töten liess. Nun, verschiedene Tausend Jahre später, haben Hitler und

162   Deportation niederländischer Juden, 1942.

Henker in dieser Gesellschaft ihren Platz gefunden. Offizielle Polnische Berichte nennen die Zahl von 700.000 Juden, die bereits in den Klauen dieser Germanen starben. Unseren jüdischen Mitbürgern wird es ebenso ergehen. Das Los der nichtjüdischen Arbeiter (Niederländer) in Deutschland ist hart, wenn es jedoch um die Juden geht [, geht] es um die Verwirklichung der Drohungen, die die Nazis immer wieder gegen die Juden geschleudert haben, dann geht es um ihre Vernichtung und Ausrottung.

VOLKSGENOSSEN!

Mit Abscheu und Empörung hat das niederländische Volk von den antijüdischen Massnahmen Kenntnis genommen. Wohl muss unser Volk schwer für die Tatsache, dass es sich nicht gegen die so unschuldig vorgestellte Unterzeichnung der Judenerklärung widersetzt hat [, büssen.]

Es ist unsere gemeinsame Schuld, die vom Jüdischen Rat nicht ausgenommen, dass unsere Feinde über eine vollständige Judenadministration verfügen.

Alle vorgehenden deutschen Massnahmen hatten zum Ziel, die Juden von den übrigen Niederländern zu isolieren, die Verbindung unmöglich zu machen und unsere Gefühle von Mitleben und Verbundenheit einzuäschern. Es ist ihnen besser gelungen, als wir es selbst wissen und wahrscheinlich zugeben wollen. Im Geheimen müssen die Juden umgebracht werden, und wir, die Zeugen sind, müssen taub, blind und stumm sein. Wir dürfen ihr Stöhnen nicht hören, wir dürfen ihr Elend nicht ansehen, wir dürfen unsere Abscheu und unser Mitleiden nicht aussprechen. Gott und die Geschichte werden uns verurteilen und mitpflichtig erklären an diesem Massenmord, wenn wir jetzt schweigen und zusehen.

Niederland ist hart geschlagen und tief erniedrigt. Jetzt werden wir den Beweis liefern müssen, dass im Druck unsere Ehre nicht verloren ist und unser Gewissen nicht verstummt, dass unser Glaube nicht kraftlos gemacht ist. Deshalb erwarten wir, dass alle Bürger die Vorbereitungen und Ausführung dieser Abschiebung sabotieren werden. Gedenkt des Februarstreiks im Jahre 1941, als ein bis zum äussersten gereiztes Volk zeigte, was es kann, wenn es will. Wir erwarten, dass Generalsekretäre, Bürgermeister, hohe Beamte, ihr Amt in die Waage werfen und [sich] weigern, noch länger mit der deutschen Besatzungsmacht zusammenzuarbeiten. Wer nun doch an seinem Sitz kleben bleibt, wird nach der Befreiung eine schwere Aufgabe haben, um seine Haltung zu rechtfertigen. Wir rechnen damit, dass alle, die dazu in der Gelegenheit sind, speziell Beamte, Polizei, Eisenbahnpersonal usw. diese sadisti-

schen Nazi-Massnahmen sabotieren werden. Zum Schluss: Wir laden alle Niederländer zu einem Protest an die Adresse des Oberbefehlshaber der deutschen Wehrmacht in den Niederlanden General der Flieger Christiansen, ein.

[...]

Text 62

Bericht des Vertreters des Auswärtigen Amtes beim Reichskommissar für die besetzten niederländischen Gebiete vom 25. Juni 1943, die Deportation der Juden betreffend

Der Reichskommissar Den Haag, 25. Juni 1943 für die besetzten niederländischen Gebiete
Der Vertreter des auswärtigen Amtes
D Pol 3 Nr. 8 Nr. 70 g

An das auswärtige Amt in
Berlin

Betr. Juden

In seinem Geheimbericht an den Reichskommissar schreibt der Befehlshaber der Sicherheitspolizei und des SD wie folgt:

„Von den ursprünglich in den Niederlanden gemeldeten 140.000 Volljuden ist nun der 100.000 Jude aus dem Volkskörper entfernt worden (genaue Zahl etwa 102.000). Davon wurden bisher 72.000 zum Arbeitseinsatz nach dem Osten abgeschoben. Weitere 10.000 Juden haben das Land anderweitig verlassen (Abschiebungen in reichsdeutsche Konzentrationslager, in Internierungslager, Übersiedlung nach Theresienstadt, Auswanderung, Landesflucht). Fast 20.000 Juden sind zurzeit in den Lagern Westerbork, Vught und Barneveld konzentriert. Somit wurde in 11 Monaten die Entjudung der Niederlande annähernd zu drei Vierteln gelöst.

Ein letzter grosser Zuwachs wurde am Sonntag, den 20. 6. 1943 durch eine zweite Grossaktion in Amsterdam erreicht, bei der in 24-stündigem Zugriff 5.500 Juden erfasst werden konnten. Sämtliche südlichen Stadtteile Amsterdam[s] einschliesslich des Viertels Transvaal (ca. 1/3 der Gesamtfläche Amsterdams) wurden abgesperrt und durch Sicherheitspolizei in Gemeinschaft mit Ordnungspolizei Wohnung für Wohnung überholt. Die dort vorgefundenen Juden (ausgenommen Mischehen, Ausländer, Abstammungsklärungen und einige Sonderfälle) wurden marschfertig gemacht und in der gleichen Nacht nach Westerbork verbracht. Wenn auch die Judenschaft auf Grund des bisher offensichtlich unbefriedigenden Ergebnisses der Entjudung Amsterdams alsbald wieder mit derartiger Aktion rechnen konnten, so war diesmal doch der Erfolg dadurch gesichert, dass die Vorbereitungen der umfach[ng]reichen Aktion bis zum letzten Augenblick geheim gehalten werden konnten. So war die Judenschaft trotz vieler Gerüchte vollkommen überrascht und deprimiert, weshalb sich augenblicklich Juden in der Öffentlichkeit nur im geringem Umfang blicken lassen. – Zu Zwischenfällen ist es nicht gekommen. Die niederländische Bevölkerung steht den Abtransporten vollkommen ablehnend gegenüber, zeigte sich jedoch äußerlich überwiegend teilnahmslos. Die grosse Masse war hauptsächlich darüber verärgert, dass sie die abgesperrten Stadtviertel nur unter Schwierigkeiten verlassen konnte. – Zur Hilfe beim Abtransport war der jüdische Ordnungsdienst aus dem Lager Westerbork eingesetzt.

Bei dieser Aktion gelang es auch, den Kern des ehemaligen Judenrates zu erfassen und abzutransportieren. Die bereits in Westerbork anwesenden Juden, insbesondere die Emigranten aus Deutschland, zeigten über diesen Umstand eine unverhohlene Schadenfreude und bedauerten allgemein, dass nicht auch die obersten Spitzen, insbesondere die Juden Asscher und Cohen nebst ihrem Anhang mit eingeliefert wurden.

Nunmehr sind die Juden auch aus allen Rüstungsbetrieben entfernt (ausgenommen die Diamantenverarbeitung). Die Überführung eines Teiles von Spezialarbeitern nach dem Lager Vught ist im Gange."

[...]

Text 63

Telegramm des Sonderbeauftragten Veesenmayer an Botschafter Ritter vom 19. Juni 1944, einen Bericht des Höheren SS- und Polizeiführers in Budapest betreffend

Telegramm
aus Budapest, Nr. 1830 vom 17. 6.
Ankunft: den 19. Juni 1944 19.00 Uhr
Geheim!

Für Herrn Botschafter Ritter.
Im Anschluss an Drahtbericht Nr. 261 vom heutigen Tage.
Der höhere SS- und Polizeiführer meldet mir am 16. Juni:

163   Selektion ungarischer Juden an der Rampe in Auschwitz-Birkenau, 1944.

1) Kommunismus.
Nach einer Meldung des KDS Szeged wurden in der Nacht zum 13. 6. 1944 insgesamt 18 Personen wegen kommunistischer Betätigung von einer Spezialabteilung der ungarischen Gendarmerie festgenommen.

2) Banditen, Fallschirmagenten.
Im Bereich des KDS Stuhlweissenburg wurde zwischen Veszprem und Gyula-Viratot ein Fallschirmspringer gefangen genommen.

3) Die Gesamtzahl der nach dem Reich abtransportierten Juden beläuft sich auf 340.142. Damit ist der Abtransport der 3. Zone abgeschlossen. Die augenblicklich als freie Arbeiter in der Industrie tätigen Juden werden demnächst in den jüdischen Arbeiterdienst eingebaut. Seitens des Honvedministeriums ist nunmehr der Erlass betreffs schärferer Bewachung des jüdischen Arbeitsdienstes ergangen.
Wie bereits im Tagesbericht vom 8. 6. 44 ausgeführt, wurde das Spiel mit Juden, die illegal ins Ausland zu flüchten versuchten, in Verbindung mit der deutschen Luftwaffe fortgesetzt. Dabei wurden erneut sechs Juden festgenommen. Sie hatten

Luftwaffenangehörigen 300.000 Pengö für den Abtransport in die Schweiz angeboten.

IV) Reichsverrat.
Nach einer vertraulichen Meldung soll in Pußtavan unter Mithilfe des evang. Pfarrers Gustav Weinberger gegen die Waffen-SS-Aktion in der Bevölkerung Stimmung gemacht werden. Angeblich werden Unterschriften gesammelt. Die Liste soll die Aufschrift tragen: „Einem fremden Staat dienen wir nicht." Angeblich haben auch Volksdeutsche unterschrieben.
Der Landwirt Josef Hohmann, der ungarischer Staatsangehöriger ist, konnte festgenommen werden, als er in den Wohnungen der Volksbundgegner Unterschriften gegen die 3. SS-Aktion sammelte.

V) Feindpropaganda.
Im Bereich des KDS Miskolc wurde erstmalig in der Nacht zum 11. 6. 44 in der Umgebung von Munkacs ein Flugblatt mit der Aufschrift „Nationalkomitee Freies Deutschland" sichergestellt.

Veesenmayer

164   Kinder eines Deportationszuges aus Ungarn. Auschwitz, Oktober 1944.

165   Erschießung jugoslawischer Geiseln in Pančewo bei Belgrad, 1942.

Text 64

Vermerk über eine Besprechung unter dem Vorsitz Heydrichs im Reichskriminalpolizeiamt am 3. Dezember 1941, den Einsatz ausländischer Arbeiter im Deutschen Reich betreffend

Vermerk

Betr.: Einsatz ausl. Arbeiter im Reich.

Unter Vorsitz des SS Ober-Gr. F. General der Polizei Heydrich fand am 3. 12. 11 Uhr im Reichskriminalpolizeiamt eine Besprechung über obiges Thema statt. Anwesend waren etwa 45 bis 50 Vertreter verschiedener Dienststellen, darunter Parteikanzlei, Ostministerium, Auswärtiges Amt, Reichswirtschaftsministerium, Reichsarbeitsministerium. OKW-Abwehrstelle, OKW-Rüstungsamt, Hauptamt der Ordnungspolizei, Reichssicherheitshauptamt, Reichskommissar f. d. Festigung deutschen Volkstums, Reichsstatthalter Hamburg, DAF und RNSt (AL OLR Dr. Hatesaul, Ref. Dr. Wittern, Ref. Schwarz).

H. führte aus, dass etwa 9 Mill. fremde Menschen (davon rd. 6,5 Mill. Kriegsgefangene) im deut-

schen Raum leben. Sie bedeuten in nervenangreifender Zeit wie heute in vieler Hinsicht Gefahr und verdienen besondere Beachtung. Die wirtschaftliche Seite (Produktionshebung und Abwehr von Sabotage usw.) sowie die Unterwanderungsgefahr fanden besondere Erwähnung. Sind die zu berücksichtigenden wirtschaftlichen Gesichtspunkte ohne weiteres als aktuell anerkannt, so muss dem Versuch, die rassische und Volkstumsfrage für die Nachkriegszeit zurückzustellen, entschieden entgegengetreten werden, da Kriegsdauer unbestimmt und die Gefahr mit der Zeit wächst. Leider hat der Ausländereinsatz ohne jegliche Führung hinsichtlich Anwerbung, Einsatz, Behandlung u. dergl. begonnen, sodaß es immer schwerer wurde, noch nachträglich steuernd einzugreifen. Der in Vorbereitung befindliche Russeneinsatz bietet jedoch diese Gelegenheit und sie muss und wird der besonderen Gefahren wegen, die diese Völker darstellen, genützt werden.

Zu unterscheiden sind folgende Gruppen von Fremden:

1. Fremde, die im Reich leben: Polen und Tschechen.

Die Polenfrage ist gelöst. Die Tschechen sind noch nicht durchgesiebt. H. hält 40–60 % für eindeut-

schungsfähig. Vielleicht lässt sich eine Siebung und Trennung für und durch den Arbeitseinsatz erzielen.

3. [=2.] In den besetzten Gebieten angeworbene Arbeitskräfte gleichen Stammes. Flamen, Holländer, Dänen, Norweger.

3. Befreundete Fremdstämmige (Italiener, Spanier, Kroaten, Slowaken, Ungarn, Bulgaren)

4. Sonstige Fremdvölkische.

Da sich ergeben hat, daß die meisten Schwierigkeiten hinsichtlich Behandlung und im Einsatz gerade die befreundeten Völker bereiten, muss nach Auffassung des Führers versucht werden, sie soweit als möglich durch Kräfte aus dem von uns besetzten Raum zu ersetzen und diese des leichteren Zugriffs der Exekutive wegen auf Kriegsgefangenenstufe zu halten und einzusetzen (geringer Lohn, Barackenunterbringung). Auch die völkischen Gefahren werden hierdurch am leichtesten verringert, da auch die Freizeit in den Baracken zu verbringen ist. H. erwähnte in dem Zusammenhang eine private Vereinbarung mit dem italienischen Polizeichef und einen in Vorbereitung befindlichen Appell an das Ehrgefühl der Waffenbrüder gegenüber den Frauen der abwesenden Frontsoldaten Abstand zu halten.

Es ergeben sich eine Fülle von Maßnahmen, die z. T. kurzfristig notwendig werden, soll der Einsatz der Russen mit möglichst geringen Gefahren und Schwierigkeiten vor sich gehen. Die Barackenläger für die Russen müssen bei ihrem Eintreffen bezugsfertig stehen, sonst laufen die Arbeiter auseinander und sind verloren. Auch die Lagerordnung vor allem wegen der zu beachtenden hygienischen Gesichtspunkte muss geklärt vorliegen. Im Einsatz wird sich eine Trennung der Russen von deutschen Arbeitern und Arbeiterinnen kaum ermöglichen lassen, selbst auf die Gefahr hin, dadurch einige wertvolle deutsche Arbeiter verlieren zu müssen. Es muss also die innere Abwehr im Betrieb verstärkt werden, um das Aufkommen eines Solidaritätsgefühls auf deutscher Seite mit allen Mitteln zu unterbinden und Sabotage und Spionage zu vermeiden. Auch die völkische Gefahr wächst wieder bei der nicht zu vermeidenden Zusammenarbeit und starken weiblichen Belegschaft der Betriebe. Die Kennzeichnung der Ostvölker muss geklärt und dabei gewisse Differenzierungen beachtet werden z. B. „Ost" allgemein und für die altrussischen Gebiete noch ein Zusatz. Doch sollen dadurch Selbständigkeitsregungen (z. B. der Ukrainer) nicht gestützt oder gefördert werden. Maßgeblich für die Entscheidungen ist allein der Gesichtspunkt, größten Nutzen für die deutsche Kriegswirtschaft zu erzielen.

[...]

Text 65

Polizeiverordnung über die Kenntlichmachung im Reich eingesetzter Zivilarbeiter und -arbeiterinnen polnischen Volkstums, vom 8. März 1940

Auf Grund der Verordnung über die Polizeiverordnungen der Reichsminister vom 14. November 1938 (Reichsgesetzbl. I S. 1582) wird verordnet:

§ 1

(1) Arbeiter und Arbeiterinnen polnischen Volkstums, die im Reichsgebiet zum zivilen Arbeitseinsatz eingesetzt sind oder eingesetzt werden, haben auf der rechten Brustseite jedes Kleidungsstückes ein mit ihrer jeweiligen Kleidung fest verbundenes Kennzeichen stets sichtbar zu tragen.

(2) Das Kennzeichen besteht aus einem auf der Spitze stehenden Quadrat mit 5 cm langen Seiten und zeigt bei 1/2 cm breiter violetter Umrandung auf gelbem Grunde ein 2 1/2 cm hohes violettes P.

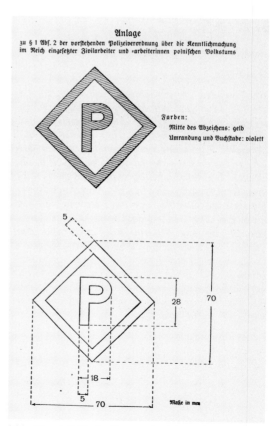

166   Vorschrift für das Zwangsabzeichen polnischer „Zivilarbeiter und -arbeiterinnen", 1940.

§ 2
(1) Wer der Vorschrift des § 1 vorsätzlich oder fahrlässig zuwiderhandelt, wird mit Geldstrafe bis zu 150 Reichsmark oder Haft bis zu sechs Wochen bestraft.
(2) Unberührt bleiben Strafvorschriften, in denen eine höhere Strafe angedroht ist, und polizeiliche Sicherungsmaßnahmen.

§ 3
Die zur Durchführung und Ausführung der Polizeiverordnung erforderlichen Rechts- und Verwaltungsvorschriften erläßt der Reichsführer SS und Chef der Deutschen Polizei im Reichsministerium des Innern.

§ 4
Die Verordnung gilt für das Gebiet des Großdeutschen Reichs mit Ausnahme der in das Reich eingegliederten Ostgebiete.

§ 5
Die Verordnung tritt drei Wochen nach ihrer Verkündung in Kraft.

Berlin, den 8. März 1940.
Der Reichsminister des Innern
In Vertretung H. Himmler

Text 66

Eine unserer gefährlichsten Selbsttäuschungen besteht darin, daß wir uns als Erwachsene für gefeit gegen inhumane Handlungsweisen halten, nur weil wir unter durchschnittlichen sozialen Bedingungen z. B. zu keinen massiven destruktiven Aktivitäten verleitet werden. In sozialen Ausnahmezuständen und selbst in Laboratoriumsexperimenten erweist sich, daß eine Mehrzahl von Menschen aller sozialen Schichten von der Befolgung wesentlicher moralischer Grundsätze abgelenkt werden kann, mit denen die Betreffenden sich vorher identifiziert geglaubt hatten. Das Ausmaß der Beeinflußbarkeit menschlichen Verhaltens im moralischen Bereich ist so hochgradig, daß es offenbar mit unserem allgemeinen Selbstwertgefühl nicht mehr vereinbar ist und deshalb gemeinhin glattweg geleugnet wird.

Horst Eberhard Richter

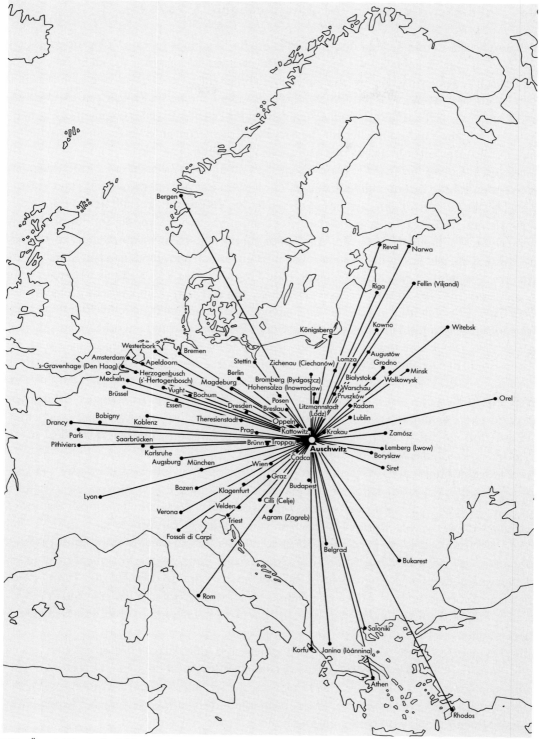

167   Übersichtskarte der Städte, aus denen Häftlingstransporte nach Auschwitz gingen.

4.7. Politischer Widerstand und „Hausgefängnis" (1939–45)

Mit Beginn des Zweiten Weltkrieges wurden die Bedingungen für den Widerstand gegen die NS-Herrschaft noch schwieriger. Viele Deutsche solidarisierten sich mit dem System im Rausch der militärischen Siege ebenso wie später angesichts der drohenden Niederlage. Andere hielten es für ihre Pflicht, die politische Führung im Kriege zu unterstützen, auch wenn sie nicht zu ihren fanatischen Anhängern gehörten. Hinzu kamen die zunehmende Perfektion der polizeilichen Überwachung, die verschärfte Verfolgung und die immer maßloseren Strafen gegen oppositionelles Verhalten jeder Art.

Andererseits erweiterte sich das politische Spektrum des Widerstands. Hatte dieses in den ersten Jahren fast ausschließlich aus Mitgliedern der Arbeiterbewegung und einzelnen Geistlichen bestanden, die ihr Gewissen in den Gegensatz zur offiziellen Politik der Amtskirchen trieb, so war allmählich auch eine Opposition in Kreisen der national-konservativen Machteliten entstanden, die Hitler zunächst gefolgt waren, durch die Kriegspolitik und die immer offener verübten Verbrechen jedoch anderen Sinnes wurden. So findet man während des Krieges unter den Gegnern des NS-Systems Märtyrer des Gewissens aus christlicher und sozialistischer Überzeugung, kämpferische Demokraten und Oppositionelle aus nationaler Gesinnung, ganz zum Schluß auch noch einige Opportunisten, die angesichts des voraussehbaren Endes die Front zu wechseln versuchten. Unter dem Druck der tatsächlichen Entwicklung wurde die Widerstandsbewegung zu Konsequenzen getrieben, die für viele erst am Ende eines langen Erkenntnisprozesses standen. Für den Tyrannenmord entschieden sich die einen, die hofften, auf diese Weise den Staat retten und einen innenpolitischen Neuanfang machen zu können – für die Sabotage und den militärischen Verrat die anderen, die zu der Überzeugung gekommen waren, daß die Befreiung von der NS-Herrschaft nur noch um den Preis der militärischen Niederlage möglich war.

Im „Hausgefängnis" der Gestapo waren seit Kriegsbeginn viele Einzelkämpfer wie Georg Elser oder Angehörige kleiner Widerstandsgruppen wie Robert Havemann inhaftiert. Besonders zahlreich vertreten waren Mitglieder der Widerstandsgruppe Harnack/Schulze-Boysen („Rote Kapelle") und der verschiedenen Gruppierungen des 20. Juli 1944, von den Sozialisten und dem „Kreisauer Kreis" bis zu den national-konservativen Beamten, den hohen Offizieren und den Spezialisten der Abwehr. Vor allem bei den Ermittlungen gegen die „Rote Kapelle" 1942 und noch mehr nach dem 20. Juli 1944 erwies sich das „Hausgefängnis" als viel zu klein, so daß viele Häftlinge zwar in die Prinz-Albrecht-Straße 8 zur Vernehmung gebracht, aber in anderen Berliner Gefängnissen gefangengehalten wurden.

Die Dokumentation der politischen Gefangenen, die eine Anzahl dieser Zeugen für ein anderes Deutschland in kurzen Porträts vorstellt, muß sich auf Beispiele beschränken. Erwähnt sei jedoch, daß während des Krieges auch Häftlinge aus der Sowjetunion, Polen, Ungarn, der Tschechoslowakei und anderen Ländern im „Hausgefängnis" saßen, über deren Namen, Zahl und Schicksal keine näheren Angaben vorliegen.

168   **Johann Georg Elser** (1903—45), am 13.—14. November 1939 während einer Vernehmung durch die „Sonderkommission Bürgerbräu-Attentat".

Möbel- und Kunsttischler, sympathisierte Ende der zwanziger Jahre mit der KPD und war Mitglied des Roten Frontkämpferbundes. Während der „Sudetenkrise" 1938 entschloß er sich zu einem Attentat auf Hitler. Am 8. November 1939 explodierte im Münchener Bürgerbräukeller eine von ihm hergestellte und dort installierte Zeitzünderbombe. Sie tötete acht Menschen; Hitler hatte jedoch kurz vorher den Raum verlassen.

Elser wurde am gleichen Abend verhaftet und zuerst von einer Sonderkommission aus Gestapo- und Kripobeamten in München verhört. Anschließend zog die Gestapo die Ermittlungen an sich und verhörte Elser vom 19. bis 23. November 1939 in der Prinz-Albrecht-Straße 8. Nach Abschluß der Vernehmungen wurde er in das Konzentrationslager Sachsenhausen, später in das Konzentrationslager Dachau eingeliefert. Dort wurde er am 9. April 1945 auf Weisung des Geheimen Staatspolizeiamtes von der SS ermordet.

Braune war 1940 Vizepräsident des Zentralausschusses für Innere Mission der deutschen evangelischen Kirche. Wegen seiner offenen Opposition gegen die Morde an Behinderten und psychisch Kranken, von denen er als Leiter der Hoffnungstaler Anstalten bei Berlin wußte, wurde er am 12. August 1940 verhaftet. Er wurde von der Gestapo drei Monate in der Prinz-Albrecht-Straße 8 festgehalten, anschließend jedoch unter Auflagen entlassen.

Nach dem Krieg war Braune bis zu seinem Tode Leiter der Hoffnungstaler Anstalten, Domherr von Brandenburg und Präsidiumsmitglied der Evangelischen Kirche Deutschlands.

170   **Rudolf Breitscheid** (1874—1944), 1942 im Konzentrationslager Buchenwald.

Dr. phil.; seit 1912 Mitglied der SPD; 1917—22 USPD, 1918—19 preußischer Innenminister; 1920—33 Reichstagsabgeordneter, 1928—33 Vorsitzender der SPD-Fraktion. Im Pariser Exil setzte Breitscheid sich für die Schaffung einer Volksfront gegen Hitler ein.

Ende 1940 wurde er in Südfrankreich verhaftet und der Gestapo ausgeliefert. Vom 13. Februar 1941 bis 9. Januar 1942 war er in der Prinz-Albrecht-Straße 8 inhaftiert. Von dort wurde er in das Konzentrationslager Sachsenhausen, später nach Buchenwald verlegt, wo er am 24. August 1944 bei einem Luftangriff ums Leben kam.

169   **Paul Gerhard Braune** (1887–1954), nach 1945.

171   **Kurt Lehmann** (geb. 1906), um 1944.

Vor 1933 Funktionär der Seeleute-Gewerkschaft in Hamburg; ging im Mai 1933 ins holländische Exil, von wo aus er mit Unterstützung der Internationalen Transportarbeiter-Föderation (ITF) im gewerkschaftlichen Widerstand gegen das NS-Regime, gemeinsam mit seinem Bruder Werner (1904—41), tätig war; 1936 kämpften beide im Spanischen Bürgerkrieg.

1939 wurden Kurt und Werner Lehmann in Frankreich interniert und 1941 an die Gestapo ausgeliefert. Am 20. August wurden sie in die Prinz-Albrecht-Straße 8 gebracht. Werner Lehmann starb dort am 21. September 1941 unter bis heute nicht genau geklärten Umständen, wahrscheinlich durch Selbstmord. Kurt Lehmann blieb bis Juli 1943 im Kellergefängnis; anschließend war er im Untersuchungsgefängnis Moabit, im Gefängnis Plötzensee und in den Zuchthäusern Amberg und Straubing inhaftiert.

Nach 1945 war Kurt Lehmann als Angestellter im öffentlichen Dienst beschäftigt.

172   Harro Schulze-Boysen (1904—42) und **Libertas Schulze-Boysen,** geb. Haas-Heye (1913—42), Ende der dreißiger Jahre.

H. Schulze-Boysen:
Mitglied des „Jungdeutschen Ordens", seit 1932 Herausgeber der Zeitschrift „Der Gegner", die im April 1933 verboten wurde; 1933 vorübergehend inhaftiert und in der Haft von der SA brutal mißhandelt. In der von der Gestapo „Rote Kapelle" genannten Widerstandsgruppe nahm er gemeinsam mit Arvid Harnack eine Schlüsselposition ein. Als Oberleutnant im Reichsluftfahrtministerium gab er seit 1941 militärische Informationen an die Sowjetunion weiter. Er schrieb Artikel für die Untergrundzeitung „Die Innere Front" und organisierte illegale Flugblatt- und Klebeaktionen in Berlin.

Nach der Verhaftung am 30. August 1942 wurde er in die Prinz-Albrecht-Straße 8 gebracht und dort ebenso wie Arvid und Mildred Harnack, Adam Kuckhoff und andere Mitglieder der Gruppe von der Gestapo verhört und gefoltert. Er blieb bis zu seiner Verurteilung am 19. Dezember im „Hausgefängnis". Am 22. Dezember 1942 wurde er in Plötzensee hingerichtet.

L. Schulze-Boysen:
Bis 1935 arbeitete sie als Assistentin in der Presseabteilung bei Metro-Goldwyn-Mayer in Berlin, dann als freie Journalistin und später als Mitarbeiterin der Berliner Kulturfilmzentrale. 1936 heiratete sie Harro Schulze-Boysen. Sie gehörte zu den wichtigsten Mitgliedern der Widerstandsgruppe um ihren Mann und Arvid Harnack.

Nach ihrer Verhaftung am 3. September 1942 wurde sie in der Prinz-Albrecht-Straße 8 von der Gestapo verhört. Zusammen mit ihrem Mann wurde sie zum Tode verurteilt und am 22. Dezember 1942 in Plötzensee hingerichtet.

173   **Arvid Harnack** (1901—42), 1942 während der Gestapo-Haft.
Dr. iur.; seit 1935 im Reichswirtschaftsministerium, zuletzt als Oberregierungsrat. Harnack war vor 1933 Mitgründer und Generalsekretär einer „Arbeitsgemeinschaft zum Studium der sowjetrussischen Planwirtschaft" und neben Harro Schulze-Boysen zentrale Figur der Gruppe „Rote Kapelle".
Am 7. September 1942 wurde er zusammen mit seiner Frau, Mildred Harnack-Fish, festgenommen und in der Prinz-Albrecht-Straße 8 inhaftiert. Auch Arvid Harnack gehörte zu den von der Gestapo gefolterten Mitgliedern der Widerstandsgruppe. Er wurde am 19. Dezember zum Tode verurteilt und am 22. Dezember 1942 in Plötzensee hingerichtet.

174   **Mildred Harnack-Fish,** geb. Fish (1902—43), 1942 während der Gestapo-Haft.
Dr. phil.; aufgewachsen in den USA; Dozentin für moderne amerikanische Literatur an der Universität in Madison (Wisconsin); nach der Übersiedelung nach Berlin als Übersetzerin, Lektorin und Dozentin an der Berliner Universität tätig. Sie gehörte dem Widerstandskreis um Harro Schulze-Boysen und ihren Ehemann Arvid Harnack an.
Zusammen mit ihrem Mann wurde sie am 7. September 1942 verhaftet und in der Prinz-Albrecht-Straße 8 inhaftiert. Während der Verhöre wurde sie wie viele der Gruppenmitglieder gefoltert. Das Urteil des Reichskriegsgerichts, das auf sechs Jahre Zuchthaus lautete, wurde auf Weisung Hitlers aufgehoben. Am 16. Januar verurteilte sie ein anderer Senat des Reichskriegsgerichts in einem neuen Verfahren zum Tode. Am 16. Februar 1943 wurde sie in Plötzensee hingerichtet.

175   **Greta Kuckhoff,** geb. Lorke (1902—81), um 1946.
Lehrerin; seit 1924 zusätzliches Studium der Volkswirtschaft; Studienaufenthalt in den USA, bei dem sie Mildred Fish und Arvid Harnack kennenlernte; seit 1933 Arbeit als Übersetzerin und Dolmetscherin; 1937 heiratete sie Adam Kuckhoff. Greta Kuckhoff wußte von den Aktivitäten der Widerstandsgruppe „Rote Kapelle" und unterstützte sie.
Am 12. September 1942 wurde sie verhaftet und in der Prinz-Albrecht-Straße 8 vernommen, war aber, wie die meisten Frauen der Gruppe, im Gefängnis des Polizeipräsidiums am Alexanderplatz inhaftiert. Das Todesurteil des Reichskriegsgerichtes wurde im Mai 1943 in eine zehnjährige Zuchthausstrafe umgewandelt. Bis zur Befreiung blieb sie im Zuchthaus Cottbus.
Nach 1945 wurde Greta Kuckhoff Mitglied der SED. Sie war 1949—58 Abgeordnete der Volkskammer der DDR und 1950—58 Präsidentin der Notenbank der DDR.

176   **Adam Kuckhoff** (1887–1943), 1934.
Dr. phil.; gründete 1927 das Frankfurter Künstlertheater; 1928–29 Schriftleiter der Zeitschrift „Die Tat"; 1930–32 Spielleiter am Staatstheater Berlin; später vor allem als Lektor und Autor tätig. Enge Kontakte zu Arvid und Mildred Harnack und zu Harro Schulze-Boysen; aktiver Widerstand, u. a. Redaktion der Untergrundzeitung „Innere Front".
Kuckhoff wurde am 12. September 1942 in Prag verhaftet und war in der Folgezeit in der Prinz-Albrecht-Straße 8 inhaftiert. Er wurde vom Reichskriegsgericht zum Tode verurteilt und am 5. August 1943 in Plötzensee hingerichtet.

Bildhauer; Meisterschüler von Ludwig Gies; 1931 preußischer Staatspreisträger; bis zur Übernahme des Gebäudes durch die Gestapo arbeitete er in einem Atelier der ehemaligen Kunstgewerbeschule in der Prinz-Albrecht-Straße 8. Schumacher beteiligte sich mit seiner Ehefrau Elisabeth, geb. Hohenemser (1904–42) an der Widerstandsarbeit der „Roten Kapelle".
Kurt und Elisabeth Schumacher wurden im September 1942 verhaftet; er kam in das „Hausgefängnis" in der Prinz-Albrecht-Straße 8, sie in das Polizeigefängnis am Alexanderplatz. Am 19. Dezember wurden beide zum Tode verurteilt und am 22. Dezember 1942 in Plötzensee hingerichtet.

Text 67

Weil ich dabei geschnappt wurde, wie ich für Harro einen Zettel an einen Franzosen durch die Eßklappe zu werfen versuchte, wurde mir alles entzogen, meine eigenen Bücher, die Bücher von hier, alles Schreibzeug, sogar das von meiner geliebten Elisabeth gezeichnete Bild mit unseren beiden Gesichtern. Es ist so gut, daß seine Vernichtung ewig schade wäre. Dann habe ich den kärglichen Spaziergang auch nicht mehr, bekomme keine Post und keine Pakete. Das alles jetzt seit 10 Tagen. Es ist zuweilen fast unerträglich, und ich denke zuweilen mit Entsetzen an die Frauen, an Elisabeth im Alex, die, wie sie mir schrieb, nichts zu lesen bekommen und aus Gründen der Ersparnis auch kein Licht... Wir kämpfen für unsere Sache.
gefesselt, 2. Nov. 1942   Kurt Schumacher

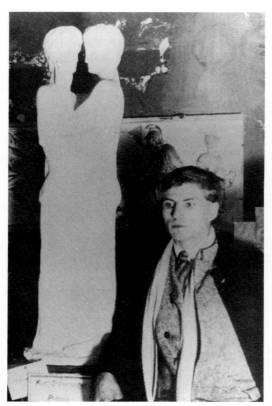

177   **Kurt Schumacher** (1905–42), 1931 als Träger des preußischen Staatspreises.

178   **Günther Weisenborn** (1902–69), um 1950.
Dramatiker und Romancier; 1922 Studium der Medizin, Ger-

manistik und Philosophie; 1928 Uraufführung von „U-Boot S 4" an der Volksbühne Berlin; ab 1930 Arbeit u. a. mit Brecht und Eisler; 1937 Begegnung mit Harro Schulze-Boysen; tätig für Metro-Goldwyn-Mayer; 1941 Chefdramaturg am Berliner Schiller-Theater; Widerstandsarbeit in der Gruppe „Rote Kapelle".

Am 26. September 1942 wurde Weisenborn mit seiner Frau verhaftet und zunächst bis zum 20. Oktober in der Prinz-Albrecht-Straße 8 inhaftiert. Am 21. Januar 1943 wurde er aus der Strafanstalt Spandau erneut dorthin gebracht und blieb — bei einem Zwischenaufenthalt in Spandau im Februar 1943 — mehrere Monate in Einzelhaft. Vom Reichskriegsgericht zu drei Jahren Zuchthaus verurteilt, blieb er bis zu seiner Befreiung 1945 im Zuchthaus Luckau/Niederlausitz.

Nach 1945 Theaterarbeit in Berlin und Hamburg; zahlreiche literarische Veröffentlichungen; 1953 veröffentlichte er ein Buch über den deutschen Widerstand („Der lautlose Aufstand").

Text 68

Wenn man seine Tage damit verbringt, gefesselt in einer absolut ungeheizten Kellerzelle ohne ein Buch, hungrig, fast im Dunkeln auf seinem Schemel zu sitzen, wird man fast verlegen darüber, wie weit es die Menschheit gebracht hat. Alles was Welt war, ist mit raffinierter Peinlichkeit entfernt. Du siehst kaum etwas, denn nur durch eine winzige dicke Mattscheibe über der Tür leuchtet das Flurlicht, du hörst nichts als das tödliche Schweigen jener gefährlichen Keller, du bist schwach vor Hunger, fast besinnungslos von dem monatelangen Frieren, elend, schmutzig und allein. Und du analysierst mit dem Rest von Präzision, den dein Gehirn noch besitzt, daß dies eine wahrhaft tödliche Methode ist, sie liefert nach allem Elend den Zerfall der Persönlichkeit. Ganze Trakte stürzen lautlos ein. Diese Justiz ist vollkommen in ihrem komplexen Vernichtungswillen. Ihre drei Stadien sind: 1. die Zerstörung deiner Lebensumstände, 2. die Auslöschung deiner Persönlichkeit und schließlich 3. die Vernichtung deines Körpers auf irgendeine möglichst billige Weise.

[...]

Um vier Uhr nachmittags fällt die Klappe an meiner Tür. Der SS-Posten ruft herein: „Sie werden gleich abgeholt..." Und dann folgt das furchtbare Wort... „zur Vernehmung".

Ich sitze wie erstarrt. Das Herz beginnt zu klopfen. Dann beginne ich fieberhaft meinen Kampfplan erneut zu überlegen. Und wenn er so fragt und so und so? Und wenn er danach fragt und danach? Finde die Antwort. Schnell. Du wirst gleich abgeholt. Es ist fünf Uhr.

Ich sitze mit eisern zusammengebissenen Zähnen, entschlossen, energiegeladen, gespannt und kampfbereit. Immer wieder rasen meine Gedanken durch alle Möglichkeiten. Es wird sechs Uhr, es gibt die Abendsuppe. Nach dem Essen eiliger

179   **Adolf Grimme** (1889–1963), um 1930.
Seit 1918 Mitglied der SPD; 1930–32 preußischer Minister für Wissenschaft, Kunst und Volksbildung; 1932–33 Abgeordneter des preußischen Landtages.
Im Zuge der Ermittlungen der Gestapo gegen die Widerstandsgruppe „Rote Kapelle" wurde Grimme, der mit Adam Kuckhoff befreundet war, am 11. Oktober 1942 verhaftet; bis zum Prozeß am 1.–2. Februar 1943 blieb er im „Hausgefängnis" der Prinz-Albrecht-Straße 8. Am 3. Februar 1943 wurde er zu drei Jahren Zuchthaus verurteilt und anschließend in Spandau, Luckau/Lausitz und Fuhlsbüttel inhaftiert.
1946–48 war Grimme Kultusminister des Landes Hannover/ Niedersachsen; 1948–56 Verwaltungsratsvorsitzender bzw. Generaldirektor des Nordwestdeutschen Rundfunks.

Spaziergang in der Zelle. Die Gedanken rasen im Kreis. Ich werde müde. Es ist acht Uhr.

Ich liege auf der Pritsche, bereit, sofort aufzuspringen. Die Gedanken fangen an sich zu verwirren. Es ist kalt in der Zelle, ich friere wie ein Hund. Ich höre es draußen zehn schlagen. Ich bin fertig.

Ich weiß nicht mehr aus noch ein, es ist ja sinnlos, das alles! Es schlägt elf Uhr. Ich bin von der nutzlos verschwendeten Energie wie gelähmt. Es ist alles egal. Ich liege mit offenen Augen. Es schlägt zwölf Uhr. Sie kommen nicht mehr, und wenn sie kommen, ist es egal. Müde, müde bin ich. Endlich, gegen halb zwei, rasseln die Schlüssel, die Tür geht auf. Ein bleicher, böser SS-Posten:

„Los, mitkommen! Vernehmung!"

Ich stehe auf wie gerädert und gehe mit.

Einen frischen, ausgeruhten Mann will er nicht zur Vernehmung. Er soll seine Nerven bereits verloren haben, ehe es anfängt.

Günther Weisenborn

180   John Sieg (1903—42), 1942 in Gestapo-Haft.
In den USA geboren und aufgewachsen; 1923—28 aktiver
Gewerkschafter in den USA; seit 1928 in Deutschland; seit
1929 Mitglied der KPD; schrieb für das „Berliner Tageblatt",
die „Vossische Zeitung", „Die Tat" und „Der Gegner"; kurz vor
deren Verbot Mitarbeiter der „Roten Fahne", des Zentralor-
gans der KPD. Von März bis Juni 1933 in Haft. Er schloß sich
der Widerstandsgruppe „Rote Kapelle" an und schrieb u. a. für
deren Untergrundzeitung „Die Innere Front".
Sieg wurde am 11. Oktober 1942 von der Gestapo verhaftet.
Nach ersten Verhören nahm er sich in der Prinz-Albrecht-
Straße 8 am 15. Oktober 1942 das Leben.

181   Max Josef Metzger (1887—1944), um 1940.
Dr. theol.; katholischer Theologe und Pazifist; gründete 1917
den „Weltfriedensbund vom Weißen Kreuz", dessen deutsche
Landesgruppe der „Friedensbund deutscher Katholiken"
wurde; 1919 Gründung der „Missionsgesellschaft vom Weißen Kreuz" (seit 1927 „Christkönigsgesellschaft"); 1939
Gründung der unitarischen Bruderschaft „Una Sancta".
Metzger, wegen seiner Denkschrift „Die Kirche und das neue
Deutschland" bereits im Januar 1934 inhaftiert und vom 9. November bis 4. Dezember 1934 ein zweites Mal im Gefängnis,
wurde am 29. Juni 1943 in Berlin von der Gestapo verhaftet
und in die Prinz-Albrecht-Straße 8 gebracht, wo er bis zum 11.
September 1943 blieb. Wegen seiner politischen Kontakte
zum Erzbischof von Uppsala wurde er am 14. Oktober 1943
zum Tode verurteilt und am 17. April 1944 im Zuchthaus Brandenburg hingerichtet.

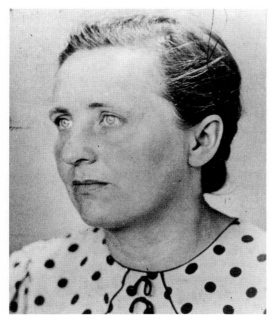

182   Charlotte Hundt, geb. Thiele (1900—43).
Die Stenotypistin aus Berlin-Wittenau wurde am 17. Mai 1943
von der Gestapo verhaftet, weil sie dem früheren Berliner
Kommunisten Ernst Beuthke, der 1933 in die Sowjetunion emi-
griert und um die Jahreswende 1942/43 über Deutschland mit
dem Fallschirm abgesprungen war, Hilfe geleistet hatte. Auf
Weisung Himmlers wurde sie zusammen mit vierzehn anderen
in diesem Zusammenhang verhafteten Personen im August
1943 ohne Gerichtsverfahren im Konzentrationslager Sachsenhausen ermordet.

183   Robert Havemann (1910—82), um 1947.
Dr. phil.; 1932 Mitglied der KPD; seit 1933 im Widerstand tätig, ab 1939 in der von Dr. Georg Groscurth initiierten Gruppe „Europäische Union".
Am 5. September 1943 wurde Havemann verhaftet und — wie auch Dr. Groscurth — in das „Hausgefängnis" in der Prinz-Albrecht-Straße 8 gebracht. Am 16. Dezember 1943 wurde er vom Volksgerichtshof zum Tode verurteilt. Unter Hinweis auf die Fortführung kriegswichtiger, wissenschaftlicher Arbeiten wurde die Hinrichtung zweimal aufgeschoben. Havemann erlebte die Befreiung im Zuchthaus Brandenburg.
1945—50 Leiter des Kaiser-Wilhelm-Instituts in Berlin-Dahlem und Professor für Physikalische Chemie an der Humboldt-Universität; 1950—63 Mitglied der Volkskammer der DDR; 1966 Ausschluß aus der Akademie der Wissenschaften; scharfe Kritik u. a. am Einmarsch von Truppen des Warschauer Paktes in die CSSR 1968; Verlust seiner Arbeitsmöglichkeiten und aller Ämter; bis zu seinem Tode 1982 unter „Hausarrest".

Text 69

Die Verhöre fanden in der Prinz-Albrecht-Straße statt, wo ich auch einsaß — in der Zelle 24 im Keller —, und dauerten bis Mitte November, also etwa zweieinhalb Monate. Es war mir natürlich von Anfang an klar, daß es nur eine Strafe geben würde. Deswegen konnte ich mich verhältnismäßig einfach verhalten. Die Gestapo versuchte dauernd bei mir Hoffnungen zu wecken. Der Vernehmer sagte immer: „Wer wird denn hier gleich mit dem Kopf in der Hand rumlaufen", und ich sagte dann: „Na, Sie verurteilen ja Leute, die feindliche Sender abgehört haben, schon zum Tode. Sie können sich ja wohl vorstellen, daß ich nicht bestreite, daß ich sehr eifrig die sogenannten ‚Feindsender' abgehört habe." Anfangs wur-

den wir natürlich mißhandelt, damit probiert man es immer zuerst. Ich habe mir gleich überlegt, daß es ganz falsch wäre, irgendwie auf Mißhandlungen zu reagieren. Von anderen habe ich später gehört, daß diejenigen, die auf Mißhandlungen reagiert hatten, nur noch mehr mißhandelt wurden. Ich dagegen erzählte den Leuten, die mich schlugen und quälten, wie lächerlich ihre Versuche wären, mir Schmerz zuzufügen, daß unter bestimmten psychologischen Bedingungen Menschen die Schmerzen, die ihnen zugefügt werden, überhaupt nicht wahrnehmen, daß einem Soldaten in der Schlacht von einer Kanonenkugel ein Bein abgerissen werden könnte, und er das erst dann bemerken würde, wenn er plötzlich nicht mehr laufen könnte, und ähnliche Scherze. Überhaupt glaube ich, war es sehr wichtig, gegenüber den Verhörern der Gestapo so aufzutreten: Ich mußte ihnen furchtlos erscheinen und ihnen irgendwie imponieren. In so einer Lage ist es notwendig, daß die Leute, die jemanden ungerecht behandeln, einen außerordentlich großen Respekt vor diesem bekommen. Dadurch kann man sich solche Leute einigermaßen vom Leibe halten.

Robert Havemann

184   Max Sievers (1887—1944), vermutlich im Exil.
Mitglied der SPD, dann der USPD; 1920—21 Mitglied der KPD und Redakteur der „Rote Fahne"; ab März 1921 wieder Mitglied der SPD; 1922—33 Sekretär des Freidenkerverbandes; 1930—33 dessen Vorsitzender und Herausgeber der Zeitschrift „Der Freidenker". 1933 war Sievers drei Wochen in

185   Abrechnung der Gestapo-Dienststelle IV A 5 b über
Auslagen bei Ermittlungen (u. a. „Sondersache 20. Juli").

„Schutzhaft", im April 1933 ging er ins Exil; 1933—34 Leiter der „Freidenker Internationale" in Brüssel. Seit 1933 finanzierte er verschiedene Exilzeitschriften, die illegal im Deutschen Reich verteilt wurden.
Ab Mai 1940 war Sievers in Belgien und Frankreich interniert. Später — auf der Flucht — wurde er im Juni 1943 von der Gestapo verhaftet und in die Prinz-Albrecht-Straße 8 gebracht, am 17. November zum Tode verurteilt und am 17. Januar 1944 im Zuchthaus Brandenburg hingerichtet.

186   Dietrich Bonhoeffer (1906—45), 1944 im Gefängnis Tegel.
Dr. phil., evangelischer Theologe; 1933—35 in England, seit 1935 Leiter des Predigerseminars der Bekennenden Kirche in Finkenwalde/Pommern. Als führendes Mitglied der Bekennenden Kirche erhielt er 1936 Lehrverbot, 1940 Rede- und Schreibverbot. Bonhoeffer vollzog den Schritt vom kirchlichen zum politischen Widerstand und arbeitete mit Gruppen der militärischen Opposition zusammen. Im Mai 1942 traf er in Schweden als Vertreter des deutschen Widerstandes den Bischof von Chichester.
Am 5. April 1943 wurde er von der Gestapo verhaftet. Bis zum 8. Oktober 1944 blieb er im Gefängnis Berlin-Tegel, dann wurde er in die Prinz-Albrecht-Straße 8 verlegt. Am 7. Februar 1945 wurde er in das Konzentrationslager Buchenwald, dann nach Schönberg, schließlich nach Flossenbürg gebracht. Dort wurde er am 9. April 1945 zusammen mit Canaris, Oster und anderen ermordet.

187   Helmuth James Graf von Moltke (1907—45), am 9./11. Januar 1945 vor dem Volksgerichtshof.
Jurist; zahlreiche Auslandsaufenthalte; 1935—39 Anwaltstätigkeit in Berlin; 1939 Kriegsverwaltungsrat im Amt Ausland/Abwehr im Oberkommando der Wehrmacht (OKW), dort Sachverständiger für Kriegs- und Völkerrecht. Moltke gehörte zu den entschiedenen Gegnern des NS-Regimes; er sammelte seit 1940 zahlreiche jüngere Oppositionelle unterschiedlicher politischer Herkunft und Richtung, die sich mehrfach auf seinem schlesischen Gut Kreisau trafen („Kreisauer Kreis") und Reform- und Neuordnungspläne für ein Deutschland nach Hitler ausarbeiteten. Zu anderen Widerstandsgruppen bestanden vielfältige Verbindungen.
Moltke wurde am 19. Januar 1944 verhaftet und in die Prinz-Albrecht-Straße 8 eingeliefert. Am 7. Februar 1944 wurde er in das Konzentrationslager Ravensbrück, später in die Strafanstalt Tegel verlegt. Vom Volksgerichtshof zum Tode verurteilt, wurde er am 23. Januar 1945 in Plötzensee hingerichtet.

189   **Adolph Reichwein** (1898—1944), am 20. Oktober 1944 vor dem Volksgerichtshof.
Dr. phil.; seit 1930 SPD-Mitglied; 1929—30 persönlicher Referent beim preußischen Kultusminister Becker; 1930—33 Professor für Geschichte und Staatsbürgerkunde an der Pädagogischen Akademie in Halle/Saale; ab September 1933 Lehrer an einer Dorfschule in Tiefensee bei Berlin; 1939—44 Tätigkeit am Staatlichen Museum für deutsche Volkskunde in Berlin. Reichwein stand in intensivem Kontakt zu Helmuth von Moltke und anderen Angehörigen des „Kreisauer Kreises" und war für den Fall eines geglückten Umsturzes als Kultusminister vorgesehen.
Bei dem Versuch, zusammen mit Julius Leber Verbindung zum kommunistischen Widerstand herzustellen, wurde er am 4. Juli 1944 verhaftet und zunächst im Zuchthaus Brandenburg inhaftiert. Von dort wurde er zu Verhören nach Berlin gebracht, wahrscheinlich in die Prinz-Albrecht-Straße 8. Nach dem 15. August 1944 war er im Gefängnis Lehrter Straße inhaftiert, ab 14. Oktober 1944 im „Hausgefängnis" Prinz-Albrecht-Straße 8. Er wurde am 20. Oktober 1944 vom Volksgerichtshof zum Tode verurteilt und am gleichen Tage in Plötzensee hingerichtet.

188   **Julius Leber** (1891—1945), am 20. Oktober 1944 vor dem Volksgerichtshof.
Dr. rer. pol.; seit 1913 Mitglied der SPD; 1921—33 Mitglied der Lübecker Bürgerschaft und Chefredakteur der sozialdemokratischen Zeitschrift „Lübecker Volksbote"; 1924—33 Reichstagsabgeordneter. Leber wurde bereits 1933 mehrfach verhaftet und war von Juni 1933 bis Mai 1937 in verschiedenen Gefängnissen und Konzentrationslagern. Er gehörte zu den führenden Köpfen des deutschen Widerstands und arbeitete mit der militärischen Opposition und der Gruppe um Goerdeler wie auch mit dem „Kreisauer Kreis" zusammen. Im Falle eines erfolgreichen Umsturzes sollte Leber das Innenministerium übernehmen.
Er wurde am 5. Juli 1944 erneut verhaftet; nach Haftaufenthalten im Zuchthaus Brandenburg, in der Sicherheitspolizeischule Drögen/Mecklenburg, im Konzentrationslager Ravensbrück (Zellenbau) und im Gefängnis Lehrter Straße war er, vermutlich seit dem 14. Oktober 1944, in der Prinz-Albrecht-Straße 8 inhaftiert. Am 20. Oktober 1944 wurde er zum Tode verurteilt und am 5. Januar 1945 in Plötzensee hingerichtet.

190   **Gustav Dahrendorf** (1901—54), am 20. Oktober 1944 vor dem Volksgerichtshof.
Seit 1918 Mitglied der SPD; 1928—33 Mitglied der Hamburger   Bürgerschaft;   1932—33   Reichstagsabgeordneter; 1921—33 Mitglied des SPD-Landesvorstandes Hamburg. Dahrendorf war von Mai bis Juli 1933 im Konzentrationslager Fuhlsbüttel; seit 1934 lebte er in Berlin, wo er, später in führen-

der Position, bei der Preussag arbeitete. Er stand in engem Kontakt zu Leber, Leuschner und anderen Sozialdemokraten und Gewerkschaftern im Umkreis des „20. Juli".

Am 23. Juli 1944 verhaftet, wurde er nach Haftaufenthalten im Konzentrationslager Ravensbrück und im Gefängnis Lehrter Straße am 14. Oktober 1944 in die Prinz-Albrecht-Straße 8 eingeliefert. Am 20. Oktober 1944 wurde er zu sieben Jahren Zuchthaus verurteilt und in das Zuchthaus Brandenburg verlegt; dort wurde er im April 1945 befreit.

1945 Mitglied des Zentralausschusses der SPD in Berlin; 1947–49 Vizepräsident des Wirtschaftsrates für die drei Westzonen.

192   **Marion Gräfin Yorck von Wartenburg,** geb. Winter (geb. 1904), um 1940.

Dr. iur.; nach dem Studium in Berlin seit 1930 mit Peter Graf Yorck von Wartenburg verheiratet. Sie war an den Haupttagungen des „Kreisauer Kreises" und den laufenden Treffen in der Berliner Hortensienstraße regelmäßig beteiligt.

Nach dem Scheitern des Umsturzversuches vom 20. Juli 1944 und der Verhaftung ihres Mannes versuchte sie vergeblich, durch Vorsprache bei verschiedenen Gestapostellen eine Besuchserlaubnis zu bekommen. Am 10. August 1944 wurde sie selbst verhaftet. Die Nacht vom 10. zum 11. August 1944 verbrachte sie in einer Zelle des „Hausgefängnisses" in der Prinz-Albrecht-Straße 8, ehe sie in das Untersuchungsgefängnis Moabit überführt und dort fast drei Monate gefangen gehalten wurde.

1946 wurde Marion Gräfin Yorck Richterin am Amtsgericht Lichterfelde. Zuletzt leitete sie als Landgerichtsdirektorin die 9. Große Jugendstrafkammer Berlin. Sie lebt in Berlin (West).

191   **Peter Graf Yorck von Wartenburg** (1904–1944), am 7./8. August 1944 vor dem Volksgerichtshof.

Dr. iur.; nach dem Studium zunächst Tätigkeit in einer Berliner Anwaltskanzlei; 1931–33 beim Kommissar für Osthilfe tätig; 1935 Regierungsrat beim schlesischen Oberpräsidium in Breslau; ab 1937 in Berlin als Leiter des Referates für Grundsatzfragen beim Reichskommissar für die Preisbildung, zuletzt als Oberregierungsrat; seit 1942 beim Wehrwirtschafts- und Rüstungsamt im Oberkommando der Wehrmacht tätig.

Peter Graf Yorck von Wartenburg war neben Helmuth von Moltke die zweite führende Persönlichkeit des „Kreisauer Kreises". In seiner und Marion Gräfin Yorcks Wohnung in der Hortensienstraße 50 in Lichterfelde fanden die meisten Berliner Treffen des Kreises statt. Er stand in enger Verbindung mit Claus Graf Schenk von Stauffenberg.

Am 20. Juli 1944 wurde er im Dienstgebäude des Befehlshabers des Ersatzheeres in der Berliner Bendlerstraße verhaftet und mit anderen dort Festgenommenen in das „Hausgefängnis" in der Prinz-Albrecht-Straße 8 gebracht, wo er später auch mehrfach verhört wurde. Anschließend war er in mehreren Haftanstalten und Konzentrationslagern, u.a. in Sachsenhausen, Ravensbrück und im Polizeigefängnis in der Lehrter Straße inhaftiert. Er wurde am 8. August 1944 vom Volksgerichtshof zum Tode verurteilt und am selben Tag in Plötzensee hingerichtet.

194   Eugen Gerstenmaier (1906—86), am 9./11. Januar 1945 vor dem Volksgerichtshof.
Dr. theol.; seit 1936 Mitarbeiter im kirchlichen Außenamt der Evangelischen Kirche, ab 1939 Leiter des ökumenischen Referats; 1939—42 in der kulturpolitischen Abteilung des Auswärtigen Amtes; seit 1942 nahm er an den Beratungen des „Kreisauer Kreises" teil und hatte Kontakt u. a. zu der Widerstandsgruppe um Oster und von Dohnanyi.
Gerstenmaier wurde am 20. Juli 1944 verhaftet und in die Prinz-Albrecht-Straße 8 gebracht, am 22. Juli in das Gefängnis in der Lehrter Straße, später in die Strafanstalt Tegel verlegt. Der Volksgerichtshof verurteilte ihn am 11. Januar 1945 zu sieben Jahren Zuchthaus. Aus dem Zuchthaus Bayreuth wurde er im April 1945 befreit.
1945—51 Leiter des Hilfswerkes der Evangelischen Kirchen in Stuttgart; 1949—69 Abgeordneter der CDU im deutschen Bundestag; 1954—69 Bundestagspräsident; 1956—64 stellvertretender Vorsitzender der CDU.

193   Adam von Trott zu Solz (1909—1944), am 15. August vor dem Volksgerichtshof.
Dr. iur.; nach Abschluß des Studiums (u. a. als Cecil Rhodes-Stipendiat in Oxford) Auslandsaufenthalte in den Vereinigten Staaten und Ostasien; 1940 Einstellung als „wissenschaftlicher Hilfsarbeiter" in der Informationsabteilung des Auswärtigen Amtes; 1943 zunächst Legationssekretär, dann Legationsrat im Auswärtigen Amt.
Trott war neben Moltke und Yorck die dritte Hauptfigur des „Kreisauer Kreises". Er nahm von Beginn an an dessen Treffen und Tagungen teil. Seine berufliche Stellung gab ihm die Möglichkeit zu Reisen in das neutrale und in das besetzte europäische Ausland. Vor allem in der Spätphase der Widerstandsarbeit des „Kreisauer Kreises" wurde er dessen eigentlicher außenpolitischer Kopf. Für den Fall des Gelingens des Staatsstreiches am 20. Juli 1944 war Trott als Staatssekretär im Auswärtigen Amt vorgesehen.
Er wurde am 25. Juli 1944 verhaftet und im „Hausgefängnis" in der Prinz-Albrecht-Straße 8, im KZ Oranienburg und im Polizeigefängnis Lehrter Straße inhaftiert. Nach dreiwöchigen Verhören, die meist im Geheimen Staatspolizeiamt in der Prinz-Albrecht-Straße 8 stattfanden, wurde er vom Volksgerichtshof am 15. August 1944 zum Tode verurteilt. Nach der Verurteilung kam es zu neuen Verhören durch die Gestapo. Adam von Trott wurde am 26. August 1944 in Plötzensee hingerichtet.

195   Erwin Planck (1893—1945), am 23. Oktober 1944 vor dem Volksgerichtshof.
Sohn des Physikers Max Planck; Verwaltungslaufbahn; 1932—33 Staatssekretär in der Reichskanzlei; 1933 schied er aus dem Staatsdienst aus und war anschließend für den Stahlkonzern Otto Wolff tätig. Planck arbeitete mit Goerdeler, Popitz und anderen an Verfassungsentwürfen für ein Deutschland nach Hitler und war Kontaktmann und Kurier zu oppositionell gesinnten Offizieren an der Front.
Er wurde am 23. Juli 1944 verhaftet und in der Prinz-Albrecht-Straße 8 gefangengehalten. Am 23. Oktober zum Tode verurteilt, wurde er am 23. Januar 1945 in Plötzensee hingerichtet.

196 **Friedrich Werner Graf von der Schulenburg**
(1875—1944), am 23. Oktober 1944 vor dem Volksgerichtshof.
Diplomat seit 1901; Gesandter in Teheran und Bukarest;
1934—41 Botschafter in Moskau. Er war wesentlich an der
Vorbereitung des deutsch-sowjetischen Nichtangriffspaktes
von 1939 beteiligt und setzte sich nach dem deutschen Überfall von 1941 für einen Separatfrieden und Verhandlungen mit
der Sowjetunion ein. Schulenburg gehörte dem Kreis der Ver-
schwörer des „20. Juli" an und war als Außenminister einer
neuen Regierung vorgesehen.
Nach seiner Festnahme wurde er in der Prinz-Albrecht-Straße
8 inhaftiert; am 23. Oktober wurde er zum Tode verurteilt und
am 10. November 1944 in Plötzensee hingerichtet.

197 **Ulrich von Hassell** (1881—1944), am 8. September
1944 vor dem Volksgerichtshof.
Diplomat; 1918—33 Mitglied der Deutschnationalen Volkspartei; 1919—21 Botschafter in Rom; bis 1926 Generalkonsul
in Barcelona; 1926—30 Gesandter in Kopenhagen, 1930—32
in Belgrad; 1932—38 erneut Botschafter in Rom; 1938 aus

dem Auswärtigen Dienst verabschiedet; Vorstandsmitglied
des einflußreichen „Mitteleuropäischen Wirtschaftstages".
Hassell schloß sich dem Widerstandskreis um Beck und Goerdeler an; 1940 führte er in der Schweiz Gespräche im Auftrag
der deutschen Opposition; in Berlin unterhielt er enge Bezie-
hungen zu dem amerikanischen Geschäftsträger Kirk.
Seit 1942 von der Gestapo überwacht, wurde er wenige Tage
nach dem gescheiterten Attentat vom 20. Juli 1944 verhaftet
und in die Prinz-Albrecht-Straße 8 eingeliefert. Am 8. September 1944 wurde er zum Tode verurteilt und am gleichen Tag
hingerichtet.

198 **Eugen Bolz** (1881—1945), am 21. Dezember 1944 vor
dem Volksgerichtshof.
Dr. h.c., Jurist; Zentrums-Politiker; Reichstagsabgeordneter
1912—33; Abgeordneter des württembergischen Landtages
1913—33; 1919—23 württembergischer Justizminister;
1923—33 württembergischer Innenminister; 1928—33 gleichzeitig württembergischer Staatspräsident.
Eugen Bolz war vom 19. Juni bis 12. Juli 1933 erstmals in
„Schutzhaft". Seit der Jahreswende 1941/42 traf er mehrfach
mit Carl Friedrich Goerdeler zusammen. Für die Zeit nach einem geglückten Umsturz war Bolz als Kultusminister, zeitweise
auch als Innenminister vorgesehen. Er hatte Kontakte zu im Widerstand aktiven ehemaligen Zentrums-Politikern wie Hermes,
Kaiser, Wirmer, Ersing, Helene Weber und Christine Teusch.
Er wurde am 12. August 1944 verhaftet, am 27. August 1944
nach Berlin gebracht und mehrere Tage im „Hausgefängnis"
des Geheimen Staatspolizeiamtes in der Prinz-Albrecht-
Straße 8 gefangen gehalten. Die Unterbringung im Zellenbau
des KZ Ravensbrück und von Folter begleitete Verhöre in der
Sicherheitspolizeischule Drögen schlossen sich an; seit dem
2. November 1944 war in Polizeigefängnis in der Lehrter
Straße inhaftiert. Eugen Bolz wurde am 21. Dezember 1944
vom Volksgerichtshof zum Tode verurteilt und am 23. Januar
1945 in Plötzensee hingerichtet.

199   **Theodor Strünck** (1895—1945), am 10. Oktober 1944 vor dem Volksgerichtshof.
Dr. iur.; Versicherungsdirektor; seit Kriegsbeginn als Hauptmann der Reserve im Amt Ausland/Abwehr beim Oberkommando der Wehrmacht eingesetzt. Strünck gehörte zum engeren Kreis der Widerstandsgruppe um Oster und von Dohnanyi.
Nach seiner Verhaftung am 1. August 1944 wurde er in der Prinz-Albrecht-Straße 8 gefangen gehalten. Der Volksgerichtshof verurteilte ihn am 10. Oktober 1944 zum Tode. Am 7. Februar 1945 wurde er mit Oster, Canaris, Thomas, Schacht und anderen in das Konzentrationslager Flossenbürg gebracht und dort am 9. April 1945 ermordet.

200   **Carl Friedrich Goerdeler** (1884—1945), am 8. September 1944 vor dem Volksgerichtshof.
Jurist und Verwaltungsfachmann; Mitglied der Deutschnationalen Volkspartei; 1920—30 zweiter Bürgermeister in Königsberg; 1930—37 Leipziger Oberbürgermeister; 1931 und 1934—35 Reichskommissar für die Preisüberwachung; Vorstandsmitglied des Deutschen Gemeindetages und Mitverfasser der Deutschen Gemeindeordnung von 1935. Im April 1937 trat er aus Protest gegen die Entfernung des Denkmals für Felix Mendelssohn-Bartholdy als Oberbürgermeister zurück.
1937—39 unternahm er zahlreiche Auslandsreisen für die Firmen Krupp und Bosch. Goerdeler war ein führendes Mitglied der deutschen Widerstandsbewegung und als Kanzler einer neuen Reichsregierung vorgesehen.
Nachdem bereits am 17. Juli 1944 seine Festnahme angeordnet worden war, wurde er am 12. August 1944 nach mehrwöchiger Fahndung verhaftet und am 8. September 1944 zum Tode verurteilt. Bis zu seiner Hinrichtung am 2. Februar 1945 in Plötzensee blieb Goerdeler in der Prinz-Albrecht-Straße 8 inhaftiert.

Text 70

Eines Nachts wurde ich aus meiner Zelle zur Vernehmung geholt. Im Vernehmungszimmer befanden sich folgende Personen: der Kriminalkommissar Habecker, seine Sekretärin, ein uniformierter Wachtmeister des Sicherheitsdienstes und ein nicht uniformierter Kriminalassistent. Man machte

201 **Johannes Popitz** (rechts; 1884–1945) und **Carl Langbehn** (links; 1901–44), am 3. Oktober 1944 vor dem Volksgerichtshof.

J. Popitz:
Dr. phil.; seit 1919 im Reichsfinanzministerium, 1925–29 als Staatssekretär; 1932–33 im Kabinett Schleicher Reichsminister ohne Geschäftsbereich; von April 1933 bis Juli 1944 preußischer Finanzminister; 1938 bot er seinen Rücktritt an, wurde aber im Amt belassen. Seit dieser Zeit Mitarbeit in den Gruppen um Goerdeler und Beck; für den Fall eines geglückten Staatsstreichs war er als Finanzminister vorgesehen.
Popitz wurde am 21. Juli 1944 verhaftet und in die Prinz-Albrecht-Straße 8 gebracht. Am 3. Oktober 1944 wurde er zum Tode verurteilt und am 2. Februar 1945 in Plötzensee hingerichtet.

C. Langbehn:
Rechtsanwalt und Notar in Berlin; enger Vertrauter von Popitz; Kontakte zu konservativen Widerstandsgruppen; im Auftrag hoher SS-Führer versuchte er, die Möglichkeit eines Separatfriedens mit den Westmächten zu erkunden.
Als Mitverschwörer des „20. Juli" wurde Langbehn in der Prinz-Albrecht-Straße 8 inhaftiert, am 3. Oktober 1944 zum Tode verurteilt und am 20. Oktober 1944 hingerichtet.

202 **Fabian von Schlabrendorff** (1907–80), um 1942.
Jurist; Ordonnanzoffizier beim Chef des Stabes der II. Armee, Generalmajor Henning von Tresckow, mit dem zusammen er bei der Vorbereitung zweier Attentate auf Hitler mitwirkte, die beide fehlschlugen, aber unentdeckt blieben. Im militärischen Widerstand war er für die Verbindungen zwischen den Frontoffizieren und der Abwehr um Oster zuständig.
Schlabrendorff wurde am 17. August 1944 im Zuge der Ermittlungen der „Sonderkommission 20. Juli" verhaftet und am nächsten Tag in der Prinz-Albrecht-Straße 8 eingeliefert, wo er brutal gefoltert wurde. Durch den Tod des Volksgerichtshofpräsidenten Freisler verzögerte sich sein Verfahren; er wurde

mich darauf aufmerksam, es sei jetzt die letzte Gelegenheit zu einem Geständnis. Als ich an meinem bisherigen Leugnen festhielt, griff man zum Mittel der Folterung. Diese Folterung wurde in vier Stufen vollzogen.
Die erste Stufe bestand darin, daß meine Hände auf dem Rücken gefesselt wurden. Dann wurde über beide Hände eine Vorrichtung geschoben,

am 16. März 1945 freigesprochen, sein Haftbefehl aufgehoben. Die Gestapo behielt Schlabrendorff weiterhin in der Prinz-Albrecht-Straße 8 in Haft, bevor sie ihn einige Tage später mit anderen Gefangenen zuerst in das Konzentrationslager Flossenbürg, später nach Dachau und Südtirol brachte, wo er am 4. Mai 1945 befreit wurde.
Nach 1945 arbeitete Schlabrendorff als Anwalt; 1967—75 war er Richter am Bundesverfassungsgericht in Karlsruhe.

die alle zehn Finger einzeln umfaßte. An der Innenseite dieser Vorrichtung waren eiserne Dornen angebracht, die auf die Fingerwurzeln einwirkten. Mittels einer Schraube wurde die ganze Maschinerie zusammengepreßt, so daß sich die Dornen in die Finger einbohrten.
Die zweite Stufe war folgende: Ich wurde auf eine Vorrichtung gebunden, die einem Bettgestell glich, und zwar mit dem Gesicht nach unten. Eine Decke wurde mir über den Kopf gelegt. Dann wurde über jedes der bloßen Beine eine Art Ofenrohr gestülpt. Auf der Innenseite dieser beiden Röhren waren Nägel befestigt. Wiederum war es durch eine Schraubvorrichtung möglich, die Wände der Röhren zusammenzupressen, so daß sich die Nägel in Ober- und Unterschenkel einbohrten.
Für die dritte Stufe diente als Hauptvorrichtung das „Bettgestell". Ich war, wie vorher, auf dieses gefesselt, während der Kopf mit einer Decke zugedeckt war. Dann wurde das Gestell mittels einer Vorrichtung entweder ruckartig oder langsam auseinandergezogen, so daß der gefesselte Körper gezwungen war, die Bewegung dieses Prokrustesbettes mitzumachen.
In der vierten Stufe wurde ich mittels einer besonderen Fesselung krumm zusammengebunden und zwar so, daß der Körper sich weder rückwärts noch seitwärts bewegen konnte. Dann schlugen der Kriminalassistent und der Wachtmeister mit dicken Knüppeln von rückwärts auf mich ein, so daß ich bei jedem Schlag nach vorne überfiel und infolge der auf dem Rücken gefesselten Hände mit aller Gewalt auf Gesicht und Kopf schlug. Während dieser Prozedur gefielen sich alle Beteiligten in höhnenden Zurufen. Die erste Folterung endete mit einer Ohnmacht.
Ich habe mich durch keine der geschilderten Gewaltmaßnahmen dazu verleiten lassen ein Wort des Geständnisses oder den Namen eines meiner Gesinnungsfreunde zu nennen. Nachdem ich die Besinnung wieder erlangt hatte, wurde ich in meine Zelle zurückgeführt. Die Wachbeamten empfingen mich mit unverhohlenen Ausdrücken des Mitleides und des Schauderns. Am folgenden Tage war ich nicht imstande, mich zu erheben, so daß ich nicht einmal die Wäsche wechseln konnte, die voller Blut war. Obwohl ich immer

kerngesund gewesen war, bekam ich im Laufe dieses Tages eine schwere Herzattacke. Der Gefängnisarzt wurde herbeigeholt. Voll Argwohn ließ ich seine Behandlung über mich ergehen. So lag ich mehrere Tage, bis ich wieder in der Lage war, das Bett zu verlassen und mich zu bewegen. Die Folge meiner Wiederherstellung war eine Wiederholung der Folterung in den gleichen vier Stufen wie beim ersten Mal. Der sachliche Erfolg aber blieb wiederum gleich Null.

Fabian von Schlabrendorff

203   **Hans Oster** (1887—1945), um 1942.
Generalstabsoffizier im Ersten Weltkrieg; nach 1918 Dienst in der neugebildeten Reichswehr; 1932 Ausscheiden aus dem aktiven Dienst; seit Oktober 1933 in der Abwehrabteilung im Reichswehrministerium tätig; ab 1938 Chef der Zentralabteilung im Amt Ausland/Abwehr im Oberkommando der Wehrmacht (OKW). Oster gab 1939—40 die Angriffspläne und -termine der deutschen Westoffensive an den niederländischen Militärattaché weiter; er gehörte zu den zentralen Figuren des militärischen Widerstandes gegen das NS-Regime. Nach der Festnahme seines engen Mitarbeiters Hans von Dohnanyi am 5. April 1943 wurde Oster vom Dienst suspendiert und ein Kriegsgerichtsverfahren wegen Verdachts der Begünstigung gegen ihn eingeleitet.
Am 21. Juli 1944 wurde er von der Gestapo verhaftet und kurz darauf in die Prinz-Albrecht-Straße 8 eingeliefert, wo er in den folgenden Monaten verhört wurde. Am 7. Februar 1945 wurde Oster zusammen mit anderen prominenten Häftlingen in das Konzentrationslager Flossenbürg gebracht und dort am 9. April 1945 ermordet.

204   Hans von Dohnanyi (1902–1945), um 1940.
Dr. iur.; 1925–29 Tätigkeit im Institut für Auswärtige Politik der Universität Hamburg; seit 1929 persönlicher Referent des Ministers im Reichsjustizministerium, zuletzt als Oberregierungsrat unter Gürtner; zwischenzeitlich 1931/32 Staatsanwalt in Hamburg; 1938 Reichsgerichtsrat in Leipzig; seit dem 25. August 1939 beim Amt Ausland/Abwehr im Oberkommando der Wehrmacht, dort Gruppenleiter („ZB – außenpolitische Berichterstattung") in der von Generalmajor Oster geleiteten Zentralabteilung („Z").
Von Dohnanyi, Schwager des Theologen Dietrich Bonhoeffer, war neben Hans Oster die Hauptfigur der kleinen Widerstandsgruppe innerhalb der Abwehr.
Er wurde am 5. April 1943 verhaftet. Haftstationen waren zunächst das Wehrmachtgefängnis in der Lehrter Straße und später, aufgrund einer schweren Erkrankung während der Haft, die Berliner Charité, das Gefängnislazarett Buch und das Seuchenlazarett Potsdam. Am 22. August 1944 wurde er in das KZ Sachsenhausen, am 1. Februar 1945 in das „Hausgefängnis" in der Prinz-Albrecht-Straße 8 gebracht, wo er bis Mitte März 1945 inhaftiert blieb. Nach vorübergehender Unterbringung in der Haftabteilung des Staatskrankenhauses Berlin brachte ihn die Gestapo am 6. April 1945 erneut in das KZ Sachsenhausen. Am selben Tag verurteilte ihn ein Standgericht der SS zum Tode. Hans von Dohnanyi wurde am 9. April 1945 im KZ Sachsenhausen hingerichtet.

Text 71

Aber im übrigen bestätigte sich, was mir Admiral Canaris schon in den ersten Tagen beim gemeinsamen Gang zum Waschraum zugeflüstert hatte: „Hier ist die Hölle." Von meiner Zelle aus hörte ich häufig fürchterliche Schreie, sie kamen aus einem der oberen Stockwerke und dauerten oft lange an, gingen in ein Wimmern über, wurden wieder laut, so daß für mich kein Zweifel daran bestand: Dort oben werden Menschen schwer mißhandelt. Die Schreie waren derart entsetzlich, daß ich nur

an Folter denken konnte. Ich selbst habe diese Steigerung der Gewalt erst im KZ Flossenbürg erleben müssen. Ich war jedoch ständig an den Händen gefesselt, und die Fesseln waren innen aufgerauht; bei jeder unbedachten Bewegung wurden mir die feinen Härchen an den Handgelenken herausgeschürft. Das empfand ich gerade in Momenten, in denen ich zu schlafen versuchte, besonders schmerzhaft. Ich habe die Fesseln selbst beim Essen, bei den Verhören und auch während der Nacht tragen müssen.

Obwohl ich selbst nie einen Namen preisgegeben habe, kann ich doch verstehen, daß der eine oder andere Mitgefangene die Nerven verlor. Das ständige Hungergefühl, die Fesselung Tag und Nacht, das Licht, das so eingestellt war, daß es nachts direkt in das Gesicht des Häftlings strahlte, sorgten für einen ständigen Druck, der durch die stundenlangen Verhöre und die Furcht vor direkten körperlichen Mißhandlungen noch gesteigert wurde. Selbstverständlich haben die SD-Leute nach dem Krieg weitgehend abgestritten, jemals „gefoltert" zu haben, doch ich habe schon bald nach meiner Einlieferung in das Kellergefängnis des RSHA den zerschundenen Rücken von Julius Leber gesehen. Auch bei einem der Generäle sah ich im Waschraum Striemen am Rücken.

Josef Müller

205   Josef Müller (1898–1979), um 1946.
Dr. iur.; Rechtsanwalt; vor 1933 in der Bayerischen Volkspartei und der Zentrumspartei aktiv; bis 1939 juristischer Berater kirchlicher Institutionen. Als Mitarbeiter der Abwehr vermit-

telte er während des Krieges zwischen militärischer und konservativ-politischer Opposition sowie zwischen der deutschen Opposition und kirchlichen Stellen im In- und Ausland.

Müller wurde bereits 1933 zum ersten Mal verhaftet. Am 5. April 1943 wurde er erneut festgenommen und im Gefängnis in der Lehrter Straße inhaftiert. Obwohl vom Reichskriegsgericht vom Verdacht des Hochverrats freigesprochen, blieb er weiter in Haft. Vom 26. September 1944 bis zum 7. Februar 1945 wurde er in der Prinz-Albrecht-Straße 8 gefangengehalten. Über die Konzentrationslager Buchenwald und Flossenbürg wurde er im Februar 1945 in das Lager Dachau gebracht, später nach Südtirol, wo er im Mai 1945 seine Befreiung erlebte.

Müller war einer der Mitbegründer der CSU und 1946–49 deren Vorsitzender; 1946–62 Mitglied des Bayerischen Landtages; 1947–50 stellvertretender bayerischer Ministerpräsident; 1947–52 bayerischer Justizminister.

207   Georg Thomas (1890–1946), um 1940.
General; bis Anfang 1943 Chef des Wehrwirtschafts- und Rüstungsamtes im Oberkommando der Wehrmacht; seit 1938 Verbindung zu Gruppen des militärischen Widerstandes um Beck, Witzleben und Oster. Im Zuge der Ermittlungen der Gestapo zum 20. Juli 1944 wurde Thomas am 11. Oktober 1944 verhaftet und in die Prinz-Albrecht-Straße 8 gebracht. Am 7. Februar 1945 wurde er in das Konzentrationslager Flossenbürg verbracht. Über das Konzentrationslager Dachau und ein Durchgangslager bei Innsbruck kam er nach Südtirol, wo er von amerikanischen Truppen befreit wurde.

206   Wilhelm Canaris (1887–1945), um 1940.
1905 Seekadett; im Ersten Weltkrieg U-Boot Kommandant; 1919–20 Organisator von Bürger- und Einwohnerwehren; 1924–28 in der Marineleitung tätig, danach diverse Kommandos; 1935–44 Chef des militärischen Geheimdienstes der Wehrmacht („Abwehr"), zuletzt im Rang eines Admirals. Nach der „Fritsch-Krise" im Frühjahr 1938 nahm er Kontakt zum militärischen Widerstand um Beck und Halder auf. Über die Widerstandstätigkeit von Abwehrmitarbeitern wie Oster und von Dohnanyi war er zumindest teilweise informiert, jedoch entzieht sich seine Stellung innerhalb der militärischen Opposition bis heute einer eindeutigen Interpretation.

Canaris wurde am 23. Juli 1944 verhaftet und nach kurzem Aufenthalt in der Grenzpolizeischule Fürstenberg/Havel in die Prinz-Albrecht-Straße 8 gebracht. Ein Prozeß fand nie statt. Am 7. Februar wurde er in das Konzentrationslager Flossenbürg verlegt und dort am 9. April 1945 ermordet.

Text 72

Die Unterbeamten, die zur besonderen Bewachung der politischen Häftlinge befohlen waren, waren sehr verschieden. Einige benahmen sich sehr korrekt und schimpften selbst auf das System. Andere waren ausgesprochene Sadisten und

Menschenquäler. Besonders mit Kleinigkeiten wurde man in übelster Weise schikaniert. Vor allem kam es ihnen darauf an, uns möglichst würdelos zu behandeln. Alle, die bereits zum Tod verurteilt waren, waren Tag und Nacht gefesselt, ebenso ein Teil der Häftlinge, die noch im Verhör standen. Ich bin nur in jener Nacht gefesselt worden, als das Gebäude infolge eines Luftangriffes brannte. Bei Luftangriffen kamen die „interessanten Häftlinge" in den Bunker, andere wurden in den Zellen, an Händen und Füßen gefesselt, eingeschlossen, andere wieder wurden in einem großen Kellerraum eingesperrt. Eine „Freistunde", um mal Luft zu schnappen, gab es bei der Gestapo nicht. Folterungen waren an der Tagesordnung. Auch Plank ist gefoltert worden, um von ihm eine Aussage über mich zu erzwingen. Der Rechtsanwalt Dr. von Schlabrendorff wurde mehrfach bewußtlos von den Folterungen in die Zelle zurückgebracht.

Georg Thomas

208   **Hans Speidel** (1897–1984), um 1944.
Generalleutnant; im Sommer 1944 Generalstabschef der Heeresgruppe B unter Generalfeldmarschall Rommel. Speidel stand in Verbindung zum militärischen Widerstand, ohne direkt an Umsturzvorbereitungen beteiligt zu sein.
Er wurde am 7. September 1944 verhaftet und am 8. September von der Militärarrestanstalt in der Lehrter Straße in die Prinz-Albrecht-Straße 8 gebracht, wo er bis zum 11. Oktober verhört wurde. Bis Kriegsende wurde er an verschiedenen Orten in Haft gehalten und noch mehrmals zu Verhören in die Prinz-Albrecht-Straße 8 gebracht.
Bei den Vorbereitungen zur Aufstellung der Bundeswehr war Speidel einer der führenden militärischen Berater Adenauers. 1955 wurde er Chef der Abteilung Gesamtstreitkräfte im Bundesministerium der Verteidigung, 1957–63 war er Oberbefehlshaber der NATO-Landstreitkräfte in Mitteleuropas.

209   **Franz Lange** (1904–85), um 1946.
1926 Eintritt in die KPD. Im März 1933 verhaftet und ins KZ Sonnenburg überstellt. Im September 1933 entlassen, aber schon am 20. Februar 1934 erneut verhaftet und ins Lager V (Neusustrum) der Emslandlager eingeliefert. Im Juni 1937 wieder in Freiheit. Widerstandsarbeit im Rahmen der Saefkow-Gruppe.
Am 9. April 1945 wurde Lange erneut verhaftet und in die Prinz-Albrecht-Straße 8 eingeliefert. Er blieb dort bis zu seiner Befreiung am 2. Mai 1945.
Zuletzt war er im Ministerium für Außenhandel der DDR tätig.

Text 73

Am 1. Mai gegen Mittag hörten wir Geräusche an der Zellentür. Wir stellten uns alle von innen gegen die Tür auf. Die Tür wurde aufgerissen, und wir wurden mit dem Ruf überrumpelt „Raus!" und die Treppe hinuntergejagt. Auf der Treppe wurde der deutsche Unteroffizier, der mit uns in der Gemeinschaftszelle war, von der SS umgelegt, und die anderen Häftlinge wurden in die ehemaligen Unterkünfte der SS eingeschlossen. Jeder hing seinen eigenen Gedanken nach. Für mich war klar, daß unsere Befreiung nur durch die Rote Armee erfolgen konnte. Pfarrer Reinicke hingegen fand die Kraft zum Weiterleben in einer Andacht, die ich, trotzdem ich seit meinem 16. Lebensjahr aus der Kirche ausgetreten bin, nie vergessen werde. Gegen Nachmittag steigerte sich die Unruhe im Hause. Wir hörten Geräusche und vernahmen, daß die SS sich sammelte. Auf die Frage eines SS-Mannes an den Sturmbannführer, was denn mit den Gefangenen dort drin werden soll, die dort eingeschlossen sind, antwortete der Sturmbannführer: „Die lassen wir leben, als Beweis dafür, daß bei uns keine Gefangenen erschossen werden." Und dann zogen sie ab. Wir waren ganz allein. Ganz allein in diesem riesigen Haus, fast zerstört das ganze Haus. Und wir, wir warteten, warteten, warteten. Warteten den Abend, die Nacht, es wurde wieder hell, und dann hörten wir am 2. Mai früh, es mag gegen 6 Uhr gewesen sein, russische Laute. Die Rote Armee kam in das Gebäude. Die Schritte näherten sich. Wir trommelten gegen die Türen. Das Klappfenster wurde von außen geöffnet, und ein russischer Laut kam uns entgegen: „Ključ" („Schlüssel"). Meine Antwort: „Ključ netu („Es gibt keinen Schlüssel"). Wir sind Gefangene." Es dauerte wenige Minuten. Dann krachten die Äxte, die Tür sprang auf. Ich stand einem jungen Rotarmisten gegenüber. Wir waren frei.

Franz Lange

5. Von der Zerstörung zur Wiederentdeckung

5.1. Bomben und Trümmer

Die im November 1943 einsetzenden Flächenbombardierungen richteten in der Berliner Innenstadt starke Zerstörungen an. Das Regierungsviertel wurde im April und Mai 1944 Ziel schwerer Luftangriffe. Da das Gestapo- und SS-Gebiet unmittelbar südlich daran anschloß, wurde es ebenfalls stark in Mitleidenschaft gezogen, so daß die meisten Gebäude bereits zu dieser Zeit beschädigt wurden. Das Prinz-Albrecht-Palais wurde — vermutlich durch Sprengbomben — zu großen Teilen zerstört. Die Journalistin Ursula von Kardorff, die am 15. September 1944 von der Gestapo verhört wurde, beschreibt das Gebäude in der Prinz-Albrecht-Straße als „halb ausgebrannt", mit Rissen in den Wänden und notdürftig verschalten Fenstern. Im Flur fielen ihr KZ-Häftlinge auf, die das Treppenhaus neu streichen mußten. KZ-Häftlinge wurden auf dem Gestapo- und SS-Gelände auch zu Aufräumungsarbeiten eingesetzt. Am Vormittag des 7. Mai 1944 kamen über zwanzig Häftlinge einer Außenstelle des Konzentrationslagers Sachsenhausen ums Leben, die während eines Bombenalarms lediglich in einem offenen Splittergraben Schutz suchen konnten.

Bei dem Angriff am 3. Februar 1945 wurde das Gestapo-Hauptquartier von mehreren Bomben getroffen. Während der Kämpfe um das Regierungsviertel in den letzten Kriegstagen 1945 führten Artillerie- und Panzerbeschuß zu weiteren Verwüstungen. Seit dem 26. April drangen sowjetische Truppen unter Generaloberst Tschuikow vom Landwehrkanal am Halleschen Tor zum Stadtzentrum vor. Nachdem die Verteidigungsstellungen in der Köthener- und der Prinz-Albrecht-Straße „zurückgenommen" worden waren, kam es in der Wilhelmstraße noch einmal zu heftigen Kämpfen, ehe der Stadtkommandant, General Weidling, am 2. Mai 1945 kapitulierte.

Das Ausmaß der Zerstörung auf dem Gelände an der Prinz-Albrecht-Straße und Wilhelmstraße war unterschiedlich. Das ehemalige Hotel Prinz Albrecht und die meisten Häuser in der Wilhelmstraße waren total, das Prinz-Albrecht-Palais erheblich zerstört. Andere Gebäude, darunter auch die Gestapo-Zentrale in der Prinz-Albrecht-Straße 8 und der benachbarte Gropius-Bau, waren zwar ausgebrannt, die Bausubstanz war jedoch erhalten geblieben. Eine Karte, auf dem Stand von 1945, weist die an der Wilhelmstraße gelegenen Gebäude mehrheitlich als „gänzlich beschädigt" aus, während solche an der Saarlandstraße (heute: Stresemannstraße) und an der Prinz-Albrecht-Straße (heute: Niederkirchnerstraße) als „wiederaufbaufähig" bezeichnet werden.

Das „Hausgefängnis" der Gestapo wurde bis kurz vor der Kapitulation weiterbetrieben, obwohl nach dem Luftangriff vom 3. Februar 1945 die Wasser- und Stromversorgung im gesamten Gebäude ausgefallen war. In der Nacht vom 23. zum 24. April wurde die Mehrzahl der zu diesem Zeitpunkt noch Inhaftierten auf einem nahegelegenen Ruinengrundstück von der Gestapo erschossen. Bei der Befreiung waren nur noch sechs Häftlinge am Leben.

Fast alle wichtigen SS-Führer, Amtschefs des Reichssicherheitshauptamtes und Gestapo-Beamten befanden sich in den letzten Kriegstagen nicht mehr in Berlin. Himmler hielt sich mit Ohlendorf, Schellenberg und anderen Angehörigen der SS- und RSHA-Führung in Schleswig-Holstein auf, Kaltenbrunner, Heydrichs Nachfolger als Chef des RSHA, hatte sein Hauptquartier nach Alt-Aussee in der Steiermark verlegt, wo im April auch Eichmann eintraf. Nur Gestapo-Chef Heinrich Müller wurde Ende April noch in der Reichskanzlei gesehen. Himmler vergiftete sich in britischer Kriegsgefangenschaft, andere SS-Führer und Angehörige des RSHA wurden festgenommen; nicht wenige konnten sich der Verantwortung für ihre Taten für kürzere oder längere Zeit entziehen, einige entkamen für immer.

210   Nach dem Luftangriff: Straßenszene am Askanischen Platz, 3. Februar 1945.

211   Luftaufnahme der Friedrichstadt am 3. Februar 1945, Aufklärungsfoto der US-Air Force (Ausschnitt).

Die Aufnahme läßt die Schäden erkennen, die der schwere Bombenangriff der 8. US-Luftflotte am Vormittag des 3. Februar verursacht hat. Die Gebäude entlang der Wilhelmstraße, insbesondere das Prinz-Albrecht-Palais, sind weitgehend zerstört. Das Gestapo-Hauptquartier hat mehrere Treffer erhalten.

Die zwei direkt unterhalb des Gestapo-Hauptquartiers erkennbaren hellen Streifen sind (links) das 1943–44 errichtete Behelfsgebäude der Gestapo und (rechts) der Luftschutzbunker, in dessen Mittelgang ein Teil der Insassen des „Hausgefängnisses" bei Bombenangriffen gebracht wurde.

212 Prinz-Albrecht-Straße 8 und Umgebung, um 1947. Das
Gestapo-Hauptquartier und Sitz des Reichssicherheitshauptamtes, rechts daneben das frühere Kunstgewerbemuseum, dahinter das Europahaus und der Anhalter Bahnhof.

213   Die Ruinen an der Saarlandstraße, Frühjahr 1945.
Das Europahaus, daneben das frühere Kunstgewerbemuseum
und das Gestapo-Hauptquartier.

Text 74

Bericht Hans Speidels über den Bombenangriff vom 3. Februar 1945 auf die Gestapo-Zentrale Prinz-Albrecht-Straße 8

Am 3. Februar setzte um 11 Uhr der bisher schwerste Luftangriff auf Berlin ein... Nach ununterbrochenem Bombenhagel von 55 Minuten und Einschlägen in unmittelbarer Nähe wurden wir über Trichter voll von Stein, Holz und Glas in unsere Zellen zurückgejagt. Das Gebäude war mehrfach getroffen worden... Noch immer dehnten sich die Brände aus, die Hitze stieg, und bald machte sich Sauerstoffmangel bemerkbar. Um Luft zu bekommen, stieg ich auf Schemel und Tisch und beobachtete durch die zersplitterte Scheibe das Flammenmeer draußen. Die Wasserleitungen waren geborsten, Wasser drang ein. Das Zellenlicht versagte. Die Zelle aber blieb weiterhin verschlossen.

Text 75

Bericht Heinz Hentschkes über die Eroberung des Geländes des Reichssicherheitshauptamtes durch die Rote Armee, Ende April 1945

Am 27. April ist es den Rotarmisten gelungen, bis zum Halleschen Tor vorzudringen und darüber hinaus. Man hört schon MP- und MG-Feuer, und pausenlos hämmert der Artilleriebeschuß. Brand und Qualm erfüllen die Luft. Das Gestapohaus ist in die HKL einbezogen. Die Waffen-SS hat im Prinz-Albrecht-Park und in den angrenzenden Ruinen und Trümmern Stellung bezogen. Jetzt haben wir direkten Beschuß. Ohrenbetäubender Lärm schwillt zeitweise zum Orkan an. Wir können durch das Zellenfenster sehen, wie Treffer auf Treffer das Europahaus zerschlägt, das schon lange in Flammen steht. Treffer auf Treffer schlägt auch in unser Gebäude ein, und wir liegen wehr- und schutzlos in unseren Zellen direkt unter den kleinen vergitterten Zellenfenstern. Das Haus zittert und bebt. Schlafen kann man vor Aufregung nicht.

In der Nacht zum 28. April: Nach einer Kampfpause lärmen und toben Gestapobeamte durch den Zellenbau. Sie schließen alle Türen auf und treiben uns Häftlinge zusammen. Wir sind nur noch zehn. Blitzschnell schießt es mir durch den Kopf: Also wirst du doch noch abgeknallt — und die Russen sind schon drüben in der Hedemannstraße, vielleicht schon am Anhalter Bahnhof. Die sechs Leute vom 20. Juli werden wieder in irgendeine Zelle geführt und eingeschlossen.

214 Blick in eine zerstörte Einzelzelle des „Hausgefängnisses" der Gestapo in der Prinz-Albrecht-Straße 8, um 1948.

215   Südflügel des Gebäudes Prinz-Albrecht-Straße 8,
Juni 1951.
Links der teilweise eingestürzte Luftschutzbunker, dahinter das
frühere Kunstgewerbemuseum, vor der Ostseite die Trümmer
des Kantinenanbaus und des Garagenhofs.

Text 76

Bericht des Generalobersten Tschuikow über die Eroberung des SS- und Gestapo-Gebietes durch die sowjetischen Truppen

Der Kommandeur der 74. Gardedivision, General Bakanow, erfreute uns mit der Nachricht, daß der Potsdamer Bahnhof eingenommen sei und daß im 152. Bezirk vor der U-Bahn-Station in der Saarlandstraße gekämpft werde. Die Deutschen verteidigten sich verzweifelt mit Panzerfäusten. Wir erwiderten mit verstärktem Artilleriefeuer aller Kaliber, in der Hauptsache in direktem Beschuß, wie auch mit Panzerfäusten.
Der Angriff wurde immer heftiger und massiver. Der 151. Bezirk, wo sich die Wilhelm- und die Leipziger Straße kreuzen, war besetzt; der Kampf ging jetzt um den 150. und den 153. Bezirk. Hier lag das Zentrum des Tiergartens, hier ragten die massiven Gebäude auf, die sich im Süden an die Reichskanzlei anschließen. Der Hauptstoß des Angriffs am 1. Mai war direkt auf das Herz des Dritten Reiches gerichtet.
Der 152. Bezirk war eingenommen – das Gestaponest! Unsere Einheiten hatten die Höhle der gefährlichsten Reptile zerstört, die mit ihrem Gift alles Lebende zu töten trachteten...

Als Befehlshaber der 8. Gardearmee führte Generaloberst (später Marschall) Tschuikow, der „Sieger von Stalingrad", den Teil der sowjetischen Truppen, die von den südlichen Bezirken Berlins aus über den Flughafen Tempelhof und das Hallesche Tor die Innenstadt (über Saarland- und Wilhelmstraße nach Norden vordringend) eroberten. – Die Rote Armee hatte das Gebiet von Groß-Berlin vor ihrer Offensive in Bezirke aufgeteilt.

Text 77

Auszug aus einem Brief des Pfarrers Reinicke (Menz/Brandenburg) an den ehemaligen Mithäftling Bernhard Horstmann vom 6. Januar 1947: Die letzten Tage im Hausgefängnis der Gestapo bis zur Befreiung am 2. Mai 1945

Nach der Entleerung des Gefängnisses = Sie werden wohl noch nicht wissen, dass in der Nacht vom 23. zum 24. April ein Massenmorden stattfand, das Massengrab ist gefunden, sehr wertvolle Menschen, auch des kirchlichen Lebens kamen um = wurden etwa 10 Mann zurückbehalten, zuletzt waren wir noch 7, in den letzten Stunden nur noch 6 Mann. Was ich in den letzten 1 1/2 Wochen erlebt habe an Sadismus, kann ich hier nicht schildern. Es war ein Grauen. Am gemeinsten benahm sich der Wachmann Otto Runge vom SD. Sehr ordentlich und wirklich hilfsbereit war der kleine Eduard Koth. Ich habe noch drei Granatsplitter erhalten, davon einen dicht unter dem rechten Auge. 44 Stunden hatte man uns in eine Gemeinschaftszelle gesperrt unter direktem Beschuss ohne Essen, ohne Wasser ohne Kübel. Dabei waren wir alle 7 Mann magenkrank mit sehr üblen Auswirkungen. So hausten wir unter ständiger Bedrohung mit Erschiessen.
Plötzlich am 1. Mai abends führte man uns, aber nur noch 6 Mann, in eine ganz gesicherte Zelle, in der wir Brot, prima Marmelade, Trinkwasser und Kübel fanden. Man überliess uns dem, was kommen würde. Der SD zog sich zurück. Am Morgen des 2. Mai kamen dann Russen und befreiten uns. In der Küche, wo wir herrliche Dinge fanden und uns verproviantierten, wurde dann noch mein Nebenmann wenige Centimeter von mir durch Unglücksfall erschossen (der frühere Gauleiter Joseph Wagner aus Breslau).

Die in dem Brief erwähnte Massenerschießung fand auf einem Ruinengrundstück in der Puttkamerstraße statt, wenige hundert Meter von der Gestapo-Zentrale entfernt. – Josef Wagner (1899–1945), ehemaliger Gauleiter von Schlesien und Reichskommissar für die Preisbildung, fiel wegen seiner Bindungen an die katholische Kirche bei Hitler in Ungnade, verlor Ende 1941 seine Ämter und wurde im Oktober 1942 aus der NSDAP ausgeschlossen. Obwohl er an der Verschwörung nicht beteiligt war, wurde er nach dem 20. Juli 1944 von der Gestapo festgenommen und nach verschiedenen Zwischenstationen im März 1945 in das Gefängnis in der Prinz-Albrecht-Straße 8 eingeliefert.

216   Kreuzung Wilhelmstraße/Prinz-Albrecht-Straße von
der Zimmerstraße aus, 1945.
Zerstörtes Eckhaus Wilhelmstraße 98/Prinz-Albrecht-Straße
10, daneben die Trümmer des ehemaligen Hotel Prinz Albrecht
und rechts die Seitenfront der Gestapo-Zentrale.

217   Blick aus dem Prinz-Albrecht-Park auf den Südflügel
der ehemaligen Gestapo-Zentrale, um 1946.
Vor der Gebäudefront der Luftschutzbunker und der Gefängnishof.

218   Blick durch die Kolonnaden an der Wilhelmstraße auf
das zerstörte Prinz-Albrecht-Palais, 1947.

219   Das ausgebrannte Europahaus in der Saarlandstraße, 1945.

220 Das Völkerkundemuseum an der Saarlandstraße/
Prinz-Albrecht-Straße, 1945.

221 Ruine des ehemaligen Kunstgewerbemuseums, Prinz-
Albrecht-Straße 7, 1946.

5.2. Die ersten Jahre nach dem Krieg

Die Gebäude der Gestapo und des Reichssicherheitshauptamtes fanden schon bald nach dem Ende des „Dritten Reiches" nur noch geringe Aufmerksamkeit. Das Interesse der Besatzungssoldaten galt in erster Linie dem Reichstagsgebäude und der Neuen Reichskanzlei, die Anfang und Ende des NS-Regimes — Reichstagsbrand und Selbstmord Hitlers — symbolisierten.

Große Teile der Berliner Bevölkerung versuchten nicht nur die Schrecken des Krieges, sondern auch die während der NS-Herrschaft begangenen Verbrechen möglichst rasch zu vergessen. Inmitten von Zerstörung und materieller Not konzentrierte man sich auf die Probleme des Überlebens. Die wenigen übriggebliebenen Bäume des Prinz-Albrecht-Parks wurden als Heizmaterial abgeholzt, die zerbombten Gebäude nicht auf Zeugnisse des Gestapo- und SS-Terrors, sondern auf noch verwertbares Material durchsucht.

Die Aufklärung über die Verbrechen des NS-Regimes, die in Zeitungen und Zeitschriften, Büchern, Broschüren und Dokumentarfilmen erfolgte, blieb nicht ohne Wirkung, rief aber in Teilen der Berliner Bevölkerung — wie überall in Deutschland — auch Abwehrreaktionen hervor. Die Versuchung, die Vergangenheit nicht zu verarbeiten, sondern zu verdrängen, war groß, und allzu viele gaben ihr nach. Der antifaschistische Grundkonsens der unmittelbaren Nachkriegszeit, der auf den großen Gedenkveranstaltungen des Berliner Magistrats für „die Opfer des faschistischen Terrors" im September 1945 und im September 1946, die Verfolgte und Widerstandskämpfer aller Richtungen vereinten, eindrucksvoll in Erscheinung trat, wurde schon bald durch die neuen politischen Frontstellungen des Kalten Krieges abgelöst.

Gestapo, SS und SD wurden vom Internationalen Militärgerichtshof in Nürnberg zu verbrecherischen Organisationen erklärt. Zu den 24 Angeklagten im Hauptkriegsverbrecherprozeß zählte auch Ernst Kaltenbrunner, der letzte Chef des Reichssicherheitshauptamtes; im Herbst 1946 wurde er zum Tode verurteilt und hingerichtet. Im Prozeß gegen die Chefs der „Einsatzgruppen", unter denen sich auch drei frühere Amtschefs des Reichssicherheitshauptamtes befanden, wurde nur Ohlendorf 1948 zum Tode verurteilt und 1951 hingerichtet, während Jost und Six lediglich Freiheitsstrafen erhielten und schon nach wenigen Jahren aus der Haft entlassen wurden. Zur Einleitung von Strafverfahren gegen die Angehörigen des Reichssicherheitshauptamtes durch die Justizbehörden der Bundesrepublik kam es in späteren Jahren nur in Ausnahmefällen. Viele, auch führende Angehörige der Gestapo, der SS und des RSHA blieben von jeder Strafverfolgung verschont.

Das Gelände des Reichssicherheitshauptamtes geriet im Laufe der Jahre mehr und mehr in Vergessenheit. Lediglich frühere Häftlinge der Gestapo suchten vereinzelt die Stätte ihrer Leiden auf. Am besten dokumentiert ist der Besuch von Günther Weisenborn mit Bertolt Brecht in den verfallenen Gefängniszellen im November 1950.

222   Eine US-Patrouille in der Prinz-Albrecht-Straße pas-
siert den Haupteingang der ehemaligen Gestapo-Zentrale,
1945.

223   „Gedächtnis-Kundgebung für die Opfer des faschistischen Terrors" in der Neuköllner Werner-Seelenbinder-
Kampfbahn am 9. September 1945.
Die vom Magistrats-Hauptausschuß „Opfer des Faschismus"
veranstaltete Kundgebung war die erste öffentliche antifaschistische Manifestation nach der Kapitulation Berlins; 35.000
Menschen nahmen an ihr teil.

224   Wahlpropaganda der SED zur Berliner Stadtverordne-
ten-Wahl am 20. Oktober 1946.
Das Transparent: „Prinz-Albrecht-Straße. Hier wütete Himmlers Mordzentrale, ihre Ruine mahnt zur sozialistischen Einheit" ist neben dem Gebäude des ehemaligen Preußischen
Abgeordnetenhauses angebracht, kurz vor der Ecke Stresemannstraße. Die Ruine der Gestapo-Zentrale befand sich jedoch auf der anderen Straßenseite.

SS And Gestapo Headquarters

Heinrich Himmler, who, as head of the Gestapo and SS troops, was the second most powerful man in National Socialist Germany, made his headquarters in this building. Deep beneath the structure was an elaborate air raid shelter. Although Himmler fled Berlin as Russian troops fought their way through the city, the building itself was defended by his SS troop followers against Red Army forces.

225   In einem Wegweiser durch Berlin präsentierte die amerikanische Armee irrtümlich das gegenüber dem Martin-Gropius-Bau gelegene Preußische Abgeordnetenhaus als Hauptquartier von SS und Gestapo.
(Übersetzung der Bildunterschrift: „Heinrich Himmler, als Chef der Gestapo und der SS zweitmächtigster Mann im nationalsozialistischen Deutschland, errichtete sein Hauptquartier in diesem Gebäude. Tief unter dem Bau befanden sich sorgfältig angelegte Luftschutzräume. Himmler floh zwar aus Berlin, als sowjetische Truppen sich ihren Weg durch Berlin bahnten, das Gebäude selbst jedoch wurde von Angehörigen seiner SS-Truppen gegen die Einheiten der Roten Armee verteidigt.")
(An Illustrated Introduction to the City of Berlin, US Headquarters Berlin District, o. J.)

227   Ernst Kaltenbrunner vor dem Internationalen Militärgerichtshof in Nürnberg, 10. Dezember 1945.
Im Nürnberger Prozeß gegen die Hauptkriegsverbrecher erklärte sich der Angeklagte Kaltenbrunner (stehend), der ehemalige Chef des Reichssicherheitshauptamtes, für „nicht schuldig". Links neben Kaltenbrunner Joachim von Ribbentrop, der letzte Außenminister Hitlers. Vor der Anklagebank die Verteidiger.

226   Adolf Eichmann während des Verhörs in Jerusalem, 1961.
Eichmann wurde im Mai 1945 von einer amerikanischen Patrouille aufgegriffen. In der Gefangenschaft gab er sich als „Untersturmführer Otto Eckmann" aus. Noch bevor seine Identität aufgedeckt werden konnte, gelang ihm Anfang 1946 die Flucht aus einem Internierungslager der US-Armee. Danach hielt er sich in Westdeutschland verborgen; 1950 floh er über Italien nach Argentinien. Dort spürte ihn 1960 der israelische Geheimdienst auf und entführte ihn nach Jerusalem, wo er vor Gericht gestellt wurde. Im Dezember 1961 nach einem weltweit aufsehenregenden Prozeß zum Tode verurteilt, wurde er am 1. Juni 1962 hingerichtet.

Text 78

Aus der Zeugenaussage von Werner Best vor dem Internationalen Militärgerichtshof in Nürnberg am 31. Juli 1946

Dr. Merkel (Verteidiger der Gestapo): Sind die Politischen Polizeien der deutschen Länder 1933 mit Parteileuten besetzt worden?
Best: Nein, sie wurden mit den Beamten der bisherigen Polizeibehörden besetzt. Nur wenige Angestellte sind in jener Zeit neu eingestellt worden.
Dr. Merkel: Waren die leitenden Beamten Parteileute?
Best: Das war in den einzelnen Ländern verschieden. Zum Teil waren es sogar Beamte, die in der

228   Otto Ohlendorf vor dem Internationalen Militärgerichtshof in Nürnberg („Einsatzgruppen-Prozeß"), 13. Februar 1948.
Ohlendorf (am Mikrophon), ehemaliger SS-Gruppenführer, 1939—45 Amtschef III (SD-Inland) des Reichssicherheitshauptamtes, bei seinem Schlußwort im Nürnberger Justizpalast. Ohlendorf, vom Juni 1941 bis Juni 1942 Chef der Einsatzgruppe D, war verantwortlich für den Mord an rund 90 000 Zivilpersonen, überwiegend Juden. Im „Einsatzgruppen-Prozeß" war er mit 23 anderen früheren Einsatzgruppen-Angehörigen wegen Verbrechen gegen die Menschlichkeit, Kriegsverbrechen und Mitgliedschaft in verbrecherischen Organisationen angeklagt. Am 10. April 1948 wurde er zum Tode verurteilt und am 25. Juni 1951 hingerichtet.

Vergangenheit ganz anderen Richtungen und Parteien angehört hatten....

Dr. Merkel: Warum haben dann diese Beamten unter der nationalsozialistischen Regierung weiter Polizeidienst versehen?

Best: Weil es für einen deutschen Beamten eine Selbstverständlichkeit war, dem Staat weiter zu dienen auch bei Wechsel der Regierung, solange er dazu überhaupt in der Lage ist.

Dr. Merkel: Sind diese Beamten später ausgeschaltet und durch Nationalsozialisten ersetzt worden?

Best: Nein, diese Herren haben sogar meistens eine sehr gute Karriere gemacht und hohe Posten erhalten.

Text 79

Adalbert Rückerl, langjähriger Leiter der Zentralen Stelle der Landesjustizverwaltungen zur Aufklärung von nationalsozialistischen Verbrechen in Ludwigsburg, zur „vergessenen" strafrechtlichen Aufarbeitung des Komplexes „Reichssicherheitshauptamt"

Als besonders markantes Beispiel mag hier der Komplex „Reichssicherheitshauptamt" gelten. Seit den Nürnberger Prozessen war bekannt, daß die in den Vernichtungslagern und von den Einsatzgruppen der Sicherheitspolizei und des SD verübten Massenmorde, die Aussonderung und Ermordung sogenannter „untragbarer" sowjetischer Kriegsgefangener, die „Sonderbehandlung" (sprich: Erhängung) ausländischer Zwangsarbeiter und die administrative Verhängung von Todesstrafen gegen einzelne Konzentrationslagerhäftlinge durch das Reichssicherheitshauptamt angeordnet, organisiert und koordiniert worden wa-

ren. Tatort war insoweit Berlin. Seit 1950 bestanden für die gemäß § 7 StPO für die Strafverfolgung zuständige Staatsanwaltschaft Berlin keine Hinderungsgründe mehr, gegen die — teilweise namentlich schon bekannten — Angehörigen dieses Amtes strafrechtliche Ermittlungsverfahren einzuleiten. Es geschah jedoch seinerzeit nichts. Man hatte es — wie der Generalstaatsanwalt beim Kammergericht Berlin in einem im Jahr 1967 auf einer Fachtagung für Richter und Staatsanwälte offen bekannte — schlichtweg vergessen und fiel gewissermaßen aus allen Wolken, als man im Jahre 1963 daran erinnert wurde.

Amnestie durch die Hintertür — Das Scheitern der Prozesse gegen ehemalige RSHA-Angehörige

Der Berliner Generalstaatsanwalt Günther bildete 1963 aus elf Staatsanwälten und dreiundzwanzig Polizisten einen Stab zur Untersuchung des Komplexes „Straftaten durch Angehörige des Reichssicherheitshauptamtes". Die Verdächtigen wurden drei Tatgruppen zugeteilt: 1) Beteiligung an der „Endlösung der Judenfrage", 2) Einwirkung auf Zusammensetzung und Tätigkeit der „Einsatzgruppen", 3) Beteiligung an Massenexekutionen. Mit den ersten beiden Gruppen wäre erstmals die Strafverfolgung von NS-Verbrechen systematisch auf die „mittlere Ebene" des Verfolgungsapparates, auf die Massenmord-Verwaltungsfachleute und Schreibtischtäter ausgedehnt worden. 1967 waren die ersten 18 Verfahren gegen rund 300 Beschuldigte anklagereif, 1968 begann der erste Prozeß des Gesamtkomplexes.

Durch eine vom Bundestag verabschiedete Strafrechtsreform, die am 1. Oktober 1968 in Kraft trat, wurden die eingeleiteten Verfahren praktisch

Die Ergebnisse sind:

Paul Blobel	Todesstrafe. Keine Umwandlung	
Ernst Biberstein	statt Todesstrafe	lebenslänglich
Walter Blume	statt Todesstrafe	25 Jahre Gefängnis
Werner Braune	Todesstrafe. Keine Umwandlung	
Walter Hänsch	statt Todesstrafe	15 Jahre
Waldemar Klingelhöfer	statt Todesstrafe	lebenslänglich
Erich Naumann	Todesstrafe. Keine Umwandlung	
Otto Ohlendorf	Todesstrafe. Keine Umwandlung	
Adolf Ott	statt Todesstrafe	lebenslänglich
Martin Sandberger	statt Todesstrafe	lebenslänglich
Heinz Hermann Schubert	statt Todesstrafe	10 Jahre
Willi Seibert	statt Todesstrafe	15 Jahre
Eugen Steimle	statt Todesstrafe	20 Jahre
Heinz Jost	statt lebenslänglichem Gefängnis 10 Jahre	
Gustav Nosske	statt lebenslänglichem Gefängnis 10 Jahre	
Waldemar von Radetzky	statt 20 Jahren die verbüßte Strafzeit	
Erwin Schulz	statt 20 Jahren	15 Jahre
Franz Six	statt 20 Jahren	10 Jahre
Lothar Fendler	statt 10 Jahren	8 Jahre
Felix Rühl	statt 10 Jahren die verbüßte Strafzeit	

Der Fall des Angeklagten Strauch, der an Belgien ausgeliefert und dort wegen begangener Morde zum Tode verurteilt worden ist, unterlag nicht dieser Überprüfung.

229 „Entscheidungen des amerikanischen Hochkommissars, John J. McCloy, und des Oberbefehlshabers der amerikanischen Streitkräfte in Europa, General Thomas T. Handy, bezüglich der Gnadengesuche der Kriegsverbrecher, die in Nürnberg und Dachau verurteilt wurden". Im „Einsatzgruppen-Prozeß" waren 1948 neben Ohlendorf dreizehn weitere Angeklagte zum Tode verurteilt worden, zwei Angeklagte erhielten lebenslängliche, fünf Angeklagte Freiheitsstrafen zwischen drei und zwanzig Jahren. Am 31. Januar 1951 bestätigte McCloy lediglich vier der Todesurteile, die restlichen wandelte er im Gnadenweg um und setzte die Freiheitsstrafen teilweise erheblich herab. Die Begnadigungen und Strafmilderungen erfolgten in einem Klima des sich verschärfenden Kalten Krieges und vor dem Hintergrund der bevorstehenden Wiederbewaffnung in der Bundesrepublik. So wurde der ursprünglich zu zwanzig Jahren Freiheitsstrafe verurteilte Franz A. Six, ehemals Amtschef VII im Reichssicherheitshauptamt und Leiter des „Vorkommandos Moskau" der Einsatzgruppe B, am 30. September 1952 aus der Haft entlassen. Er war danach als Werbe- und Industrieberater, hauptsächlich in der Automobilbranche, tätig. Auch die übrigen Angeklagten wurden bis Mitte der fünfziger Jahre vorzeitig entlassen.

undurchführbar gemacht — unbeabsichtigterweise. Da der Anklagevorwurf in der Regel auf „Beihilfe zum Mord", nicht auf Mord selbst lautete, war die Tat nach der Neufassung des § 50 Abs. 2 StGB (heute § 28) bereits nach fünfzehn Jahren, d. h. am 8. Mai 1960, verjährt. Die Neuregelung ging nämlich davon aus, daß die Tatgehilfen eines Mordes geringer zu bestrafen seien, wenn bei ihnen die „subjektiven Tatbestandsmerkmale" des Täters nicht vorhanden waren. „Alle bisher der Täterschaft vorbehaltene Beweislast — Grausamkeit, Heimtücke, Niedrigkeit usw. — übertrug sich nun auf die Bürovorsteher. Hatten sie die Judenkarteien grausam geführt, die Deportationen heimtückisch angeordnet?" (J. Friedrich, Die kalte Amnestie, Frankfurt/M. 1984, S. 411). Die erhöhte Beweislast, der meist nicht nachzukommen war, zwang die Staatsanwaltschaft, entweder den Nachweis der Täterschaft zu führen oder die Einstellung des Verfahrens zu beantragen. „Hier ist in der Konsequenz eine Amnestie durch die Hintertür erlassen worden", klagte ein Berliner Staatsanwalt 1969 im Moabiter Schwurgerichtssaal. „Ich bin auf solche Tücken nicht gekommen", lautete die fassungslose Bilanz des Bundesjustizministers Gustav Heinemann. Kam es ausnahmsweise dennoch zur Mord-Anklage, waren die Angeklagten regelmäßig „dauerhaft verhandlungsunfähig", wie etwa der ehemalige stellvertretende RSHA-Chef Werner Best, der die Aussetzung seines Verfahrens um 17 Jahre überlebt hat.

230   Prinz-Albrecht-Straße 8: Gefängnishof.
Im November 1950 besuchte Günther Weisenborn mit Bertolt Brecht und dem Publizisten Max Schroeder das ehemalige

Gestapo- und SS-Gelände. Das Foto, von Brecht aufgenommen, zeigt Weisenborn und Schroeder im Hof des Gestapo-Gefängnisses.

Text 80

Mit Bertolt Brecht im ehemaligen Gestapo-Hauptquartier, November 1950 – Aus einem Bericht Günther Weisenborns

Es war sehr leicht, durch eine Lücke im Zaun in den Hof zu gelangen. Früher hatte vor dem Portal ein Doppelposten versteinerter SS-Männer gestanden. Ich war jedoch nie durch das Portal Prinz-Albrecht-Straße gegangen. Ich wurde damals in den Hof gefahren und in den Keller gebracht, wo die Zellen lagen. Warf einer die Tür von außen ins Schloß, drückte die Luft in die Ohren. Es war das Hauptquartier der Gestapo.
Jetzt war es stark verfallen. In der Ruine hing der Fußboden des ersten Stocks wie ein Zelt gebogen abwärts. Es war totenstill. Brecht und ich bogen zuerst in den kleinen Hof ein, in dem damals die sogenannten „Spaziergänge" stattgefunden hatten: sechs Mann, zwanzig Minuten lang, Schweigen. Dann gingen wir in den Warteraum, in dem einst die braunen kirchenstuhlartigen Bänke gestanden hatten, deren Seitenwände ein heimliches Gespräch mit dem Nachbarn erschweren sollten. Ich erklärte ihm das alles. Ich drehte mich um und

werde nicht den Ausdruck in Brechts Gesicht vergessen, jenes fast wissenschaftliche Interesse, das mit unterdrücktem Zorn vermischt war. Wir schritten den Gang entlang und musterten die Zellen. Sie waren leer. Geröll lag auf dem Boden. Scherben, militärische Relikte, Gasmaskenbehälter, leere Zigarettenschachteln, gelegentlich ein Foto, ein schmieriges Flugblatt. – Wir betraten meine frühere Zelle, hier hatte ich Monate verbracht. Sie war sehr dunkel.
„War sie immer so dunkel?"
„Ja."
„War es kalt?"
„Ja, aber nicht so kalt wie in Spandau."
Die Tür war verschwunden, verheizt. Ich sah Brecht in der Dunkelheit kaum, er stand wie ein Schatten reglos in meiner alten Zelle, die verfallen war. Wir standen lange Zeit reglos. Sie maß in der Breite von der linken Handspitze bis zum rechten Ellenbogen, in der Länge fünf Schritt. Wie viele Gefangene hatten nach mir noch hier gelitten? Ich ging meinen alten Weg, fünf Schritte langsam hin und zurück. Der Schutt auf dem Steinboden knirschte unter meinen Schuhen. Als ich stehenblieb, war es totenstill.

5.3. Unsichtbar gemachte Geschichte

Die Spaltung der Berliner Stadtverwaltung Ende 1948 bildete den Auftakt für die Teilung der Stadt in eine westliche und eine östliche Hälfte. Die Südliche Friedrichstadt, durch den Krieg bis zur Unkenntlichkeit entstellt, verlor jede übergeordnete Bedeutung. Aus dem ehemaligen Teil der City wurde eine verödende Brache, eine „stille Gegend" inmitten der Stadt. Im Westen wie im Osten bildeten sich neue städtische Schwerpunkte heraus. Der Niedergang der Südlichen Friedrichstadt war — ähnlich wie einst ihr Aufstieg — Ausdruck und Folge der Entwicklung Berlins: aktuell des Ost-West-Konflikts, strukturell der „Hinterlassenschaft" des NS-Regimes.

Da die Prinz-Albrecht-Straße zum Verwaltungsbezirk Mitte (sowjetischer Sektor) gehörte, die Grundstücke an ihrem Südrand dagegen im Verwaltungsbezirk Kreuzberg (amerikanischer Sektor) lagen, befand sich das Gelände des ehemaligen Reichssicherheitshauptamtes direkt an der Schnittstelle zwischen Ost und West. Von den Gebäuden an der Wilhelmstraße, die im „Dritten Reich" mit Gestapo- und SD-Dienststellen belegt waren, stand bereits 1950 kein einziges mehr. Wegen „Baufälligkeit" sind sie Ende der vierziger Jahre gesprengt beziehungsweise abgerissen worden.

Im Gegensatz zum Abriß der Neuen Reichskanzlei, der im Februar 1949 begann, wurde die Sprengung der Ruine des Prinz-Albrecht-Palais am 27./28. April 1949 von der Öffentlichkeit nicht registriert. Die völlige Vernachlässigung denkmalpflegerischer Gesichtspunkte bei der Beseitigung der Überreste eines der letzten Schinkelschen Bauten bildet einen auffälligen Kontrast zur allgemeinen Empörung auf westlicher Seite über die Sprengung des Berliner Schlosses durch die Verantwortlichen in der DDR in den Jahren 1950 und 1951.

Der Umbenennung der Prinz-Albrecht-Straße in Niederkirchnerstraße (zu Ehren einer von der SS hingerichteten kommunistischen Widerstandskämpferin) folgten 1953/54 der Teilabriß und 1956 die Sprengung der Fassadenreste des ehemaligen Hauptquartiers der Gestapo, 1958/59 die „Abräumung" (Enttrümmerung und Planierung) der Grundstücke an der Wilhelmstraße. Als 1962/63, gleichzeitig mit der Sprengung des relativ gut erhaltenen ehemaligen Völkerkundemuseums, schließlich auch die Grundstücke Niederkirchnerstraße 8 und 9 sowie Wilhelmstr. 98/99 enttrümmert wurden, war aus dem Gelände mit seiner ehemals fast vollständigen Blockrandbebauung — bis auf Europahaus und Martin-Gropius-Bau — eine riesige Freifläche geworden.

Von fast allen historischen Spuren „befreit", bot sich das Terrain nun erst recht dem Zugriff der Stadtplaner an. Mitte der fünfziger Jahre legte das Bezirksamt Kreuzberg das Projekt eines Hubschrauberlandeplatzes auf dem ehemaligen Prinz-Albrecht-Gelände vor. Wichtiger war die vom Senat zum Wettbewerb „Hauptstadt Berlin" 1957 entwickelte Planungsvorgabe, die den Ausbau der Kochstraße zur Schnellstraße und ihre Verlängerung nach Westen, quer über das Gelände in Richtung Landwehrkanal, vorsah. An dieser Planung, die 1965 auch in den Flächennutzungsplan aufgenommen wurde, hielt man bis zum Beginn der achtziger Jahre fest.

Der Bau der Mauer im August 1961, in der Südlichen Friedrichstadt entlang der Stresemann-, Niederkirchner- und Zimmerstraße, zementierte den Charakter des Stadtviertels als im Wiederaufbau-Boom übersehene Peripherie. Im Niemandsland zwischen Mauer und Landwehrkanal erinnerten nur noch vereinzelte Ruinen an die ehemalige Bedeutung des Quartiers. Der Gropius-Bau, vom Abriß eher zufällig verschont geblieben, verfiel von Jahr zu Jahr mehr. Daß sich hier einst das Regierungsviertel des SS-Staates befunden hatte, geriet in Vergessenheit, obwohl in periodischen Wellen und bei konkreten Anlässen (Auschwitz-Prozeß in Frankfurt, Verjährungsdebatte im Bundestag u. a. m.) die Kontroverse um die „Bewältigung der Vergangenheit" immer wieder von neuem aufflackerte. Der Sitz der Schreibtischtäter von Gestapo und SS blieb „ein Ort der nicht-angenommenen deutschen Geschichte" (W. Scheffler).

231   Gartenansicht der Ruine des Prinz-Albrecht-Palais, um 1948.

Das „Amt für Baulenkung" des Bezirksamts Kreuzberg ließ Ende April 1949 die Überreste des Prinz-Albrecht-Palais sprengen. Die Bergung architektonisch und kunstgeschichtlich erhaltenswerter Einzelteile wurde dabei „vergessen". Denkmalpfleger und Kunsthistoriker waren über die bevorstehende Sprengung nicht informiert worden. Vier Jahre nach Kriegsende, so bemerkt dazu der Kunsthistoriker Johannes Sievers, „stand man statt vor dem auch als Ruine noch immer eindrucks- voll und edel wirkenden Palais mit seinem schönen Vorhof und der vornehmen Säulenhalle vor einem formlosen Schuttberg [...] So schließt die an wechselvollen Schicksalen reiche Geschichte des Albrechtpalais mit einem schwarzen Blatt: der Feststellung menschlichen Unverstandes und mangelnden Gefühles für den Eigenbesitz an unwiederbringlichen Kulturwerten." (J. Sievers, Bauten für die Prinzen August, Friedrich und Albrecht von Preußen [Karl Friedrich Schinkel Lebenswerk], Berlin 1954, S. 220).

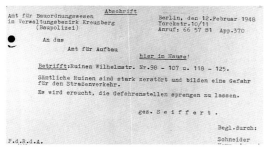

Abschrift

Amt für Bauordnungswesen
im Verwaltungsbezirk Kreuzberg
(Baupolizei)

An das

    Amt für Aufbau

    hier im Hause!

Berlin, den 12.Februar 1948
Yorckstr.10/11
Anruf: 66 57 81 App.370

Betrifft:Ruinen Wilhelmstr. Nr.98 - 107 u. 118 - 125.

Sämtliche Ruinen sind stark zerstört und bilden eine Gefahr
für den Straßenverkehr.
Es wird ersucht, die Gefahrenstellen sprengen zu lassen.

                    gez. S e i f f e r t .

                            Begl.durch:

F.d.R.d.A.   Schneider

232   Schreiben der Baupolizei Kreuzberg an das Kreuzberger Amt für Aufbau vom 12. Februar 1948.

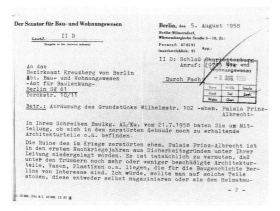

Der Senator für Bau- und Wohnungswesen   Berlin, den 5. August 1958

GeschZ.:   II D   Berlin-Wilmersdorf,
  (Angabe in der Antwort erbeten)   Württembergische Straße 6—10. Zi.:
                                                Fernruf: 87 05 91
                                                innerbetrieblich: 95   App.:

An das   II D: Schloß Charlottenburg
Bezirksamt Kreuzberg von Berlin   Anruf: (97) 591 - und
Abt. Bau- und Wohnungswesen   Wohnungswesen
-Amt für Baulenkung-   Durch Fach
Berlin SW 61
Yorckstr. 10/11

Betr.: Abräumung des Grundstücks Wilhelmstr. 102 -ehem. Palais Prinz-Albrecht-

In Ihrem Schreiben Baulkg. AL/Ku. vom 21.7.1958 baten Sie um Mitteilung, ob sich in dem zerstörten Gebäude noch zu erhaltende Architekturteile o.ä. befinden.

Die Ruine des im Kriege zerstörten ehem. Palais Prinz-Albrecht ist in den ersten Nachkriegsjahren aus Sicherheitsgründen unter Ihrer Leitung niedergelegt worden. Es ist tatsächlich zu vermuten, daß unter den Trümmern noch mehr oder weniger beschädigte Architekturteile, Vasen, Plastiken o.ä. liegen, die für die Baugeschichte Berlins von Interesse sind. Ich würde, sollte man auf solche Teile stoßen, diese entweder selbst magazinieren oder sie dem Heimatmu-

                                                                - 2 -

233   Auszug aus dem Schreiben des Senators für Bau- und Wohnungswesen an das Bezirksamt Kreuzberg vom 5. August 1958.

BOHR-UND SPRENG-GES.
    P. H. RÖHLL KG.
Berlin · Augsburg · Bremen

An das
Bezirksamt Kreuzberg
von Gross-Berlin   2.Ausfertigung
Amt für Aufbau,
Berlin SW 61
Yorckstr. 10-11

IHR ZEICHEN   IHR SCHREIBEN   UNSER ZEICHEN   BERLIN-FRIEDENAU
Aufbau II Sch.   8.5.48   48/161/31/8   BENNIGSENSTR. 11, DEN   15.10.1948
                                           RUFNUMMER: 24 21 17

BETRIFFT   Auftragsbestätigung.

Wir bestätigen dankend Ihren Auftrag auf Sprengung der
Gebäuderuine

            Wilhelmstr. 102
            Auftrags-Nr. 6/633 vom 8.5.48
            Preis lt. Angebot DM 6.172,50

Wir erkennen als Vertragsbestandteile
    unser abgegebene Angebot vom 27.2.48,
    die besonderen Vertragsbedingungen der Stadt
    Berlin,
    die Verdingungsordnung für Bauleistungen,
    Ausgabe April 1943
als verbindlich an.

                            Hochachtungsvoll
                            BOHR- UND SPRENG-GES.
                            P. H. RÖHLL K.G.

2-fache Ausfertigung

DRAHTANSCHRIFT: BOHRSPRENG BERLIN   BANKKONTO: BEZIRKSBANK SCHÖNEBERG Nr. 71 664   POSTSCHECK: BERLIN Nr. 2124 60

234   Schreiben der Firma Röhll KG an das Bezirksamt Kreuzberg vom 15. Oktober 1948.

235   Die Trümmermassen des gesprengten Prinz-Albrecht-Palais und des Nebengebäudes Wilhelmstraße 103/104, vom ehemaligen Park aus gesehen, 1953.

236   Die Ruine des Südflügels der ehemaligen Gestapo-
Zentrale, 1951.

237   **Käthe („Katja") Niederkirchner**, um 1936.
Im Zuge einer mehr als 150 Straßen betreffenden Umbenen-
nungsaktion des Ost-Berliner Magistrats im April und Mai
1951 wurde aus der Prinz-Albrecht-Straße die Niederkirchnerstraße.
Käthe Niederkirchner (1909–44), von Beruf Schneiderin, war
1929 in die KPD eingetreten und 1933 in die Sowjetunion emi-
griert. Im Oktober 1943 aus einem sowjetischen Flugzeug
über Polen mit dem Fallschirm abgesprungen, wurde sie auf
dem Wege nach Berlin verhaftet, im Sommer 1944 ins Konzentrationslager Ravensbrück gebracht und dort am 22. September 1944 ermordet.

238   Der Luftschutzbunker des ehemaligen Reichssicherheitshauptamtes kurz vor dem Abriß, 1954.
Von der Gestapo-Zentrale stand zu diesem Zeitpunkt nur noch ein Teil der Straßenfassade. Nachdem mit der Sprengung der Reste der Gestapo-Zentrale im Juni 1956 keines der Gebäude, die 1933 bis 1945 von Gestapo- und SS-Dienststellen belegt worden waren, mehr existierte, wurden in einer zweiten Phase von 1957 bis 1963 die betreffenden Grundstücke „abgeräumt", das heißt enttrümmert und planiert.

239   Ausschnitt aus einem Luftbild der Südlichen Friedrichstadt, 1955.
Nach den Abrissen Ende der vierziger Jahre ist aus dem östlichen Teil des Geländes eine mit Trümmerschutt bedeckte Freifläche geworden. Die Straßenrandbebauung an der Stresemannstraße, das Völkerkundemuseum und das Europahaus-Komplex, ist dagegen noch vollständig erhalten. An der Niederkirchnerstraße steht neben der Ruine des Gropius-Baues nur noch ein Teil des Vorderflügels der ehemaligen Gestapo-Zentrale sowie der von der Gestapo errichtete Garagentrakt; der Südflügel des Gebäudes, in dem sich das Hausgefängnis befand, ist bereits abgerissen.

240   Die Straßenfront des ehemaligen Gestapo-Hauptquartiers, 1953.
Dieses drei Jahre vor der Sprengung der Gebäudereste auf-
genommene Foto straft Presseberichte anläßlich der Sprengung Lügen, wonach seit 1945 „nur noch eine hohe Fassade
gespenstisch in den Himmel" geragt hätte.

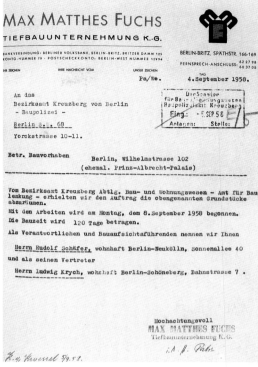

241 Sprengung der Fassade des ehemaligen Gestapo-Hauptquartiers am 15. Juni 1956.

242 Aus den Akten der Baupolizei des Bezirksamts Kreuzberg über die Abräumungsarbeiten auf dem Gelände 1957–63.

243 Bis auf die noch nicht enttrümmerten Grundstücke an der Niederkirchnerstraße ist das Gelände zwischen Anhalter Straße und Gropius-Bau vollständig planiert, 1959.

244   Das ehemalige Völkerkundemuseum an der Strese-
mannstraße/Ecke Niederkirchnerstraße, 1960.
Das Gebäude war in der ersten Hälfte der fünfziger Jahre teilweise wiederhergerichtet und seit 1955 vom Museum für Vor-
und Frühgeschichte genutzt worden. 1963 wurde es gesprengt.

245   Zeichnung aus der vom Bezirksamt Kreuzberg heraus-
gegebenen Broschüre „Wir bauen die neue Stadt" (um 1956).
Unter der Überschrift „Die städtebauliche Zukunft" heißt es in
der Broschüre: „Ein Hubschrauberlandeplatz ist auf dem Gelände des früheren Prinz-Albrecht-Parks vorgesehen. Der Anhalter Bahnhof wird erweitert und ein neues Empfangsge-
bäude erhalten [...]".

Wettbewerb „Hauptstadt Berlin" 1957

Bundesregierung und Senat waren Veranstalter des
internationalen städtebaulichen Ideenwettbewerbs
„Hauptstadt Berlin", der, 1955 vom Bundestag beschlossen, 1957 durchgeführt wurde. „Die materielle
Aufgabe des Wettbewerbs ist der Neuaufbau der
durch den Krieg zerstörten Mitte Berlins, seine geisti-
ge Aufgabe ist die Formung dieser Mitte zu einem
sichtbaren Ausdruck der Hauptstadt Deutschlands
und einer modernen Weltstadt", heißt es in der Ausschreibung. Das Wettbewerbsgebiet erstreckte sich
in west-östlicher Richtung vom Tiergarten (Großer
Stern) bis zur Jannowitzbrücke, die Nord-Süd-Achse
bildete — in voller Länge — die Friedrichstraße. Rund
die Hälfte des Wettbewerbsgebietes lag also
außerhalb von Berlin (West). Zu den Planungsvorga-
ben gehörten das „übergeordnete Straßennetz" (mit
vier Autobahntangenten) und eine Reihe von „Fest-
punkten". Dabei handelte es sich um Gebäude, die
entweder „wegen ihrer baukünstlerischen oder historischen Bedeutung" erhalten bleiben sollten, oder
„deren Erhaltung aus finanziellen oder sonstigen
Gründen wünschenswert" schien. Anhalter Bahnhof,
Europahaus, Völkerkundemuseum und Martin-Gropius-Bau zählten zu keiner der beiden Kategorien.

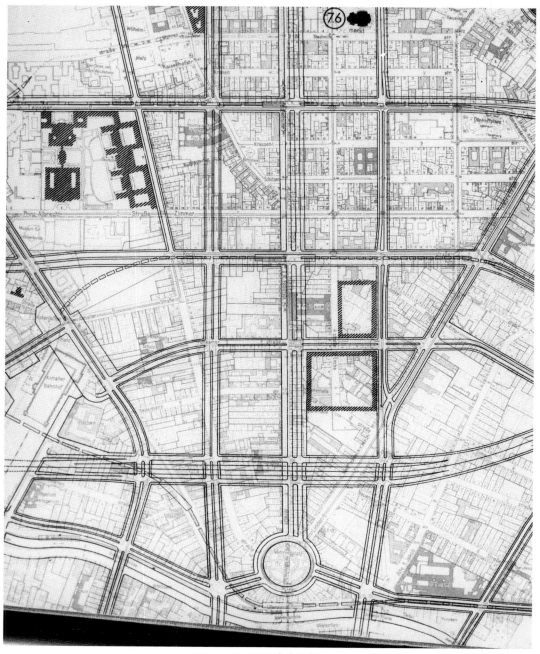

246   Planungsvorgabe des Senats für den Wettbewerb „Hauptstadt Berlin" (1957).
Die Senatsplanung sah eine Einbindung auch der Südlichen Friedrichstadt in ein Netz von Autobahnen und Schnellstraßen vor. Die verbreiterte Kochstraße sollte nach Westen – über das Gelände des ehemaligen Prinz-Albrecht-Palais hinweg – verlängert werden. An diesem Vorhaben wurde bis Anfang der achtziger Jahre festgehalten, erst auf Betreiben der IBA ließ man es fallen. Den 1. Preis erhielten seinerzeit Spengelin/Eggeling/Pempelfort, ein 2. Preis wurde an Hans Scharoun vergeben.

247   Errichtung von Panzersperren hinter der Mauer an der
Ecke Niederkirchnerstraße, November 1961.

248   „Studio am Stacheldraht", Herbst 1961.
Die Lautsprecherwagen stehen auf dem Grundstück der ehemaligen Kunstgewerbeschule, bis 1945 Gestapo-Zentrale.
Bei der „Mauer hinter der Mauer" handelt es sich um die einzi-
gen zu dieser Zeit noch erhalten gebliebenen Reste des Gebäudes. Im Hintergrund die ausbrannten Ruinen des Europahauses und des Martin-Gropius-Baues.

249   Luftaufnahme vom 22. April 1968.
In der Mitte der 1961 als „Haus der ostdeutschen Heimat"
(heute: „Deutschlandhaus") an der Stresemannstraße/Ecke
Anhalter Straße wiederaufgebaute Teil des Europahaus-Kom-
plexes.

5.4. Die Wiederkehr des Verdrängten

Erst Jahre nach dem Bau der Mauer setzte sich allmählich die Erkenntnis durch, daß mit der Teilung Berlins alle Planungen, die von der politischen Einheit der Stadt ausgingen, hinfällig waren. Die Verkehrsplanungen für die Südliche Friedrichstadt wurden jedoch auch in den siebziger Jahren nicht abgeändert, ihre Realisierung nur verschoben, nicht aufgegeben. Etwa anderthalb Jahrzehnte prägte so die „Zwischennutzung" durch eine Baustoff-Verwertungsfirma und ein „Autodrom" („Fahren ohne Führerschein") das Erscheinungsbild des Areals zwischen Niederkirchnerstraße, Wilhelmstraße und Anhalter Straße.

Den ersten Anstoß zur „Wiederentdeckung" der historischen Bedeutung des Ortes gab der Architekturhistoriker Dieter Hoffmann-Axthelm Ende der siebziger Jahre. Die „Internationale Bauausstellung Berlin" (IBA), durch diese Hinweise auf die einstige Nutzung des Geländes aufmerksam gemacht, sprach sich 1979/80 mehrfach gegen den für 1980 geplanten Beginn des Ausbaus der Kochstraße und ihre Verlängerung nach Westen, am Martin-Gropius-Bau vorbei, aus. 1980 erhoben dann verschiedene Organisationen erstmals die Forderung nach einem Mahnmal für die Opfer des Faschismus auf dem Gelände. Durch die neue Nutzung des Martin-Gropius-Baus als Ausstellungsgebäude wurde die Aufmerksamkeit der Öffentlichkeit auch auf das benachbarte Gelände gelenkt. 1981 fanden in dem teilweise wiederhergestellten Bau die ersten Ausstellungen statt. „Preußen — Versuch einer Bilanz", im August 1981 mit einem Szenario neben dem Martin-Gropius-Bau eröffnet, direkt auf dem Areal des ehemaligen Gestapo-Hauptquartiers, trug dazu bei, jahrzehntelang verschüttete Tatsachen ins Bewußtsein der Öffentlichkeit zu heben. Die seitdem anhaltende Diskussion über den „Umgang" mit dem Gelände wurde nicht zuletzt auch dadurch beeinflußt, daß das in den letzten Jahren neu entstandene Interesse vor allem junger Menschen an der Geschichte des NS-Regimes sich verstärkt der Alltags- und Ortsgeschichte und damit der stadt(teil)geschichtlichen Forschung und Dokumentation zuwandte.

Nachdem 1982 die zukünftige Gestalt des Geländes erstmals Gegenstand einer Debatte im Abgeordnetenhaus geworden war und der Antrag der SPD-Fraktion auf Errichtung eines Mahnmals angenommen wurde, begannen die Vorbereitungen für ein Wettbewerbsverfahren. Die Schirmherrschaft übernahm der Regierende Bürgermeister, Richard von Weizsäcker, die Durchführung lag in den Händen der IBA. Die Aufgabenstellung des im Juni 1983 vom Senat ausgelobten Wettbewerbs war allerdings insofern problematisch, als von den Teilnehmern erwartet wurde, zwei gegensätzlichen Anforderungen gleichzeitig gerecht zu werden und eine gestalterische Form zu entwerfen, mit der, wie es im Text der Ausschreibung hieß, „die geschichtliche Tiefe des Ortes mit den Nutzungsansprüchen wie Parkgestaltung, Spielplatz, Bewegungsfläche etc. in Übereinstimmung" gebracht werden sollte.

Während der Wettbewerb einerseits auf großes Interesse stieß, wurde andererseits heftige Kritik an den Durchführungsmodalitäten geübt. Die Jury vergab im April 1984 einen ersten Preis mit Ausführungsempfehlung und prämiierte zwölf weitere Arbeiten. Im Dezember 1984 wurde durch einen Brief des Regierenden Bürgermeisters, Eberhard Diepgen, den Trägern des ersten Preises die Entscheidung des Senats bekanntgemacht, das

Wettbewerbsergebnis nicht zu realisieren. Stattdessen übernahm der Senator für Kulturelle Angelegenheiten die (befristete) Verantwortung für das Gelände; der Leitung der zentralen historischen Ausstellung im Martin-Gropius-Bau wurde die „provisorische Herrichtung des Geländes im Jahre 1987" übertragen.

250 Blick vom Martin-Gropius-Bau in Richtung Wilhelm-straße, 1981.

251   Luftaufnahme des Geländes zwischen Stresemann-straße, Niederkirchnerstraße, Wilhelmstraße und Anhalter Straße, 1984.
Rechts neben dem Gropius-Bau, entlang der Mauer, verarbeitet seit Anfang der siebziger Jahre eine Baustoff-Firma Trümmerschutt aus allen Teilen West-Berlins. Für die Beschäftigten

der beiden Fernmeldeämter im neu errichteten Europahaus ist ein Parkplatz hinter dem Gebäude angelegt worden. Den Rest des ehemaligen Prinz-Albrecht-Areals an der Wilhelmstraße und der Anhalter Straße nimmt das „Autodrom" („Fahren ohne Führerschein") ein.

Text 81

Offener Brief der „Internationalen Liga für Menschenrechte" an den Senator für Inneres vom 24. Januar 1980

Sektion der International League for the Rights of Man, New York,
akkreditiert bei den Vereinten Nationen
Int. Liga für Menschenrechte, 1 Berlin 12, Mommsenstr. 27

Berlin, 24. 01. 1980

Gegenwärtig wird im Hinblick auf die geplante Preußenausstellung die Ruine des ehemaligen Kunstgewerbemuseums in der Niederkirchnerstraße (vormals Prinz-Albrecht-Straße 7) restauriert. Sicherlich hat man vor, im Rahmen der Baumaßnahmen auch die unmittelbare Umgebung (diesseits der Mauer) mitzugestalten – und sei es nur durch Parkplätze.
Den politisch Verantwortlichen in unserer Stadt ist offenbar völlig entgangen, daß das direkte Nachbargrundstück, auf dem sich vor 1933 eine Kunstgewerbeschule befand (Prinz-Albrecht-Straße 8), in der Zeit der faschistischen Diktatur die berüchtigte Gestapo-Leitstelle beherbergte.

Prinz-Albrecht-Straße Nr. 8 war ein Name, der einst Furcht und Schrecken verbreitet hat, denn die Gestapo-Zentrale war als Ort physischer und psychischer Grausamkeiten bekannt. In den Folterkellern der Prinz-Albrecht-Straße Nr. 8 wurden seit der Instrumentalisierung der politischen Polizei zur terroristischen Waffe des totalen Staates Menschen systematisch gequält und entwürdigt. Oft folgte anschließend die Einlieferung in ein deutsches Konzentrationslager.
Wenn im Jahre 1981 mit viel Aufwand an das alte Preußen erinnert wird – wer denkt dann an die Erniedrigten und Beleidigten, die in direkter Nachbarschaft unsägliche Qualen erleiden mußten?
Wir wissen nicht, welche Pläne die Senatsverwaltung für Bau- und Wohnungswesen für die architektonische Gestaltung des genannten Bereiches hat. Gleich, welche Vorhaben sie verwirklicht:
DIE INTERNATIONALE LIGA FÜR MENSCHENRECHTE fordert Sie auf, auf jeden Fall durch einen Gedenkstein oder eine Tafel in würdiger Form an diese Stätte des braunen Terrors – und an seine Opfer! – zu erinnern.

Wolfgang P. Schaar   *E. M. Koneffke*
                              Antifaschistischer Ausschuss

Text 82

Schreiben der „Arbeitsgemeinschaft Verfolgter Sozialdemokraten" (AVS) an den Senator für Bau- und Wohnungswesen vom 9. Februar 1980

AVS Arbeitsgemeinschaft Verfolgter Sozialdemokraten
im Landesverband Berlin der SPD
Vorsitzende: Ruth Warnecke, 1000 Berlin 41, Nordmannzeile 4   Tel. 885 5683

Herrn   1 Berlin, den 9. Februar 1980
Senator für Bau- und Wohnungswesen
1000 Berlin 31
Württembergische Str. 6

Betr.: Neubau einer Straßenverbindung zur Potsdamer Straße von Wilhelmstraße bis Stresemannstraße

Sehr geehrter Herr Senator!
In o. a. Angelegenheit wurden Ihnen bereits in einem persönlichen Gespräch die Wünsche unserer Arbeitsgemeinschaft vorgetragen.
Die sozialdemokratischen Widerstandskämpfer und Verfolgten des NS-Regimes erwarten, daß an dem Standort der Ruine des Prinz-Albrecht-Palais, in dem sich die Hauptdienststelle und Folterstätte der Gestapo befand, zur Erinnerung an die Schreckensherrschaft der Nationalsozialisten ein würdiges Mahnmal errichtet wird.
Da für die Vergabe der Errichtung und Gestaltung dieses Mahnmals von Ihrer Bauverwaltung Entwürfe eingeholt werden, bittet die AVS-Berlin, an der Begutachtung derselben mit teilhaben zu können.
Die frühere Prinz-Albrecht-Straße sollte den Namen des Widerstandskämpfer Carl von Ossietzky erhalten.
In der Sitzung der zentralen Arbeitsgemeinschaft der Vertretungen der Verfolgten am 28. Januar, wurde über den von unserer Arbeitsgemeinschaft und dem Bund politisch- und rassisch Verfolgter (PRV) eingebrachten Antrag Übereinstimmung erzielt.
Wir bitten Sie, sehr geehrter Herr Senator, dem berechtigten Wunsch der überlebenden Opfer der Gestaposchergen durch Einplanung einer Gedenkstätte bei dem Straßenbau Rechnung zu tragen.
Ihrer Stellungnahme sehen wir entgegen.

Mit freundlichen Grüßen
R. Warnecke

Text 83

Geleitwort des Regierenden Bürgermeisters, Richard von Weizsäcker, zum Ausschreibungstext des Architektenwettbewerbs, 1983

Geschichtlich wie städtebaulich gehört die Neugestaltung des Geländes um das ehemalige Prinz-Albrecht-Palais zu den vordringlichen Aufgaben unserer Stadt. Im Guten wie im Bösen ist Berlin Treuhänderin der deutschen Geschichte, die hier ihre Narben hinterlassen hat wie nirgendwo sonst.
Um den Martin-Gropius-Bau, der ein Museum für Deutsche Geschichte aufnehmen soll, birgt das Gelände sichtbare und unsichtbare Spuren geschichtlicher Last: unsichtbar geworden sind die Gebäude, in denen die Schalthebel des SS-Staates und seiner Schreckensherrschaft bedient wurden. Sichtbar schneidet die Mauer die ehemalige Prinz-Albrecht-Straße mittendurch — und wir müssen sie wohl auch als ein Stück Nemesis der menschenverachtenden Macht begreifen, die in dieser Straße zur Zeit des Nationalsozialismus ausgeübt wurde.
Aufgabe der Neugestaltung ist es nun, an die Zeitgeschichte anzuknüpfen, einen Platz zum Nachdenken zu geben, ohne die Chance zu versäumen, dem Stadtteil Kreuzberg ein Gelände zum Leben und Verweilen zu schaffen. Das Gelände muß außerdem in den Gesamtzusammenhang der Stadt integriert werden — denn es liegt nicht nur in Kreuzberg und an der Mauer, sondern auch im Zentralen Bereich, in der Südlichen Friedrichstadt mit ihren großen Fragen an die Stadtplanung.
Damit ist dieser Wettbewerb von hoher Bedeutung für unser Ziel, die Zukunft Berlins zu gewinnen, ohne die Vergangenheit zu verlieren und ihre bösen Aspekte zu verdrängen. Nicht nur als Schirmherr nehme ich an diesem außergewöhnlichen Wettbewerb lebhaften persönlichen Anteil.

Der Wettbewerb „Berlin, Südliche Friedrichstadt. Gestaltung des Geländes des ehemaligen Prinz-Albrecht-Palais" (1983)

194 Arbeiten wurden eingereicht. Generell ließen sie erkennen, wie schwer sich die Ziele einer Gedenkstätte mit den Nutzungen eines Stadtteilparks vereinbaren lassen und wie problematisch die Verwendung von symbolhaften und monumentalen Lösungen zur Gestaltung der Gedenkstätte selbst in der Regel war. Während ein Teil der Verfasser versuchte, die widersprüchlichen Anforde-

rungen durch Kombinations-Lösungen zu erfüllen, entschieden sich andere in teils radikaler Weise für die Ausarbeitung eines der genannten Ziele und stellten die anderen zurück.

Insgesamt stellten die Arbeiten ein außerordentlich breites Spektrum von Lösungen dar. Vorgeschlagen wurden unter anderem:

— Mahnmale als Monumente in unterschiedlichen Ausprägungen,
— Gestaltungen von Sonderbereichen im Park als Haine, Plätze, Achsen usw.,
— Geschichts-Rekonstruktionen im Sinne von Ruinen-Environments oder Spurensicherung (teils romantisierend, teils kritisch aufgefaßt),
— Symbole und Metaphern in Gebäuden oder Landschaftsformationen (z.B. Hakenkreuz, Davidstern, Krater, Aufwerfung), mit oder ohne Wasser,
— weitgehendes Belassen des Geländes als Dokument der bisherigen Verdrängung.

(Nach: Florian von Buttlar/Stefanie Endlich, Synopse zum Umgang mit dem Gestapo-Gelände, 1986)

Text 84

Aus den Erläuterungen der Träger des 1. Preises, Jürgen Wenzel und Nikolaus Lang, zum Konzept ihres Entwurfs

Ausgehend von der Dimension des verwalteten Todes, der auf diesem Gelände angedacht, ausgedacht, geplant und organisiert worden ist, entzieht sich die Fläche herkömmlichen, üblichen, „normalen" Kriterien der Gestaltung. [...] Der vorliegende Entwurf geht von diesem Tatbestand aus. Die gesamte unbebaute Fläche wird als Bodenrelief aus Eisengußplatten geformt. Aus einer Unzahl von authentischen Dokumenten [...] werden einige tausend [...] in die eisernen Bodenplatten gegossen [...] Diese Dokumente der Angst, der Unmenschlichkeit, des Unrechts und der gewöhnlichen Gewalt werden in die Grundrisse der ehemaligen Gebäude des Hauptquartiers der Gestapo, des SS-Führungs-Hauptquartiers und der Reichsleitung des Sicherheitsdienstes so eingefügt, daß eine begehbare, überschreitbare Dokumentationsstätte im öffentlichen Raum entsteht. Durchbrochen wird der gepanzerte, begrabene Boden des Ungeländes von Kastanienbäumen, im Raster gepflanzt.

Text 85

Kritische Stellungnahmen zum Ergebnis des Architektenwettbewerbs (1984–86)

Ulrich Conrads (Chefredakteur der „Bauwelt")

Das Ergebnis dieses Wettbewerbs ist weder darzustellen noch verständlich zu machen, ohne zugleich preiszugeben, wie es zustande kam: daß alles seine Ordnung hatte, daß im Verfahren weder Lässigkeiten noch Unzulässigkeiten zu entdecken waren, daß die Diskussionen zeitweise intensiv und hart waren, daß das Preisgericht bis zur Erschöpfung arbeitete, – und daß dies doch alles nicht zureichte, weil das Problem der Mitteilung, der Sprache, der Übertragung nicht reflektiert wurde angesichts einer Aufgabe, bei der diese Frage von vornherein im Mittelpunkt hätte stehen müssen.

Lore Ditzen (Publizistin)

Der Ideensturm, der über das Gelände hereinbrach, trägt mit sich, was heute an Gestaltungsmethoden im Schwange ist, auch einiges, was an Haltungen prinzipiell anderer Art vertreten wird. Rigoristen, die das Monumentale so wenig scheuen wie egozentrische Poesie, haben sich geäußert... Empfindliche Skeptiker aus der jüngeren Generation plädieren jeder formalen Festlegung gegenüber für die Erhaltung des bis heute Gewordenen und leiten daraus Offenheit für die Zukunft ab. Postromantiker vereinnahmen das Feld zur Wirklichkeitsflucht in artifizielle Metaphern... Jede Idee, auch die absurdeste, ein Beispiel für das, was sich heute in Köpfen malt...

Ulrich Eckhardt (Intendant der Berliner Festspiele)

Das Ergebnis des Wettbewerbs... spiegelt auffällig das Dilemma der Ausschreibung. Wie immer, wenn nach langem Versäumnis und gedankenloser Verdrängung das schlechte Gewissen sich regt, ist die darauffolgende Reaktion von Übereifer und durch Verkrampfung gekennzeichnet.

Gerhard Schoenberner (Publizist, Zeithistoriker)

Wer glaubte, man werde jetzt ernstlich daran gehen, die Fehler der Nachkriegszeit zu korrigieren und wenigstens verspätet nachzuholen, was bis dahin versäumt wurde, irrte. Es begann schon mit dem Ausschreibungstext, dessen vage und widersprüchliche Formulierungen viele Fragen offen ließen... Eine gründliche und ernsthafte Vorbereitung unterblieb. Daß dies kein Wettbewerb wie jeder andere war, daß Routine hier nicht ausreichte und außerordentliche Anstrengungen nötig waren, begriffen die Verantwortlichen nicht –

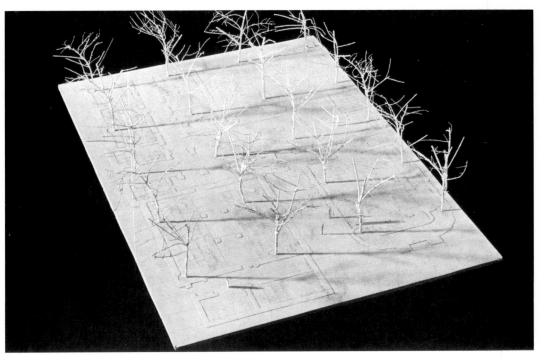

252

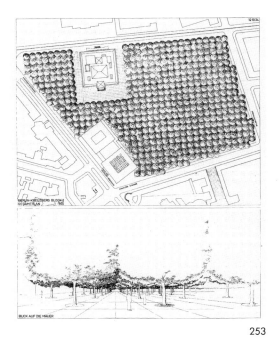

253

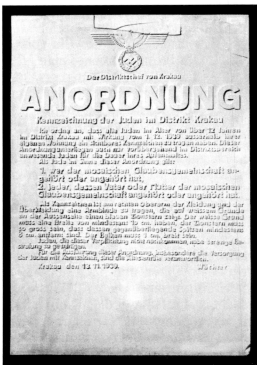

254

252–254 Der 1. Preis: Entwurf Jürgen Wenzel, Nikolaus Lang, Berlin.
Gesamtplan, Blick auf die Mauer (253), Beispiel für die Markierung der Grundrisse (252), Beispiel für eine der vorgesehenen eisernen Bodenplatten (254).

oder zu spät... Wahrhaftig, ein sehr deutsches Trauerspiel wurde hier aufgeführt.

Dieter Hoffmann-Axthelm (Publizist, Architekturhistoriker)

Man hat damals gerade keine Gedenkstätte angelegt, weil man den Ort weghaben wollte. Jetzt dagegen haben wir preisgekrönte Entwürfe, die ihrerseits wieder so tun, als wäre da vorher nie etwas gewesen. 40 Jahre Nachkriegsgeschichte an diesem Ort — wo sind sie geblieben?... Daß wir es jetzt... anders machen wollen, kann doch nicht heißen, so zu tun, als sei jetzt erneut die Stunde Null und wir hätten ganz von vorne zu entscheiden, wie man sich zur örtlichen Hinterlassenschaft von Himmlers Terrorapparat verhält.

Hardt-Waltherr Hämer (Architekt, Mitglied der Akademie der Künste)

Wir sind gewohnt, Probleme zu lösen, indem man Projekte beschließt. Aber dieser Ort ist als Ort Denkmal. Denkmale haben nur den Wert, der im Leben der Menschen, in deren Denken verankert ist... Ich denke, dieser Ort kann nicht funktionalisiert werden für bestimmte Zwecke des normalen Lebens unserer Stadt oder angeeignet werden von irgendwelchen Gruppen, Disziplinen oder Interessen.

Florian von Buttlar (Architekt) / Stefanie Endlich (Soziologin)

(Der Wettbewerb) wird allgemein als „gescheitert" angesehen. Aber diese Einschätzung macht es sich leicht und trifft nicht den Kern des Problems... Während im Hinblick auf die Zukunft des Geländes nach der 750-Jahr-Feier u. a. bereits inoffizielle Überlegungen für einen neuen Gestaltungswettbewerb diskutiert werden, steht eine kritische Bilanz des ersten großen Verfahrens nach wie vor aus. Entstanden waren ja viele wichtige gedankliche Ansätze, Materialien und Beteiligungsformen, die auch in der weiteren Diskussion das Nachdenken fördern und zur qualifizierten Lösungsfindung beitragen könnten. Sie so in der Schublade verschwinden zu lassen, wie es sich derzeit abzeichnet, wäre nicht nur ein Versäumnis zum Schaden der Sache, sondern auch ein Affront gegen die Teilnehmer.

Text 86

Aufruf des Vereins „Aktives Museum Faschismus und Widerstand in Berlin" zu einer symbolischen Grabungsaktion am 5. Mai 1985

*Aktives Museum
Faschismus und
Widerstand
in Berlin e. V.*

1933–1945 NACHGEGRABEN

Aktion des Aktiven Museums und der Berliner Geschichtswerkstatt bei den Gestapo-Kellern (neben dem Gropius-Bau)

Das Aktive Museum Faschismus und Widerstand in Berlin e. V. und die Berliner Geschichtswerkstatt e V. werden am Sonntag, dem 5. Mai 1985 um 11.00 Uhr mit einer Erinnerungsaktion vor Ort und der Aufführung einer Textcollage von Jürgen Karwelat versuchen, auf die Geschichte des Geländes beim Prinz-Albrecht-Palais aufmerksam zu machen.
Der bevorstehende 8. Mai, der Tag der Befreiung vom Nazifaschismus, ist für uns Anlaß, an die Widerstandskämpfer zu erinnern, die sich unter unsäglichen Opfern gegen das NS-Regime auflehnten. Viele von ihnen wurden in den Kellern des Gestapo-Hauptquartiers, der früheren Kunstgewerbeschule, „verhört" und gefoltert.
Mit Unterstützung der antifaschistischen Mitgliederverbände des Aktiven Museum wollen wir einen eindeutigen Standpunkt zur Bedeutung des 8. Mai beziehen und für die Zukunft fordern, daß endlich auf diesem Gelände der Terror-Zentrale des deutschen Faschismus eine „Denk-Stätte" geschaffen wird, die die Erfahrungen und Erkenntnisse aus der Geschichte weitervermittelt und so dazu beiträgt, daß nie wieder Faschismus und Krieg von deutschem Boden ausgehen.

Unterstützen Sie uns. Kommen Sie!

*Sonntag, 5. Mai 1985
11.00 Uhr, neben dem Martin-Gropius-Bau (Stresemannstraße, S-Bahn Anhalter Bahnhof, U-Bahn Möckernbrücke, B 24, 29)*

ES DARF KEIN GRAS DARÜBER WACHSEN!

Aktives Museum Faschismus und Widerstand in Berlin e. V.   Berliner Geschichtswerkstatt e. V.

255   Blick vom Gropius-Bau in Richtung Wilhelmstraße. Im
Vordergrund die ausgegrabenen Reste des Zellenbodens des
Gestapo-„Hausgefängnisses", auf denen am 1.September
1986 Kränze niedergelegt wurden.

Text 87

Offener Brief der „Initiative zum Umgang mit dem Gestapo-Gelände" an den Regierenden Bürgermeister vom 9. Dezember 1985

Initiative zum Umgang mit dem
Gestapo-Gelände
c/o Kunst-am-Bau Kommission Kreuzberg
Mariannenplatz 2
1000 Berlin 36

An den   Berlin, den 9. Dezember 1985
Regierenden Bürgermeister
Herrn Eberhard Diepgen
Rathaus Schöneberg
1000 Berlin 62

Sehr geehrter Herr Regierender Bürgermeister,

am 4. Dezember ist es ein Jahr her, daß Sie den ersten Preisträger des Wettbewerbs zur Gestaltung des Prinz-Albrecht-Palais-Geländes davon unterrichtet haben, daß sein Entwurf nicht ausgeführt wird. Seither hat der Senat der Öffentlichkeit mit keinem Wort mitgeteilt, welche weiteren Schritte er in dieser Sache zu unternehmen gedenkt. Lediglich die provisorische Herrichtung des Terrains bis zur 750-Jahrfeier Berlins wurde angekündigt. Die kürzliche Debatte im Berliner Abgeordnetenhaus hat auch keine darüberhinausgehenden neuen Informationen gebracht.
Es wächst die Besorgnis, daß der Senat die große Aufgabe, die sich der Stadt hier stellt, unter Ausschluß der Öffentlichkeit administrativ lösen will. Der Umgang mit dem Gelände, auf dem sich die Planungs- und Befehlszentrale für die meisten Terror-, Verfolgungs- und Mordaktionen des NS-Regimes in Deutschland und allen von ihm besetzten Ländern Europas befand, kann nicht ohne kompetente Beratung erfolgen. Das gegenwärtige Vorgehen droht das Ansehen Berlins im In- und Ausland zu schädigen.
Deshalb haben wir uns zu einer Initiativgruppe zusammengeschlossen, um unseren Forderungen gemeinsam Nachdruck zu verleihen.
Wenn der Senat schon dem Beschluß einer von ihm selbst berufenen internationalen Jury, der auch von zwei Senatoren getragen wurde, nicht folgen will, so darf er doch die internationale Bedeutung des Ortes nicht negieren. Er war und ist verpflichtet, seine neuen Überlegungen vorzulegen und die Öffentlichkeit in die weiteren Planungen einzubeziehen. Hier ist eine zentrale Denk-

stätte von europäischem Rang mit einem Dokumentations- und Ausstellungszentrum (Aktives Museum) gefordert. Darüber muß gesprochen werden. Weder Politiker noch Fachverwaltungen oder Einzelpersonen sind kompetent, die nach einem vierzigjährigen Verdrängungsprozeß auf dem Gelände noch vorhandenen Spuren des Zentrums des staatlichen Terrors zu bewahren und dessen künftiges Bild zu bestimmen. Dies kann nur eine Kommission aus Berlinern und auswärtigen Persönlichkeiten, die vielfältige fachliche Kompetenz und persönliche Betroffenheit in sich vereinigt. Ihr muß — ein Versäumnis der damaligen Ausschreibung nachholend — ermöglicht werden, sich im In- und Ausland über den Umgang mit vergleichbaren Orten zu informieren und in einem langfristigen Prozeß und ständigem Dialog mit der Öffentlichkeit schrittweise eine Lösung der Aufgabe zu entwickeln. Eine zu Beginn des neuen Jahres geplante öffentliche Debatte in der Akademie der Künste, zu der wir Sie schon jetzt einladen, kann zu ersten Arbeitsschritten führen.
Inzwischen richten wir an Sie die dringende Bitte, dafür zu sorgen, daß die gegenwärtigen Erdarbeiten auf dem Gelände sofort eingestellt werden. Nachdem auf zahlreiche Anfragen verschiedener Seiten, ob noch Mauerreste der ehemaligen SS- und Gestapo-Gebäude vorhanden seien, von Senatsstellen nachweislich unzutreffende Auskünfte erteilt wurden, steht jetzt zu befürchten, daß sie aus Unkenntnis womöglich nachträglich noch wahrgemacht und tatsächlich die letzten noch vorhandenen Spuren endgültig beseitigt werden.
Angesichts der Bedeutung und Dringlichkeit der Angelegenheit bitten wir um Ihr Verständnis, wenn wir dieses Schreiben als Offenen Brief behandeln und im zeitlichen Abstand von zwei Tagen auch dem Präsidenten des Abgeordnetenhauses, den Fraktionen und den Medien zustellen.

Mit freundlichen Grüßen

Prof. Ottomar Gottschalk
Deutscher Werkbund Berlin e. V.

Prof. Hardt-Waltherr Hämer
Akademie der Künste

Dr. Franz Freiherr v. Hammerstein
Evangelische Akademie

Michael Pagels
Deutscher Gewerkschaftsbund Berlin

256   Bei den Ausschachtungsarbeiten für das Fundament des provisorischen Ausstellungsgebäudes stieß man Anfang März 1987 auf Kellerreste. Nach den bisherigen Ermittlungen handelt es sich um einen behelfsmäßigen Küchen- und Versor-gungsbau, den die Gestapo bzw. die SS 1943—44 in unmittelbarem Anschluß an den Hof des Gestapo-„Hausgefängnisses" errichtet hatte. Das Ausstellungsgebäude wurde mit verändertem Grundriß auf die ausgegrabenen Keller gesetzt.

Ulrich Roloff-Momin
Hochschule der Künste Berlin

Prof. Walter Rossow
Stellv. Vorsitzender der Jury

Prof. Dr. Eberhard Roters
Vorsitzender der Jury

Gerhard Schoenberner
Aktives Museum e. V.

Krista Tebbe
Kunst-am-Bau-Kommission Kreuzberg

P. S. Während dieser Brief entstand, haben wir erfahren, daß Sie beabsichtigen, Anfang Januar 1986 ein Gespräch über den Umgang mit dem Gestapo-Gelände zu führen. Angesichts der Bedeutung und Dringlichkeit des Problems möchten wir Ihnen unsere Positionen dennoch in dieser Form öffentlich übermitteln.

Vom 23. Juli bis zum 15. September 1986 wurden im Auftrag des Senators für Kulturelle Angelegenheiten auf dem Gelände Ausgrabungs- und Spurensicherungsarbeiten vorgenommen. Sie waren Teil des Konzepts zur „provisorischen Herrichtung" im Jahre 1987 und wurden unter der Leitung des Architekten Dieter Robert Frank durchgeführt. Bis Mitte August wurden entlang der Niederkirchnerstraße die Oberkanten des erhaltenen Mauerwerks freigelegt, anschließend auch die Kellermauern entlang der Wilhelmstraße bis zur Ecke Anhalter Straße einschließlich der Fundamentreste des Prinz-Albrecht-Palais. Der wichtigste Fund waren die Überreste der Aufmauerung auf dem Boden des Sockelgeschosses der ehemaligen Gestapo-Zentrale: die noch sichtbare unterste, fast schon verwischte Mörtellage ließ den Grundriß einiger Zellen des hier 1933 eingerichteten „Hausgefängnisses" der Gestapo wieder hervortreten.

5.5. Das Provisorium

Für die 750-Jahr-Feier Berlins im Jahre 1987 ist ein Provisorium geschaffen worden, das als „Topographie des Terrors" die Geschichte der SS und der Polizei in dem ehemaligen „Regierungsviertel des SS-Staates" sichtbar machen soll, ohne den weiteren Entscheidungen über die Nutzung und Gestaltung des Geländes vorzugreifen.

Im Sommer 1986 wurden, dem Drängen von Bürgerinitiativen und politischen Organisationen entsprechend, Ausgrabungen und Spurensicherungen vorgenommen. Unter den Erd- und Schuttablagerungen der Nachkriegszeit kamen Bruchstücke von Gebäudefundamenten, Begrenzungsmauern und Kellern zum Vorschein, die der „Enttrümmerung" des Geländes in den fünfziger und sechziger Jahren entgangen waren. Darunter befand sich auch der Boden einiger Zellen im Sockelgeschoß des „Hausgefängnisses" der Gestapo.

Bei der Säuberung und „provisorischen Hinrichtung" des gesamten Geländes — es handelt sich um rund 62.000 m^2 — wurde versucht, seine besondere historische Bedeutung erkennbar werden zu lassen, aber die Spuren der Nachkriegsgeschichte — des Unsichtbarmachens und Verdrängens — nicht zu verwischen. Betont wurde der Charakter des Terrorgeländes als einer „offenen Wunde" der Stadt, als eines besonderen Ortes der Mahnung und des Nachdenkens über Voraussetzungen und Folgen nationalsozialistischer Herrschaft.

Zahlreiche Informationstafeln vermitteln vor Ort genauere Kenntnisse über die einzelnen Gebäude und ihre Funktion während des „Dritten Reiches". Eine Aussichtsplattform auf einem der verbliebenen Schutthügel ermöglicht den Besuchern darüber hinaus einen Überblick über das Gesamtgelände und seine Einordnung in die Berliner Stadtlandschaft. Für die historische Dokumentation ist neben den baulichen Überresten der Gefängniszellen eine eigene Ausstellungshalle errichtet worden. Diese Halle bezieht die im Frühjahr 1987 entdeckten Kellerräume eines im Kriege gebauten und auch wieder zerstörten Kantinen- und Küchengebäudes der Prinz-Albrecht-Str. 8 ein, um so den Ortsbezug der historischen Dokumentation unmittelbar erfahrbar zu machen.

Das Provisorium, das zunächst nur für wenige Monate geplant war, ist inzwischen wegen des starken öffentlichen Interesses und der großen Besucherzahlen zeitlich unbefristet verlängert worden. Allein innerhalb des ersten Jahres besuchten mehr als 300.000 Menschen aller Altersgruppen, darunter viele Ausländer, die „Topographie des Terrors".

Die Diskussion über die künftige Nutzung und Gestaltung des gesamten Geländes ist nicht abgeschlossen.

257 Blick über den nordöstlichen Teil des Geländes, Herbst 1987. Links das „Haus der Ministerien", in der Mitte der Fernsehturm am Alexanderplatz.

258   Fußweg durch das Gelände, Herbst 1987.
Links die Ausstellungshalle neben dem Martin-Gropius-Bau.

259   Informationstafel vor Mauerresten der Prinz-Albrecht-
Straße 8, Herbst 1987.

260   Schutthügel mit Aussichtsplattform auf dem Gelände,
Sommer 1987.

261   Die provisorische Ausstellungshalle und die überdach-
ten Zellenböden des „Hausgefängnisses" der Gestapo, Sommer 1987.

262   Besucher in der Ausstellungshalle, Sommer 1987.

263   Blick in die beiden Geschosse der Ausstellung, Sommer
1987.

264   Pfeiler und Wände der im Frühjahr 1987 entdeckten, für
die Ausstellung genutzten Kellerräume eines Nebengebäudes
der Prinz-Albrecht-Straße 8, Sommer 1987.

6. Anhang

6.1. Literaturhinweise

Bei der folgenden Liste handelt es sich nicht um eine Zusammenstellung der für die Dokumentation ausgewerteten Literatur, sondern um eine knappe Auswahl, die die weitere Beschäftigung mit den in der Dokumentation behandelten Themen erleichtern soll. Neben der Literatur zur NS-Geschichte sind auch einige Titel zur Stadtteil- und Gebäudegeschichte aufgenommen worden.

Adam, Uwe Dietrich, Judenpolitik im Dritten Reich, Düsseldorf 1979 (zuerst 1972).

Akademie der Künste (Hg.), Diskussion zum Umgang mit dem ‚Gestapo-Gelände'. Dokumentation, Berlin 1986.

Aronson, Shlomo, Reinhard Heydrich und die Frühgeschichte von Gestapo und SD, Stuttgart 1971.

Bauausstellung Berlin (Hg.), Dokumentation Offener Wettbewerb Berlin, Südliche Friedrichstadt. Gestaltung des Geländes des ehemaligen Prinz-Albrecht-Palais, Berlin 1985.

Bekiers, Andreas und Karl Robert Schütze, Zwischen Leipziger Platz und Wilhelmstraße. Das ehemalige Kunstgewerbemuseum zu Berlin und die bauliche Entwicklung seiner Umgebung von den Anfängen bis heute, Berlin 1981.

Biller, Thomas und Wolfgang Schäche, Zur historischen Entwicklung der Südlichen Friedrichstadt, in: Bauausstellung Berlin (Hg.), Dokumentation zum Gelände des ehemaligen Prinz-Albrecht-Palais und seiner Umgebung, Berlin 1983.

Birn, Ruth Bettina, Die Höheren SS- und Polizeiführer. Himmlers Vertreter im Reich und in den besetzten Gebieten, Düsseldorf 1986.

Boberach, Heinz, Meldungen aus dem Reich. Auswahl aus den geheimen Lageberichten des Sicherheitsdienstes der SS 1933—1944, München 1984 (zuerst 1965).

Broszat, Martin, Nationalsozialistische Polenpolitik 1933—1945, Stuttgart 1965.

Broszat, Martin, Nationalsozialistische Konzentrationslager 1933—1945, in: Hans Buchheim u.a., Anatomie des SS-Staates, Bd. 2, München 1979 (zuerst 1965).

Buchheim, Hans, Die SS — das Herrschaftsinstrument, in: ders. u.a., Anatomie des SS-Staates, Bd. 2, München 1979 (zuerst 1965).

Eiber, Ludwig (Hg.), Verfolgung — Ausbeutung — Vernichtung. Die Lebens- und Arbeitsbedingungen der Häftlinge in deutschen Konzentrationslagern 1933—1945, Hannover 1985.

Friedrich, Jörg, Die kalte Amnestie. NS-Täter in der Bundesrepublik, Frankfurt 1984.

Giersch, Ulrich, 6 Stationen und ihr historischer Unterbau, in: Internationales Design Zentrum Berlin (Hg.), Im Gehen Preußen verstehen. Ein Kulturlehrpfad der historischen Imagination, Berlin 1981.

Graf, Christoph, Politische Polizei zwischen Demokratie und Diktatur. Die Entwicklung der preußischen politischen Polizei vom Staatsschutzkorps der Weimarer Republik zur Geheimen Staatspolizei des Dritten Reiches, Berlin 1983.

Hilberg, Raul, Die Vernichtung der europäischen Juden. Die Gesamtgeschichte des Holocaust, Berlin 1982.

Höhne, Heinz, Der Orden unter dem Totenkopf. Die Geschichte der SS, 3. Aufl., München 1981 (1. Aufl. 1967).

Hoffmann, Peter, Widerstand, Staatsstreich, Attentat. Der Kampf der Opposition gegen Hitler, 4., überarbeitete Auflage, München 1985 (1. Aufl. 1969).

Hohmann, Joachim S., Geschichte der Zigeunerverfolgung in Deutschland, Frankfurt am Main 1981.

Jäckel, Eberhard und Jürgen Rohwer (Hg.), Der Mord an den Juden im Zweiten Weltkrieg. Entschlußbildung und Verwirklichung, Stuttgart 1985.

Kempner, Robert M. W., SS im Kreuzverhör. Die Elite, die Europa in Scherben schlug, erweiterte Neuauflage, Nördlingen 1987 (1. Aufl. 1964).

Kenrick, Donald und Gratton Puxon, Sinti und Roma. Die Vernichtung eines Volkes im NS-Staat, Göttingen 1981.

Kogon, Eugen, Der SS-Staat. Das System der Konzentrationslager, 11. Aufl., München 1983 (1. Aufl. 1946).

Kogon, Eugen u.a. (Hg.), Nationalsozialistische Massentötungen durch Giftgas, Eine Dokumentation, Frankfurt am Main 1983.

Krausnick, Helmut und Hans-Heinrich Wilhelm, Die Truppe des Weltanschauungskrieges. Die Einsatzgruppen der Sicherheitspolizei und des SD 1938—1942, Stuttgart 1981.

Langbein, Hermann, Menschen in Auschwitz, Wien 1972.

Pätzold, Kurt (Hg.), Verfolgung, Vertreibung, Vernichtung. Dokumente des faschistischen Antisemitismus 1933 bis 1942, Leipzig 1984.

Pingel, Falk, Häftlinge unter SS-Herrschaft. Widerstand, Selbstbehauptung und Vernichtung im Konzentrationslager, Hamburg 1978.

Projektgruppe für die vergessenen Opfer des NS-Regimes (Hg.), Verachtet — verfolgt — vernichtet. Zu den ‚vergessenen' Opfern des NS-Regimes, Hamburg 1986.

Ramme, Alwin, Der Sicherheitsdienst der SS. Zu seiner Funktion im faschistischen Machtapparat und im Besatzungsregime des sogenannten Generalgouvernements, Berlin 1970.

Roon, Ger van, Widerstand im Dritten Reich. Ein Überblick, 4., neubearbeitete Aufl., München 1987 (1. Aufl. 1979).

Rückerl, Adalbert, NS-Verbrechen vor Gericht. Versuch einer Vergangenheitsbewältigung, 2., überarbeitete Aufl., Heidelberg 1984 (1. Aufl. 1982).

Rückerl, Adalbert, NS-Vernichtungslager im Spiegel deutscher Strafprozesse, 3. Aufl., München 1979 (1. Aufl. 1977).

Scheffler, Wolfgang, Judenverfolgung im Dritten Reich 1933—1945, Berlin 1987 (zuerst 1960; erweiterte Sonderausgabe 1961).

Schmädecke, Jürgen und Peter Steinbach (Hg.), Der Widerstand gegen den Nationalsozialismus. Die deutsche Gesellschaft und der Widerstand gegen Hitler, München 1985.

Schoenberner, Gerhard, Der gelbe Stern. Die Judenverfolgung in Europa 1933—1945, Frankfurt am Main 1982 (zuerst 1960, überarbeitete Ausgabe 1978).

Sievers, Johannes, Bauten für die Prinzen August, Friedrich und Albrecht von Preußen. Ein Beitrag zur Geschichte der Wilhelmstraße in Berlin (Karl Friedrich Schinkel Lebenswerk), Berlin 1954.

Studien zur Geschichte der Konzentrationslager, Stuttgart 1970.

Tuchel, Johannes und Reinold Schattenfroh, Zentrale des Terrors. Prinz-Albrecht-Straße 8: Das Hauptquartier der Gestapo, Berlin 1987.

Wegner, Bernd, Hitlers politische Soldaten: Die Waffen-SS 1933—1945, 2. Aufl., Paderborn 1983 (1. Aufl. 1982).

Zipfel, Friedrich, Gestapo und Sicherheitsdienst, Berlin 1960.

Zülch, Tilman (Hg.), „In Auschwitz vergast — bis heute verfolgt". Zur Situation der Roma (Zigeuner) in Deutschland und Europa, Reinbek 1979.

6.2. Abkürzungen

AR	Amtsrat
AVS	Arbeitsgemeinschaft Verfolgter Sozialdemokraten
BA	Bundesarchiv
Begl.	Beglaubigt
Brif.	Brigadeführer
CdS	Chef der Sicherheitspolizei
CDU	Christlich Demokratische Union
CSU	Christlich Soziale Union
DAF	Deutsche Arbeitsfront
DDP	Deutsche Demokratische Partei
dergl.	dergleichen
ders.	derselbe
EK	Einsatzkommando
FDJ	Freie Deutsche Jugend
FS	Fernschreiben
geb.	geboren
Gestapa	Geheimes Staatspolizeiamt
Gestapo	Geheime Staatspolizei
gez.	gezeichnet
GmbH	Gesellschaft mit beschränkter Haftung
g. Rs.	geheime Reichssache
Hg., hg.	Herausgeber, herausgeben
HKL	Hauptkampflinie
Hauptstuf, HStuf	Hauptsturmführer
HöSSPF	Höchster SS- und Polizeiführer
HSSPF	Höherer SS- und Polizeiführer
IBA	Internationale Bauausstellung Berlin
KD	Kriminaldirektor
Kdo	Kommando
KDS, KdS	Kommandeur der Sicherheitspolizei und des SD
KJVD	Kommunistischer Jugendverband
KL	Konzentrationslager (amtliche Abkürzung)
KPdSU	Kommunistische Partei der Sowjetunion
KK	Kriminalkommissar
Komintern	Kommunistische Internationale
Komm.	kommunistisch
KPD	Kommunistische Partei Deutschlands
KR	Kriminalrat
Krimko	Kriminalkommissar
Kripo	Kriminalpolizei
KZ	Konzentrationslager
lfd.	laufend
lit.	litauisch
MG	Maschinengewehr
MP	Maschinenpistole
NSDAP	Nationalsozialistische Deutsche Arbeiterpartei
NS	Nationalsozialismus, nationalsozialistisch
Ober-Gr.F.	Obergruppenführer
Oberscharf.	Oberscharführer
Oberstuf	siehe OStuf
OKH	Oberkommando des Heeres
OKW	Oberkommando der Wehrmacht
ORR	Oberregierungsrat
OStubaf	Obersturmbannführer
OStuf	Obersturmführer
PR	Polizeirat
RA	Regierungsassessor
R.Deutscher	Reichsdeutscher
RdErl.	Runderlaß
Ref.	Referat, Referendar
Reg.-Ass.	siehe RA
RGBl.	Reichsgesetzblatt
RFSS	Reichsführer-SS
RFSSuChdDtPol i. RMdI	Reichsführer SS und Chef der Deutschen Polizei im Reichsministerium des Innern
RM	Reichsmark
RKPA	Reichskriminalpolizeiamt
RNSt	Reichsnährstand
RR	Regierungsrat
RSHA	Reichssicherheitshauptamt
russ.	russisch
SA	Sturmabteilung
SAJ	Sozialistische Arbeiterjugend
SAP	Sozialistische Arbeiterpartei
Schupo	Schutzpolizei
SD	Sicherheitsdienst
SED	Sozialistische Einheitspartei Deutschlands
SichPoludSD	Sicherheitspolizei und des SD (Kommandeur, Befehlshaber usw. der…)
Sipo	Sicherheitspolizei
SJVD	Sozialistischer Jugendverband Deutschlands
SPD	Sozialdemokratische Partei Deutschlands
SS	Schutzstaffel
Staf	Standartenführer
Stalag	Stammlager (Kriegsgefangenenlager)
Stapo	Staatspolizei
StPO	Strafprozeßordnung
Stubaf	Sturmbannführer
Unterscharf.	Unterscharführer
Unterstuf	siehe UStuf.
USPD	Unabhängige Sozialdemokratische Partei Deutschlands
UStuf	Untersturmführer
VO	Verordnung
VVN	Vereinigung der Verfolgten des Nazi-Regimes
Wachtmstr.	Wachtmeister
W. V. Hauptamt	Wirtschafts-Verwaltungs-Hauptamt
ZK	Zentralkomitee

6.3. Nachweis der Texte

Text 1 Armin G. Kuckhoff (Hg.), Hans Otto. Gedenkbuch für einen Schauspieler, Berlin 1948, S. 83

Text 2 Reichsgesetzblatt (RGBl) 1934, Teil I, Nr. 71, S. 529

Text 3 Preußische Gesetzsammlung, 1933, Nr. 29, S. 122

Text 4 Preußische Gesetzsammlung, 1933, Nr. 74, S. 413

Text 5 Preußische Gesetzsammlung, 1936, Nr. 5, S. 21 f.

Text 6 Reichsgesetzblatt (RGBl), Teil I, 1936, Nr. 55, S. 487

Text 7–8
Text 9 BA Koblenz, R 58/239
Heinz Boberach (Hg.), Meldungen aus dem Reich 1938–1945. Die Geheimen Lageberichte des Sicherheitsdienstes der SS, Bd. 12 und 13, Herrsching 1985

Text 10 BA Koblenz, R 58/245

Text 11 Johannes Tuchel und Reinold Schattenfroh, Zentrale des Terrors. Prinz-Albrecht-Straße 8: Hauptquartier der Gestapo, Berlin 1987, S. 167 ff.

Text 12 Johannes Tuchel (s. Text 11), S. 190 f.

Text 13 Institut für Marxismus-Leninismus beim Zentralkomitee der Sozialistischen Einheitspartei Deutschlands (Hg.), Ernst Thälmann. Eine Biographie, 5. Aufl., Berlin 1985, S. 674 f.

Text 14 Erich Honecker, Aus meinem Leben, Berlin 1982, S. 128 f.

Text 15 Heinz Schröder, „Olle Icke" erzählt. Über Widerstand, Strafdivision und Wiederaufbau, Berlin 1986, S. 49 ff.

Text 16 Johannes Tuchel (s. Text 11), S. 223

Text 17–18 BA Koblenz, R 58/242
Text 19 BA Koblenz, R 58/241
Text 20–21 BA Koblenz, R 58/1027
Text 22 BA Koblenz, R 58/272
Text 23 BA Koblenz, R 58/1027
Text 24 BA Koblenz NS 17 LSSAH/57

Text 25 Reichsgesetzblatt (RGBl), Teil I, 1935, Nr. 100, S. 1146 f.

Text 26 Reimund Schnabel, Macht ohne Moral. Eine Dokumentation über die SS, 2. Aufl., Frankfurt am Main 1958, S. 78 f.

Text 27   Reichsgesetzblatt (RGBl),
Teil I, 1938, Nr. 189,
S. 1579

Text 28   Wolfgang Scheffler, Ju-
denverfolgung im Dritten
Reich 1933–1945,
Frankfurt am Main-
Wien-Zürich, o. J.,
S. 163 f.

Text 29   Internationaler Militärgerichtshof, Der Prozeß
gegen die Hauptkriegs-
verbrecher, Nürnberg
1947–1949, Band
XXXIII, S. 534–536

Text 30   N. Blumental (Hg.), Do-
kumenty i Materialy z
czasow okupacji nie-
mieckiej w Polsce, Band
III, Lodz 1946,
S. 203–206

Text 31   Reichsgesetzblatt (RGBl),
1941, Nr. 133, S. 722 ff.

Text 32–33   H. G. Adler, Die verheim-
lichte Wahrheit. There-
sienstädter Dokumente,
Tübingen 1958

Text 34   Privatbesitz Wolfgang
Scheffler

Text 35   Wolfgang Scheffler, Judenverfolgung im Dritten
Reich. Berlin 1964, S. 80

Text 36–40   BA Koblenz RD
19/28–15–

Text 41   T. Berenstein, A. Eisen-
bach, A. Rutkowski (Be-
arb.), Faschismus,
Ghetto, Massenmord.
Dokumentation über Aus-
rottung und Widerstand
der Juden in Polen wäh-
rend des Zweiten Welt-
krieges, hg. vom Jüdi-
schen Historischen Insti-
tut Warschau, 2. Aufl.,
Berlin 1961, S. 37 ff.

Text 42   BA Koblenz R 58/242

Text 43   Faschismus, Ghetto,
Massenmord (s. Text 40),
S. 42 f.

Text 44   Der Menscheneinsatz.
Grundsätze, Anordnun-
gen, Richtlinien, hg. von
der Hauptabteilung I des
Stabshauptamtes des
Reichskommissars für die
Festigung des deutschen
Volkstums, Berlin 1940

Text 45   Privatbesitz Wolfgang
Scheffler

Text 46   Internationaler Militärgerichtshof (s. Text 28),
Dokument PS – 3363

Text 47   „Das Schwarze Korps",
20. August 1942

Text 48   Faschismus, Ghetto,
Massenmord (s. Text 40),
S. 303

Text 49   Privatbesitz Wolfgang
Scheffler

Text 50   BA Koblenz R 58/241
Text 51   BA Koblenz R 58/240
Text 52   Privatbesitz Wolfgang
Scheffler

Text 53   Irene Sagel-Grande,
H. H. Fuchs und C. F. Rü-
ter (Bearb.), Justiz und
NS-Verbrechen. Samm-
lung deutscher Strafur-
teile wegen nationalso-
zialistischer Tötungsver-
brechen 1945–1966,
Bd. XIX, Nr. 552/31,
Amsterdam 1978

Text 54   Privatbesitz Wolfgang
Scheffler

Text 55   Privatbesitz Wolfgang
Scheffler

Text 56   Justiz und NS-Verbrechen (s. Text 53), 552/1

Text 57   Privatbesitz Wolfgang
Scheffler

Text 58   Politisches Archiv des
Auswärtigen Amtes
Bonn/Inland II g 177

Text 59–62   Privatbesitz Wolfgang
Scheffler

Text 63   Randolph L. Braham, The
Destruction of the Hun-
garian Jews. A Docu-
mentary Account, New
York 1963

Text 64   Privatbesitz Wolfgang
Scheffler

Text 65   Alfred Konieczny und
Herbert Szurgacz (Hg.),
Documenta occupationis,
Bd. X, Posen 1976, S. 17

Text 66   Horst Eberhard Richter,
Flüchten oder Standhal-
ten, Reinbek 1976

Text 67   Karl Heinz Biernat und
Luise Kraushaar, Die
Schulze-Boysen/Har-
nack-Organisation im
antifaschistischen Kampf,
Berlin 1972, S. 157

Text 68   Günther Weisenborn,
Memorial, Berlin 1948

Text 69   Robert Havemann, Ein
deutscher Kommunist.
Rückblicke und Perspek-
tiven aus der Isolation,
Reinbek 1978, S. 54

Text 70   Fabian von Schlabren-
dorff, Offiziere gegen
Hitler, Berlin 1984,
S. 138 f.

Text 71   Josef Müller, Bis zur letzten Konsequenz. Ein Le-
ben für Frieden und Frei-
heit, München 1975,
S. 220 f.

Text 72   Georg Thomas, Gedanken und Ereignisse, in:
Schweizer Monatshefte,
25. Jg. (1946), Heft 9, S. 550 f.

Text 73   Franz Lange, Interview
Radio DDR, 1966 (Ton-
bandabschrift)

Text 74   Hans Speidel, Aus unserer Zeit. Erinnerungen,
Berlin 1977, S. 222 f.

Text 75   Heinz Hentschke, Die
letzten Stunden in der
Reichskanzlei, in: Täg-
liche Rundschau, 8. Mai
1946

Text 76   Wassilij Tschuikow, Das
Ende des Dritten Reiches,
München 1966

Text 77   Privatbesitz Bernhard
Horstmann, Nürnberg

Text 78   Internationaler Militärgerichtshof, Der Prozeß
gegen die Hauptkriegs-
verbrecher, Nürnberg
1947–1949, Band XX,
S. 139 f.

Text 79   Adalbert Rückerl, NS-
Verbrechen vor Gericht,
Heidelberg 1982,
S. 137 f.

Text 80   Günther Weisenborn,
Der gespaltene Horizont.
Niederschriften eines Au-
ßenseiters, München–
Wien–Basel 1964,
S. 160 f.

Text 81–82   Privatbesitz Sabine
Weißler, Berlin

Text 83–85   Bauausstellung Berlin
GmbH (Hg.), Dokumen-
tation Offener Wettbe-
werb, Südliche Friedrich-
stadt. Gestaltung des
Geländes des ehemali-
gen Prinz-Albrecht-Pa-
lais, Berlin 1985

Text 86–87   Privatbesitz Sabine
Weißler, Berlin

6.4. Nachweis der Abbildungen

6.5. Namens-
register